농(農)신학
— 살림과 평화의 길

제5집

농(農)신학 — 살림과 평화의 길 (제5집)

2025년 5월 31일 처음 발행

지은이   한경호 외 8인
엮은이   한국농신학연구회
펴낸이   김영호
펴낸곳   도서출판 동연
등 록   제1-1383호(1992. 6. 12.)
주 소   서울시 마포구 월드컵로 163-3
전화/팩스   02-335-2630, 02-335-2640
이메일   yh4321@gmail.com
인스타그램   instagram.com/dongyeon_press

ISBN 978-89-6447-817-2 94230
ISBN 978-89-6447-904-9 (농신학연구 시리즈)

농신학 제 5차 심포지엄 논문집

농신학

살림과 평화의 길 제5집

한경호 외 8인 지음
한국농신학연구회 엮음

한국농신학연구회 동연

머리말

한 걸음씩 나아가는 농신학(農神學)운동

한경호

(목사, 한국농신학연구회 회장)

어느덧 다섯 번째 농신학 심포지엄을 열었다. 1년에 한 번 하는 행사이니 5년의 세월이 흘렀다. 이 모음집은 지난 1년 동안 농신학연구회 회원 및 자문위원들이 월례 세미나를 통해 발표한 글들을 모은 것이다.

성서신학 방면의 발표 글, 이태영 목사의 "밀과 가라지 비유의 정확한 해석을 위한 제언"은 마태복음서의 기록과 단어를 마가, 누가복음서와 정밀하게 분석하면서 당시 마태공동체가 처해 있는 상황을 반영하는 일정한 의도가 담겨 있음을 밝혀내고 있으며, 배중훈 목사의 "기근과 농민의 소외"는 구약성서 전반에 걸쳐 기근과 관련된 사건들을 분석하면서 기근이 당시 성서의 주인공들에게 어떤 영향을 미쳤는지 그리고 그 신학적 의미는 무엇인지에 대하여 농신학과의 관계 속에서 설명하고 있다.

신학비평에 속하는 리민수 신부의 글 "한국 '농신학'의 성격, 한계 그리고 가능성"은 한국 농신학에 대한 최초의 비평이라는 점에서 의미 있는 글로써, 한국 농신학의 성격을 규명하고 한국 농신학의 한계와 그 한계를 넘어서기 위해 물어야 하는 두 가지 질문을 하면서 '농인'의 영성을 어떻게 이해할 것인가 그리고 한국 농신학이 앞으로 가야 할 방향에 대한 제안을 하고 있다. 농신학 운동이 시작된 지 얼마 안 된 시점이기에 긍정적인 비평과 문제 제기의 내용들을 살피면서 앞으로 함께 채워나가야 할 것이다.

선교신학 방면의 글이 여러 편인데, 한국일 교수의 글 "탈종교 시대 종교의 사회적 역할과 마을 공동체 ― 기독교를 중심으로"는 오랜 기간 한국 농촌교회의 마을목회 사례를 연구한 입장에서 그것이 세계적으로도 의미 있는 사역이라는 점을 선교신학적으로 뒷받침하고 있다. 안재학 목사의 "UN 농민(소농)권리선언을 중심으로 살펴본 책임성의 윤리와 타자들의 연대"는 제3세계의 소농들이 세계 농업의 중심 존재이며, 그러므로 그들의 권리가 보장되어야 한다는 점과 이런 UN의 움직임에 동참하지 못하는 한국 정부의 태도를 비판하고 있다. 김태웅 목사의 "교회 공동체 안에서 철학적 신학의 단절의 문제"는 예장(통합)교단에서 실시한 '실태조사'에 대한 신학적인 해석을 가하면서 그 의미를 서구 신학사의 흐름 속에서 자리매김하려는 노력을 기울이고 있다.

설교학 방면에 속하는 안성국 목사의 "씨 뿌리는 농부 비유에 착안한 농신학적 설교현상학 연구(1)"는 현상학의 이론에 바탕하여 씨뿌리는 비유를 내용으로 하는 설교에 대하여 논하고 있다. 다음 심포지엄에서 진행할 두 번째 발표에서는 농신학과의 관계에 대하여 좀 더 진전된 논의를 하겠다는 발표자의 의지가 있었다.

박득훈 목사의 "마르크스주의 이해와 농신학"은 오늘날 자본주의 경제 체제의 심각한 위기를 극복하기 위한 대안 모색에서 마르크스 경제이론의 통찰력이 여전히 필요하다는 주장이다. 농신학 역시 자본주의 체제 극복을 과제로 삼기에 마르크스의 경제학에서 많은 도움을 받을 수 있을 것이다.

마지막으로 한경호 목사의 "한국 개벽사상과 농신학"은 조선 후기 근대화 과정에서 배태된 개벽사상과 농신학을 연관지어 설명하고 있다. 복음의 민족 주체적인 수용과 인간 생존의 바탕인 농을 중심으로 위기 극복의 방향을 말하고 있다.

바쁜 사역 중에도 농신학의 끈을 붙들고 씨름해 온 회원 및 자문위원들의 수고에 감사드리며 앞으로도 계속 활발한 논의가 이루어지기를 바란다.

차 례

밀과 가라지 비유의 정확한 해석을 위한 제언*

이태영

(목사, 수산교회)

24예수께서 그들 앞에 또 비유를 들어 이르시되 천국은 좋은 씨 한 알을 제 밭에 뿌린 사람과 같으니 25사람들이 잘 때에 그 원수가 와서 곡식 위로 가라지를 덧뿌리고 갔더니 26싹이 나고 결실할 때에 가라지도 보이거늘 27집주인의 종들이 와서 말하되 주여 밭에 좋은 씨를 뿌리지 아니하였나이까 그런데 가라지가 어디서 생겼나이까 28주인이 이르되 원수가 이렇게 하였구나 종들이 말하되 그러면 우리가 가서 이것을 뽑기를 원하시나이까 29주인이 이르되 가만두라 가라지를 뽑다가 곡식까지 뽑을까 염려하노라 30둘 다 추수 때까지 함께 자라게 두라 추수 때에 내가 추수꾼들에게 말하기를 가라지는 먼저 거두어 불사르게 단으로 묶고 곡식은 모아 내 곳간에 넣으라 하리라(마 13:24-30).

---

* 이 글은 지난 2024년 6월 25일(화) 비대면으로 진행된 제44차 농신학연구회 월례 세미나에서 발표한 것이다.

I. 서론

성경의 가르침은 우리의 현실 속에서 적용되어야 하는 것이 원칙입니다. 시기와 지역에 따른 문화적 차이로 인해서 적용되기 어려운 가르침도 있지만, 대체로 시대와 지역을 초월하여 가르침의 핵심이 받아들여질 수 있어야 합니다.

예수님의 비유 중에 좋은 씨와 가라지의 비유를 해석할 때 한 가지 걸리는 점이 있습니다. 그것은 "밭에 있는 가라지를 추수 때까지 뽑지 말라"(마 13:29)라는 표현입니다. 교인들은 이 말씀에서 고개를 갸웃거립니다. 벼농사를 지으면서 피사리하는 것은 당연한 일이고, 밭에서 풀을 매지 않고 작물을 키운다는 것은 상상하기 어렵기 때문입니다. 아주 독한 맞춤형 제초제를 사용했다면 모를까, 피와 풀을 뽑지 않고 농사를 짓는다는 것은 농촌의 현실에서 있을 수 없는 일입니다.

밀밭에서 가라지[1]를 뽑는 것은 2천 년 전 팔레스타인 농업에서도 요구되는 상황이었을 것입니다. 마태복음 13장 28절을 보면 집주인의 종들이 "이것을 뽑기를 원하나이까?"라고 질문하는데, 여기에 당시의 농사 상황이 자연스럽게 드러납니다. 고대 팔레스타인 시대에도 밀밭에서 가라지는 뽑는 것이 당연하게 여겨졌을 것입니다.

우리는 성경의 본문과 농업의 현실 속에서 갈등하게 됩니다. 대체로 비유에는 다소의 과장이 있습니다. 하지만 밀 농사를 지으면서 가라지를 뽑지 말라는 것은 농사짓는 신도들의 입장에서는 받아들이기 쉽지

---

1 가라지는 밀밭에서 자라는 '독보리'를 말한다. 이 글에서는 성경의 표현인 '가라지'를 그대로 사용한다.

않습니다. 하지만 본문에 있어서 엄연한 사실은 주인이 종들에게 가라지를 뽑지 말라고 했다는 점입니다.

이러한 내용들은 우리로 하여금 예수님의 비유를 좀 더 세밀하게 보도록 이끕니다. 마태 기자가 고유한 경로를 통해 전해 받은 예수님의 말씀을 어떻게 해석했는지 우리는 보다 깊이 바라볼 필요가 있습니다.

II. 본론

1. 가라지를 뽑지 말라고 한 이유

초대교회 교부인 히에로니무스(E. S. Hieronymus, 347~420)는 가라지를 뽑지 말라고 한 이유에 대해 다음과 같이 해석했습니다. 가라지의 싹이 트고 대가 자라기 전에는 밀과 구별이 어렵기 때문에 뽑아서는 안 된다는 것입니다. 그는 이 원리를 교회 내의 상황 속에서 이해합니다. 오늘 악으로 타락한 사람이 내일은 옳은 가르침을 듣고 진리를 따를 수 있기 때문에 심판 전까지는 회개의 여지를 두어야 한다는 것입니다.[2] 아우구스티누스(Augustinus Hipponesis, 354~430)도 '밀'인 사람은 수확 때까지 견뎌내야 하며 '가라지'인 사람은 밀이 되도록 노력해야 한다고 합니다. 세상의 밭에서는 밀은 밀이고 가라지는 가라지이지만, 교회라는 밭에서는 밀이었던 것이 때로는 가라지가 되기도 하고 가라지였던

---

2 만리오 시모네티 편/노성기 역, 『교부들의 성경 주해: 신약성경 1 마태오복음서 1-13장』 (서울: 분도출판사, 2010), 412.

것이 때로는 밀이 될 수 있고, 그들이 내일 무엇이 될지는 아무도 모른다는 것입니다.[3]

예레미야스(J. Jeremias)는 조금 다른 이유를 말합니다. 가라지를 여러 번 뽑아내는 것은 일반적인 관행이지만, 밭에 가라지가 유난히도 많았다는 것입니다. 그래서 곡식의 뿌리와 엉켰기 때문에 가라지를 그대로 두자고 말했다는 것입니다.[4] 곡식과 가라지를 구별하기 어려운 것처럼, 하나님 백성은 거짓 신앙자들 사이에 숨겨져 있다고 합니다. 사람은 이를 구별할 수 없기 때문에 하나님께서 때를 정하여 가라지와 밀 곡식을 선택하고 구별해 내실 것입니다. 그렇기에 모든 것을 하나님께 맡기고 인내해야 한다는 것입니다.[5]

이처럼 주석가들은 가라지를 뽑지 말라는 농사의 상황에 관심을 가지려 하기보다 곡식과 가라지의 비유가 초대교회의 상황을 나타내고 있는 점이 중요하다는 견해를 보이기도 합니다. 김창락은 이 비유 이야기가 초대교회 공동체가 당면하고 있는 문제가 무엇인지를 종들의 입을 통하여 드러냈다고 합니다. 사람에게는 형제를 심판할 수 있는 권리가 허락되지 않았기 때문에 가라지를 뽑지 말고 내버려두라고 했다는 관점입니다. 노련한 농부에게는 밀과 가라지를 구별하는 것이 어렵지 않기 때문에 가라지를 뽑을 수 있지만, 사람에게는 심판할 권리가 주어지지 않았다는 것입니다.[6]

---

3 앞의 책, 411.
4 예레미야스/허혁 역, 『예수의 비유』(서울: 분도출판사, 1974), 217-218.
5 앞의 책, 219.
6 김창락, 『김창락 교수와 함께 비유 읽기 — 귀로 보는 비유의 세계』(서울: 한국신학연구소, 1997), 323-325.

김득중도 초대교회 상황에서 이 비유를 봅니다. 그는 마태의 주요 관심사 중의 하나가 선과 악의 병존이라는 관점에서 봅니다. 교회 안의 가라지들(불법을 행하는 자들)을 당장에 뽑아 제거해서는 안 된다는 것과 추수 때(마지막 심판의 때)까지 교회 안에서는 의인들, 지혜로운 자들, 복 받은 자들이 가라지와 같은 자들과 함께 있을 수밖에 없다는 것을 말하고 있다는 것입니다. 가라지를 당장 뽑지 말라는 이유는 알곡과 가라지를 구별하기 위한 시간이 더 필요하고 또 추수꾼이 따로 있기 때문입니다.[7]

대체로 주석가들의 입장은 크게 다르지 않습니다. 주석가들의 견해는 교회론과 종말론의 입장을 지지하는 경향이 있습니다. 크게 볼 때 밀과 가라지의 비유에는 천국과 초대교회 공동체의 가치를 실현해 나가려는 교인들과 걸림돌의 역할을 하는 이들이 교회 안에 함께 섞여 있는 상황이 반영되어 있습니다. 그리고 하나님의 절대적 시간을 기다리며 인내해야 하는 교인들에 대한 종말론적인 가르침이 내포되어 있습니다.

밀과 가라지의 비유를 교회론과 종말론의 관점에서 해석하는 관점은 자연스러운 것이라고 봅니다. 다만, 이러한 관점과 해석을 인정한다고 해도, 여전히 남는 문제가 있습니다. 그것은 밀밭에서 가라지를 뽑아서는 안 되는 분명한 이유가 설명되고 있지 않다는 점입니다. 밀과 가라지의 구별이 어렵기 때문에 뽑아서는 안 된다는 말도 설득력이 부족합니다. 가라지가 너무나 많아서 곡식의 뿌리와 엉켰다는 예레미아스의 견해는 어느 정도 설득력이 있지만, 왜 그렇게 되었는지

---

7 김득중, 『복음서의 비유들』 (서울: 컨콜디아사, 1988), 171-172.

에 대한 설명이 명확하지 않습니다. 비유의 내용을 세밀하게 살피다 보면 밀과 가라지의 비유를 초대교회 내부의 문제로만 볼 수 없는 점도 눈에 띕니다. 이제 마태 기자의 관점을 좀 더 자세히 살펴봄으로써 보다 명확한 해석으로 접근하고자 합니다.

2. 마태 기자가 보는 밀과 가라지의 구도

1) '좋은 씨 한 톨'과 '많은 가라지'의 구도

마태 기자는 예수님의 비유를 전해 들으면서 '좋은 씨 한 톨'과 '많은 가라지'의 구도로 이해합니다. 무엇보다 '좋은 씨'는 단수로, '가라지'는 복수로 나타냅니다. '좋은 씨'라고 번역된 '스페르마'는 중성 단수입니다. 그리고 25절의 '가라지'는 '지자니온'을 번역한 것으로 중성 복수입니다. 그리고 좋은 씨와 관련된 것들, '싹'(코르토스, 26절), '결실'(이삭: 카르포스, 26절), '곡식'(시토스, 25, 29, 30절)은 모두 단수입니다. 반면에 가라지는 모두 복수형으로 나옵니다(25, 26, 27, 29, 30절). 본문을 확인하면 다음과 같습니다.

24예수께서 그들 앞에 또 비유를 들어 이르시되 천국은 좋은 씨(스페르마, 단수)를 제 밭에 뿌린 사람과 같으니 25사람들이 잘 때에 그 원수가 와서 곡식(시토스, 단수) 가운데 가라지(지자니온, 복수)를 덧뿌리고 갔더니 26싹(카르포스, 단수)이 나고 결실할 때에 가라지(지자니온, 복수)도 보이거늘 27집 주인의 종들이 와서 말하되 주여 밭에 좋은 씨(스페르마, 단수)를 뿌리지 아니하였나이까 그런데 가라지(지자니온, 복수)가 어디서 생겼나이까 28주인이 이르되 원수가 이렇게 하였구나 종들이 말하되 그러면 우리가 가서 이것을 뽑기를 원하시나이까 29주인이 이르되 가만 두라 가라지(지자니온, 복수)를 뽑다가 곡식(시토스, 단수)까지 뽑을까 염려하노라 30둘 다 추수 때까지 함께 자라게 두라 추수 때에 내가 추수꾼들에게 말하기를 가라지(지자니온, 복수)는 먼저 거두어 불사르게 단으로 묶고 곡식(시토스, 단수)은 모아 내 곳간에 넣으라 하리라.

이처럼 마태의 기록에는 '좋은 씨앗 하나'에 '다수의 가라지'라는 구도가 만들어집니다. 그런데 여기에는 이견이 있을 수 있습니다. 씨앗을 나타내는 단어 스페르마는 비록 단수로 쓰이긴 하지만 물질명사적 성격을 갖기 때문에 복수의 의미도 갖는다는 것입니다. 대표적인 예가 70인역 창세기 1장 11절과 12절이라 할 수 있습니다.

11하나님이 이르시되 땅은 풀과 씨(스페르마) 맺는 채소와 각기 종류대로 씨(스페르마) 가진 열매 맺는 나무를 내라 하시니 그대로 되어 12땅이 풀과 각기 종류대로 씨(스페르마) 맺는 채소와 각기 종류대로 씨(스페르마) 가진 열매 맺는 나무를 내니 하나님이 보시기에 좋았더라(창 1:11-12).

위 본문처럼 스페르마는 단수형이지만 복수의 의미를 갖기도 합니다. 그런 면에서 마태가 사용한 씨앗이 단수 개념이라는 점을 들어, 밀과 가라지의 비유가 '밀 씨앗 하나와 다수의 가라지'라는 구도로 보는 것은 무리라는 점이 어느 정도 설득력을 갖습니다.

하지만 마태복음 13장에서 스페르마가 복수형으로 사용되기도 한 점을 감안한다면 스페르마의 단수형을 무조건 복수의 의미로 해석하는 것은 지나친 일반화라는 생각입니다. 마태복음 13장 32절, "이는 모든 씨(스페르마톤)보다 작은 것이로되, 자란 후에는 풀보다 커서 나무가 되매 공중의 새들이 와서 그 가지에 깃들이느니라"에서는 스페르마의 소유격 복수형 '스페르마톤'을 사용합니다.[8]

마태복음의 병행구인 마가복음 4장 31절, "겨자씨 한 알과 같으니 땅에 심길 때에는 땅 위의 모든 씨(스페르마톤)보다 작은 것이로되"에서도 복수형 스페르마톤을 사용합니다. 복음서에서 씨앗의 복수형이 따로 사용된 것을 보면 복음서 기자는 나름대로 씨앗의 단수형과 복수형을 구별해서 사용한 것으로 보입니다.

그러므로 마태복음 13장 24-30절에 씨앗을 단수형으로 사용한 배경에는 어떤 의도가 있을 것이라고 추측해 볼 수 있습니다. 그것은 이전에도 언급한 것처럼 '밀 씨앗 하나'와 '많은 가라지들'이라는 구도를 나타내려 한다는 것입니다. 만일 일반적으로 밀이 많이 뿌려져 있는 밭에 비슷한 양의 가라지가 뿌려져 있다고 한다면, 가라지의 복수형인 지자니온의 상대 개념으로는 씨앗의 복수형인 스페르마톤이 사용되어야 할 것입니다. 하지만 마태 기자는 씨앗의 단수형인 스페르마를 사용함으로써 '밀 씨앗 하나'와 '많은 가라지들'이라는 구도를 뚜렷하게 보이고 있습니다.

---

8 영어에 있어서도 'wheat'(밀) 같은 단어는 단수형이지만 복수의 의미를 갖는 경우가 많습니다. 하지만 반드시 그런 것은 아닙니다. 예를 들어 윌리엄 워즈워스(William Wordsworth)의 〈루시에게 바치는 시〉(To a Young Lady, 1807)을 보면 "The wheats are hastening unto harvest, /And the full corn in the ear"(밀은 수확을 서두르고 있고, 옥수수 알곡은 가득 찼으니, 사역)라는 표현이 있습니다.

2) 원수가 가라지를 덧뿌리는 두 가지 방법

씨앗(스페르마)에 있어서 단수와 복수의 차이를 가볍게 여길 수 없는 이유가 있습니다. 그것은 원수가 가라지를 뿌리는 방법과 관련이 있기 때문입니다. 13장 25절, "사람들이 잘 때에 그 원수가 와서 곡식 가운데 가라지를 덧뿌리고 갔더니"에서 '가운데'라는 말은 전치사가 포함된 관용어 '아나 메손'을 해석한 말입니다. 원문을 보면 "아나 메손 투 시투"(곡식 가운데)라고 되어 있습니다. '아나'는 '~의 위쪽으로' 라는 뜻의 전치사인데, 영어로 up 또는 upwards의 의미가 있습니다. '메손'은 '중간, 중앙' 또는 '한가운데'라는 뜻의 형용사입니다. 영어로는 middle 또는 in the midst 정도의 의미가 됩니다. '투'는 정관사 단수형 소유격이고, '시투'는 곡식을 나타내는 명사 시토스의 단수형 소유격입니다.

성경 본문의 관용어 '아나 메손'은 두 가지로 해석될 수 있습니다. '밀 씨앗과 밀 씨앗 사이'라고 해석될 수 있고, '밀 씨앗 정중앙 위'로 해석될 수 있습니다. 아래 [그림 1]은 밀 씨앗과 밀 씨앗 사이에 뿌려진 가라지를 나타내고, [그림 2]는 밀 씨앗 정중앙 위에 뿌려진 가라지를 나타냅니다. 우리는 '아나 메손'이라는 표현을 보면서 질문하게 됩니다. 원수는 이 두 가지 방법 중에 어떤 방법으로 가라지를 덧뿌렸을까요? 마태 기자가 해석한 것은 어떤 것일까요? 마태 기자는 예수님의 비유를 전해 들으면서 어떤 이미지를 떠올렸을까요?

[그림 1]   [그림 2]

밀 씨앗을 복수 개념으로 본다면 [그림 1]에 가까울 것이며, 반대로 단수 개념으로 생각한다면 [그림 2]에 가깝게 될 것입니다. [그림 1]은 농사를 짓는 밀밭의 현실에 가까운 것이며, [그림 2]는 과장된 형태입니다. [그림 1]은 처음부터 밀 씨앗과 가라지가 공존하는 구도가 우선이 되고, [그림 2]는 절대다수의 가라지가 극소수인 밀 씨앗의 성장을 가로막는 형태라고 할 수 있습니다.

관용어 아나 메손은 구약성경에서는 370회, 신약성경에서는 4회 사용됩니다.[9] 고린도전서 6장 5절의 경우에는 '~사이'라는 뜻으로 해석해야 하고, 마가복음 7장 31절과 요한계시록 7장 17절의 경우에는 '~한가운데'의 뜻으로 봐야 할 것입니다. 이러한 용례들을 참고하면 아나 메손의 해석은 [그림 1]과 [그림 2], 두 가지 방법 모두 열려 있다고 봐야 합니다.

---

9 신약성경에 기록된 '아나 메손'의 용례는 다음과 같습니다. "사람들이 잘 때에 그 원수가 와서 곡식 가운데(아나 메손) 가라지를 덧뿌리고 갔더니"(마 13:25); "예수께서 다시 두로 지경에서 나와 시돈을 지나고 데가볼리 지경을 통과하여(아나 메손) 갈릴리 호수에 이르시매"(막 7:31); "내가 너희를 부끄럽게 하려 하여 이 말을 하노니 너희 가운데(아나 메손) 그 형제간 일을 판단할 만한 지혜 있는 자가 이같이 하나도 없느냐"(고전 6:5); "이는 보좌 가운데(아나 메손) 계신 어린 양이 저희의 목자가 되사 생명수 샘으로 인도하시고 하나님께서 저희 눈에서 모든 눈물을 씻어 주실 것임이러라"(계 7:17).

3) 마태 기자의 수 개념

아나 메손에 대해 마태 기자가 어떻게 해석했는지 그리고 "가라지를 뽑다가 곡식까지 뽑을까 염려하노라"(마 13:29)라는 말에 대해 마태 기자는 어떤 이미지를 떠올렸는지를 이해하기 위해서 마태 기자의 수 개념을 좀 더 정확하게 알아볼 필요가 있습니다.

무엇보다 '네 가지 땅에 대한 비유와 예수님의 설명'(마 13:1-23)을 볼 때 마가, 누가에 비해 마태는 수 개념에 있어서 일관성을 지닌다는 것을 알 수 있습니다. 마태 기자는 씨앗에 관련된 것들은 단수로, 씨앗이 자라는 것을 방해하는 것들은 복수로 구별해서 기록합니다. 이 부분이 뚜렷하게 비교되는 곳이 네 가지 땅에 뿌려진 씨앗 비유에 대한 예수님의 설명 본문(마 13:18-23; 막 3:14-20; 눅 8:11-15)입니다.

예수님의 비유 설명에 대한 공관복음서의 각 본문을 단수와 복수에 초점을 맞춰 비교해 보겠습니다. 이 본문은 마가의 특수 자료에 속한 것이므로 마가 본문부터 보겠습니다.

뿌리는 자는 말씀을 뿌리는 것이라 말씀이 길 가에 뿌려졌다는 것은 이들(후토이, 복수형)을 가리킴이니 곧 말씀을 들었을때에 사탄이 즉시 와서 그들에게(아우투스, 복수형) 뿌려진 말씀을 빼앗는 것이요 또 이와 같이 돌밭에 뿌려졌다는 것은 이들(후토이, 복수형)을 가리킴이니 곧 말씀을 들을 때에 즉시 기쁨으로 받으나 그 속에 뿌리가 없어 잠깐 견디다가 말씀으로 인하여 환난이나 박해가 일어나는 때에는 곧 넘어지는 자(스칸달리존타이, 복수형)요 또 어떤 이는 가시떨기에 뿌려진 자(스페이로메노이, 복수형)니 이들은 말씀을 듣기는 하되 세상의 염려와 재물의 유혹과 기타 욕심이 들어와 말씀을 막아 결실하지 못하게 되는 자(아카르포스 기네타이, 단수형)요, 좋은 땅에 뿌려졌다는 것은 곧 말씀을 듣고 받아 삼십 배나 육십 배나 백 배의 결실을 하는 자(카르포포루신, 복수형)니라(막 4:14-20).

이 비유는 이러하니라 씨는 하나님의 말씀이요 길 가에 있다는 것은 말씀을 들은 자(호이 아쿤산테스, 복수형)니 이에 마귀가 가서 그들이 믿어 구원을 얻지 못하게 하려고 말씀을 그 마음에서 빼앗는 것이요 바위 위에 있다는 것은 말씀을 들을 때에 기쁨으로 받으나 뿌리가 없어 잠깐 믿다가 시련을 당할 때에 배반하는 자(아피스탄타이, 복수형)요 가시떨기에 떨어졌다는 것은 말씀을 들은 자(호이 아쿤산테스, 복수형)이나 지내는 중 이생의 염려와 재물과 향락에 기운이 막혀 온전히 결실하지 못하는 자(우 텔레스포루신, 복수형)요 좋은 땅에 있다는 것은 착하고 좋은 마음으로 말씀을 듣고 지키어 인내로 결실하는 자(카르포포루신, 복수형)니라(눅 8:11-15).

그런즉 씨 뿌리는 비유를 들으라 아무나 천국 말씀을 듣고 깨닫지 못할 때는 악한 자가 와서 그 마음에 뿌려진 것을 빼앗나니 이는 곧 길 가에 뿌려진 자(호 스파레이스, 단수형)요 돌밭에 뿌려졌다는 것은 말씀을 듣고 즉시 기쁨으로 받되 그 속에 뿌리가 없어 잠시 견디다가 말씀으로 말미암아 환난이나 박해가 일어날 때에는 곧 넘어지는 자(스칸달리제타이, 단수형)요 가시 떨기에 뿌려졌다는 것은 말씀을 들으나 세상의 염려와 재물의 유혹에 말씀이 막혀 결실하지 못하는 자(아카르포스 기네타이, 단수형)요 좋은 땅에 뿌려졌다는 것은 말씀을 듣고 깨닫는 자(호 아쿠온 카이 쉬니에이스, 단수형)니 결실하여 어떤 것은 백 배, 어떤 것은 육십 배, 어떤 것은 삼십 배가 되느니라 하시더라(마 13:18-23).

네 가지 땅에 대한 예수님의 해설 본문을 수 개념에서 보면, 마가는 뿌려진 씨앗을 나타내는 사람에 대해 '넘어지는 자'(막 4:17), '가시떨기에 뿌려진 자'(막 4:18), '결실을 하는 자'(막 4:20) 등은 복수형을 사용하지만, '결실하지 못하는 자'(막 4:19)는 단수를 사용합니다. 이에 비해 누가는 '말씀을 들은 자'(눅 8:12), '배반하는 자'(눅 8:13), '결실하지 못하는 자'(눅 8:14), '결실하는 자'(눅 8:15) 모두 복수형을 사용합니다. 마가복음에서 단수로 쓰인 '결실하지 못하는 자'(막 4:19)가 누가복음에서는 복수형으로 사용된 점이 특별하다고 할 수 있습니다.

마가복음과 누가복음의 본문에 비해 마태복음은 모두 단수를 사용합니다. 마가의 특수 자료를 참고하되, 마가의 복수형을 모두 단수형으로 바꾸었다고 하는 점은 마태 기자의 관점과 해석을 이해하는 데 있어서 중요한 단서를 제공합니다.

4) 마태 기자의 수 개념으로 보는 네 가지 땅에 뿌려진 씨앗의 비유

마태 기자가 예수님의 비유를 해석하는 과정에서 보여 준 단수, 복수의 개념은 네 가지 땅에 뿌려진 씨앗의 비유를 읽을 때 도움을 줍니다. 마태복음 13장 1-9절 본문에서 씨앗과 관련된 단어들은 모두 단수입니다.

씨앗이 떨어지는 것(마 13:4, 5, 7, 8) 싹이 나오는 것(마 13:5), 그 싹이 햇볕으로 인해 타서(마 13:6) 마르는 것(마 13:6), 결실을 맺는 것(마 13:8) 등은 모두 동사 단수형입니다. 뿌리(마 13:6)도 단수로 쓰였습니다. 반면에 씨앗이 성장하는 것을 막는 것들에게 사용된 용어들, 예를 들면 새들(마 13:4), 돌들(마 13:5), 가시떨기와 가시들(마 13:7)은 모두 복수형입니다.

이 점은 마가복음의 병행 본문, "더러는 흙이 얇은 돌밭에 떨어지매 흙이 깊지 아니하므로 곧 싹이 나오나"(막 4:5)에서 돌을 단수로 사용하고 있는 점에 비교됩니다. 마가는 돌을 단수인 '토 페트로데스'로 나타내는 한편, 마태는 돌의 복수형인 '타 페트로데'를 사용하고 있기 때문입니다.[10] 마태복음서는 단수와 복수를 섞어서 사용하는 마가복음에 비해 씨앗에 관련된 단어는 단수형, 씨앗이 자라는 것을 막는 것들에 대해서는 예외 없이 복수형을 사용하고 있는 것입니다.

---

10 수 개념에 있어 마태가 나름대로의 특별한 관점과 의도를 지니고 있음을 알려주는 구절이 또 있다. 마가복음 4장 5절, "뿌릴 새 '더러는' 길가에 떨어지매 새들이 와서 (그것을) 먹었고"에서 '더러는'을 나타내는 말에는 관계대명사 주격 단수형 '호'를 사용한다. 개역개정역에는 '그것을'이라는 말이 생략되었지만, 원문에는 관계대명사 목적격 단수형 '아우토'가 명시되어 있다. 이 점은 누가복음 8장 5절도 마찬가지다. "씨를 뿌리는 자가 그 씨를 뿌리러 나가서 뿌릴새 '더러는'(호) 길가에 떨어지매 밟히며 공중의 새들이 (그것을, 아우토) 먹어버렸고." 그런데 특이하게도 마태복음은 병행구인 13장 4절에서 마가 및 누가와 다른 해석을 한다. "뿌릴 새 '더러는' 길가에 떨어지매 새들이 와서(그것들을) 먹었고"에서 관계대명사를 사용하면서 복수형을 쓴다. '더러는'에 해당하는 단어에 관계대명사 주격 복수형 '하'를 사용하고, '그것들을'에 해당하는 말에 관계대명사 목적격 복수형 '아우타'를 사용한다. 하지만 더 특이한 것은 이렇게 관계대명사를 복수형으로 사용했음에도 불구하고 "길가에 떨어지매"에서 '떨어지다'를 뜻하는 과거형 동사 '에페센'이라는 단수형을 사용한다는 것이다. 이러한 용례는 마태복음 13장 7절에도 마찬가지다. "'더러는' 가시떨기 위에 떨어지매 가시가 자라서 (그것들을) 기운을 막았고"에서도 마가 4장 7절과 누가 8장 7절은 단수형을 쓰는 반면에, 마태는 13장 4절처럼 관계대명사 '알로스'(다른 것)의 복수형 '알라'(다른 것들)를 사용한다. 그리고 '떨어진다'는 말에도 과거형 단수 동사 '에페센'을 사용한다. 관계대명사가 복수형인데도 동사를 단수형으로 사용한다는 것은 문법의 이치상 맞지 않다. 하지만 이러한 마태의 편집 결과를 통해 분명한 사실을 확인할 수 있다. 마태는 씨앗의 비유와 관련하여 단수, 복수 사용을 할 때 마가나 누가와 다르게 나름대로의 특별한 관점을 갖고 있다는 것이다. 그리고 비록 여러 개의 씨앗이 떨어졌다 하더라도, 전체를 뭉뚱그려서 보지 않고 씨앗 하나하나의 상황에서 바라보고 있다는 것이다. 이러한 특이한 서술 방식을 '개별적 복수형'(individual plural)이라고 할 수 있다.

마태 기자의 수 개념은 시편 1편의 수 개념과도 비슷합니다. 시편 1편에서 '복 있는 사람'(시 1:1)은 단수로 나옵니다. 반면에 '악인들'(시 1:1, 4, 5), '죄인들'(시 1:1, 5), '오만한 자들'(시 1:1)은 복수입니다. 비록 5-6절에 '의인들'이라는 표현이 나오지만, 이는 한 사람, 한 사람의 의인을 통틀어 나타내는 말이라 할 수 있습니다. 개별적 의인들이 모여서 복수의 의인들이 된다는 표현은 마태복음 13장의 특별한 서술 방식인 '개별적 복수형'과 비슷합니다. 의인은 절대적 소수이고 악인들은 절대적 다수를 차지하고 있는 시편 1편의 구도가 마태복음 13장 씨앗의 비유에서 그대로 재현됩니다.

3. 요약 및 정리

1) 원수가 가라지를 뿌린 방법 — 덮어 뿌리기

마태의 수 개념에는 뚜렷한 일관성이 보입니다. 마태 기자는 뿌려진 씨앗은 단수이고, 그 위에 덧뿌려진 가라지는 복수라는 구도로 예수님의 비유를 해석하고 있다는 것입니다. 원수는 가라지를 덧뿌릴 때 밀밭에 흩어 뿌린 것이 아니라 밀 한 알 위에 수북이 올려놓는 형태로 덮어 뿌렸다고 봐야 합니다. 마태복음 13장 25절에 사용된 '아나 메손'이라는 관용어는 '밀 씨앗과 밀 씨앗 사이'라기 보다는 '밀알 바로 위'로 해석하는 것이 마태 기자의 입장에 보다 가깝게 접근하는 것이 될 것입니다. 원수가 덧뿌린 가라지는 처음부터 밀 씨앗을 덮어 씌운 것입니다. 그렇기 때문에 싹이 났을 때는 이미 가라지의 뿌리와 밀 씨앗의 뿌리가 붙어 엉켰기 때문에 가라지를 뽑을 수 없는 상태가 되었을 것입니다. 이렇게 볼 때 주인이 종들에게 가라지를 뽑지 말라고 말한 배경이 명확하게 이해됩니다. 그렇게 보면 [그림 2]가 마귀가 가라지를 뿌린 정확한 그림이 될 것입니다. 그리고 [그림 2]들이 확대되면 [그림 3]의 모습이 될 것입니다.

[그림 2]   [그림 3]

마태가 이렇게 본 것은 한 알의 씨앗이 싹이 트고 자라는 일이 얼마나 힘든 일인지를 말하려는 의도가 있습니다. 이러한 상황 설정은 어쩌면 마태 공동체가 처음 접했던 시대적 상황을 반영할 수도 있습니다. 유대 중심의 바리새인들과의 극심한 갈등 속에서 예수 복음의 진리를 품고 지키려 했던 마태 공동체의 극히 힘든 상황이 드러나고 있음을 보여 준다고 할 수 있습니다.[11] 동시에 가라지가 수북이 덮고 있는 상황에서 밀 씨앗이 뿌리를 내리고 싹을 틔우며 열매를 맺는다는 것은 오직 하나님의 은혜와 성령의 도우심이 있었기 때문임을 고백하는 일이라 할 수 있습니다.

---

11 나요섭 외, 『신약성서개론』 (서울: 대한기독교서회, 2002) 228. 나요섭은 "마태복음이 바리새인들과의 갈등이 더욱 심했던 것으로 서술함은 예수의 제자들로 여기는 마태 공동체 구성원들이 추구한 목표가 바리새인들의 것과 상당히 비슷했기 때문이라고 여겨진다"는 입장을 보이는데, 이는 밀과 가라지 비유의 배경을 이해하는 데 있어 매우 흥미로운 견해라고 할 수 있다.

2) 씨와 관련된 비유들의 합일과 전개

마태 기자는 13장 1-43절에서 씨앗에 대한 예수님의 비유와 가르침을 모아 전하고 있습니다. 그 흐름을 보면 ① 13장 1-23절은 네 가지 땅에 대한 비유와 비유의 설명, ② 밀과 가라지의 비유와 설명, ③ 겨자씨의 비유와 누룩의 비유로 이어집니다. 이 세 가지 비유는 각각의 가르침이었지만, 마태는 이 비유와 가르침을 한데 묶음으로써 예수님의 말씀을 일관되게 해석하려 한 것으로 보입니다.

그것은 무엇보다 천국의 씨앗, 말씀의 씨앗, 성도라는 씨앗이 세상의 유혹과 시련으로부터 믿음을 지켜내어 마침내 귀한 결실을 맺는 것이 참으로 귀하고 거룩한 일이라는 것입니다. 그리고 악한 세력의 온갖 방해와 박해로부터 참된 믿음을 키워내고 지켜내는 것은 전적으로 하나님의 은혜로 이루어지는 일이라는 것입니다.

이러한 관점에서 마태는 세 가지의 씨앗에 대한 비유를 하나의 이야기로 엮어냈다고 볼 수 있습니다. 첫째, 씨앗이 땅에 떨어지는데 어떤 씨앗은 길에 떨어지기도 하고, 흙이 얕은 돌밭에 떨어지기도 하며, 가시덤불에 떨어지기도 하는데, 좋은 땅에 떨어진 씨앗은 귀한 열매를 맺게 된다는 것입니다. 둘째, 좋은 땅이라 하더라도 또 시련이 닥치는데, 그것은 마귀가 가라지를 덧뿌리는 일이라는 것입니다. 가라지가 씨앗이 덮인 상황에서 싹이 트는 것도 어렵지만, 싹이 튼 다음에도 수많은 가라지가 곡식의 성장을 방해하고 가로막는 상황이 계속됩니다. 하지만 곡식은 이에 개의치 않고 인내하면서 마침내 귀한 결실을 맺게 될 것이라고 합니다. 셋째, 이러한 원리는 겨자씨 한 알이 자라는 것과 같다는 것입니다. 처음에는 매우 작은 것이었지만, 나중에는 공중의 새들이 와서 깃드는 나무가 됩니다. 그리고 그 원리는 작디작은 누룩이 빵 전체를 부풀리는 것과 같습니다. 마태 기자는 씨앗의 비유 마지막을 다음과 같은 말로 결론 맺습니다.

> 그 때에 의인들은 자기 아버지의 나라에서 해와 같이 빛나리라. 귀 있는 자는 들으라(마 13:43).

III. 결론

마태 기자가 마태복음 13장에서 단수, 복수의 개념을 매우 정확하고 일관성 있게 사용한다는 점은 마귀가 씨앗 위에 가라지를 덧뿌릴 때 '흩어 뿌린' 것이 아니라 '덮어 뿌린' 것이라는 가설을 지지합니다. 덮어 뿌렸기 때문에 밀과 가라지가 싹이 난 다음에 뿌리가 서로 엉겼을 것입니다. 그렇기 때문에 밭 주인이 종들에게 가라지를 뽑아서는 안 된다고 말한 점도 자연스럽게 이해가 됩니다.

그런 면에서 성경 본문의 내용은 다음과 같이 개정되는 것이 마태의 해석에 가깝다고 생각합니다.

개역개정역 (현행, 마 13:24-26)	개역개정역 (수정안, 마 13:24-26)
24예수께서 그들 앞에 또 비유를 들어 이르시되 천국은 좋은 씨를 제 밭에 뿌린 사람과 같으니 25사람들이 잘 때에 그 원수가 와서 곡식 가운데[12] 가라지를 덧뿌리고 갔더니 26싹이 나고 결실할 때에 가라지도 보이거늘	24예수께서 그들 앞에 또 비유를 들어 이르시되 천국은 좋은 씨 한 알을 제 밭에 뿌린 사람과 같으니 25사람들이 잘 때에 그 원수가 와서 곡식 위로 가라지를 덧뿌리고 갔더니 26싹이 나고 결실할 때에 가라지도 보이거늘

마태복음 13장 31절에는 겨자씨가 단수로 쓰인 점을 감안하여 '겨자씨 한 알'이라는 표현을 사용합니다.[13] 마태의 수 개념으로 보면 밀과 가라지 비유 본문에서도 좋은 씨 '한 알을'이라는 표현이 들어가야 마태의 해석에 가깝다고 생각하며, 바로 이어지는 '겨자씨 한 알'의 비유와도 자연스럽게 연결된다고 봅니다.

　　우리는 마태의 해석을 통해 유대인 속에서 예수님의 십자가와 부활 사건을 증언해야 하는 마태 공동체의 긴장을 볼 수 있습니다. 이 비유는 무엇보다 숱한 박해와 수난 속에서 복음의 씨앗을 틔워야 하는 마태 공동체의 상황을 보여 준다고 하겠습니다. 스데반 집사가 유대인들에 의해 순교하던 상황이 밀과 가라지의 구도가 보여 주는 첫 번째의 상황이라고 할 수 있습니다. 세상에 포진해 있는 절대다수의 핍박자 속에서 믿음을 키워가야 하는 성도 한 사람 한 사람의 상황과 초대교회의 절박한 상황을 나타내고 있습니다.

　　그리고 밀 씨앗이 뿌리를 내리고 가라지들과 함께 공존하는 모습은 초대교회 초기 이후의 상황을 나타낸 것이라 할 수 있습니다. 이 시기는 마태 공동체가 어느 정도 성장한 단계로, 초기처럼 마태 공동체를 박해하는 외부와의 문제만이 아니라 공동체 내부의 갈등이 점점 커지는 상황이라고 할 수 있습니다. 밀과 가라지의 공존 구도는 각종 물고기를 잡은 그물의 비유(마 13:47-50)에도 나타납니다. 어부가 그물

---

12 '가운데'라고 해석한 대표적인 한글성경에는 개역개정역, 새번역, 가톨릭공용성경 등이 있다. 영역본들(NRSV, NKJV, ASV, NIV)은 대체로 'among'이라는 전치사를 사용하며, YLT의 경우에는 'in the midst of'라고 해석한다. 영역본의 경우에는 YLT의 해석이 마태의 관점에 가깝다고 본다.
13 "또 비유를 들어 이르시되, 천국은 마치 사람이 자기 밭에 갖다 심은 겨자씨 한 알 같으니" (마 13:31).

로 물고기를 잡은 후에 좋은 것은 그릇에 담고 못된 것은 내버린다는 것입니다.

이러한 내용을 감안하면 마태복음 13장에 기록된 씨앗의 비유에 마태 공동체의 성장 과정이 내포되어 있다는 가설을 세울 수 있습니다. 이 점은 향후 또 다른 연구 과제가 될 수 있을 것입니다.

성서신학

기근(飢饉)과 농인(農人)의 소외*

배중훈

(목사, 김천 구성중앙교회)

I. 들어가는 말

농신학에서 농사, 농부 혹은 농인, 흙과 토지, 희년, 생태 등 성서신학
적 주요 주제들을 연구해 왔다. 본 소고(小考)는 성서의 사건들 안에
간간이 나타나는 기근이라는 자연재해와 은유적 표현들을 살펴보고,
농신학적 의미를 살펴보도록 하겠다.

---

* 이 글은 2025년 3월 27일 (목) 비대면으로 진행된 "제50차 농신학연구회 세미나"에서 발표한
  것이다.

II. 본말

1. 창세기

1) 기근, 농민을 밀어내다: 창 12장과 26장

창세기 12장과 26장은 동일한 전승 자료에서 서로 다른 인물들의 이야기로 이어졌다고 볼 수 있다.[1] 창세기 12장에서 아브람은 '기근'으로 애굽에 내려갔다(창 12:10). 팔레스타인 남부 지방의 주민들은 기근이 나면 애굽으로 내려가야 했고, '생명을 유지할 방도를 알지 못하고 입국을 간청하는 '아시아인들'에 대한 이집트인들의 기록은 기원전 1350년부터 알려져 있었다.[2] 창세기 26장은 아브라함의 아들 이삭이 '흉년'으로 이번에는 애굽이 아니라 그랄 땅으로 들어간다(창 26:1). 이후의 이야기는 비슷한 구도로 흐른다. 아브람은 자신의 아내 사래를 누이라고 하여 바로에게 들이고, 이삭도 마찬가지로 자신의 아내 리브가를 블레셋 왕 아비멜렉에게 소개한다. 사래와 리브가가 아리따워서 남편을 죽이고자 할 것으로 예상한 것이다. 그러나 바로도 아비멜렉도 남편을 죽이지 않는다. 오히려 그들의 소유를 모두 보내거나(창 12:20), 농사지어 거부가 된다(창 26:12-13).

이러한 일이 벌어진 배경은 '기근', '흉년' 때문이다. 12장과 26장이 우리말에서는 기근, 흉년으로 다르게 표현되지만, 히브리어로는 같은

---

1 Gerhart von Rad, 『창세기: 국제성서주석』 (한국신학연구소, 1994), 181.
2 앞의 책, 181.

단어다.3 팔레스타인 땅에는 우기와 건기가 있다. 이른 비(11월경)가 내리고 늦은 비(3월경)까지 충분한 비가 와 주어야 한다. 애굽은 나일강에서 물을 끌어오나, 팔레스타인 땅은 비가 내려 주어야 한다. 신명기는 이렇게 말한다.

> 네가 들어가 차지하려 하는 땅은 네가 나온 애굽 땅과 같지 아니하니 거기에서는 너희가 파종한 후에 발로 물 대기를 채소밭에 댐과 같이 하였거니와 너희가 건너가서 차지할 땅은 산과 골짜기가 있어서 하늘에서 내리는 비를 흡수하는 땅이요 네 하나님 여호와께서 돌보아 주시는 땅이라 연초부터 연말까지 네 하나님 여호와의 눈이 항상 그 위에 있느니라(신 11:10-12).

산과 골짜기가 물을 흡수하여야 농사가 가능한 땅이다. 우기에 충분한 비가 없으면 가뭄이 들고 흉년이 들어 기근이 찾아올 수밖에 없다. 기근은 사람들을 그 땅에서 살 수 없게 만들어 다른 곳으로 밀어낸다. 아브람은 애굽으로, 이삭은 그랄로 밀려갈 수밖에 없었다.

2) 기근, 농민의 추락: 창 47:13-26

아버지의 편애로 형제간 살해 미수가 있었으나, 끝내 살해당할 뻔한 형제가 성공하여 기근 때에 부모와 형제를 구하고 용서와 화해가 이루어진 이야기(창 41-47장)는 감동적이다. 그 과정에서 속임수로 형제들을 도둑질한 것으로 몰아 극단의 상황을 만들고 그 가운데서 감정을

---

3 רָעָב: famine, hunger.

절정에 이르게 하며, 해소하는 장면에서 감정의 카타르시스를 만드는 훌륭한 문학적 장치가 들어 있다(창 45장). 이러한 극적인 일이 벌어진 배경은 기근이다. 기근이 없었다면 야곱과 요셉의 재회는 없었을 것이다. 기근이 야곱의 일가족을 살던 곳을 떠나서 이동해야만 하는 상황으로 이끌어 간 것이다. 야곱의 일가족은 기근 속에서도 살아남았다.

그러나 야곱의 일가족이 모두 구원받은 후 애굽의 총리로서 요셉의 통치 행위는 잔인하다. 기근은 더 심해졌다. 땅은 황폐해졌고, 농사가 거의 불가능했다는 것을 알 수 있다. 요셉은 애굽 땅뿐만 아니라 가나안 땅에 있는 모든 돈을 거둬들여 바로에게 바쳤다. 굶주린 사람들은 돈이 없어서 더 이상 곡식을 살 수 없었다. 요셉은 가축과 바꾸라고 한다. 어떤 가축인지는 모르겠지만, 농사에 필요한 소, 우유를 주는 염소 그리고 양일 것이다. 해가 바뀌자 가축도 없다. 남은 것은 몸과 토지다. 몸과 토지로 곡식을 얻고, 바로의 종이 된다.

기근이 끝나자 농민에서 종으로 추락한 애굽 사람들은 토지 종자를 받고 다시 농사를 시작한다. 이때 요셉이 세운 토지법은 1/5(20%)을 바로에게 바치는 것이다. 20%의 세율은 당시 보편적인 것으로 보이나, 토지를 소유한 자유 농민 계층에 붕괴가 일어났고, 오직 바로만이 토지의 소유자가 되었다.[4] 반면에 특권 계층이 있었는데, 제사장들이다. 제사장들의 토지는 사들이지 않았고, 이들은 바로가 주는 녹을 먹기 때문에 토지를 팔지 않아도 먹을 수 있었다.

지금 살펴본 창세기 47장 13-26절을 보다 넓혀서 보면, 또 하나의

---

4 Rad, 『창세기: 국제성서주석』, 463.

특권 계층이 있다. 요셉이 총리이니 물론 그 아버지 야곱과 형제들이다. 그들은 고센 지방 중에서 '애굽의 좋은 땅 라암셋'(창47:11)을 받았다. 바로는 목축을 위해서 이 땅을 준다. 그런데 바로가 이 땅을 주기 전에 요셉은 형제들에게 바로를 만났을 때 어떻게 말해야 하는지를 알려준다.

> 바로가 당신들을 불러서 너희의 직업이 무엇이냐 묻거든 당신들은 이르기를 주의 종들은 어렸을 때부터 지금까지 목축하는 자들이온데 우리와 우리 선조가 다 그러하니이다 하소서 애굽 사람은 다 목축을 가증히 여기나니 당신들이 고센 땅에 살게 되리이다(창 46:33-34).

이삭은 그랄 땅에 들어갔을 때 농사를 지어 거부가 되었다(창 26:12-13). 이삭은 농부였다. 야곱과 그 아들들의 직업이 목자라면, 굳이 선조 때부터 직업이 목자라고 말할 필요가 없다. 여기에는 바로를 속이려는 목적이 있다. 목자들은 이동하기 때문에 땅을 소유하려고 하지 않는다. 그래서 아브라함 때부터 하나님의 약속은 땅을 주겠다는 것이었다. 출애굽 이후에 가나안에 가는 이유도 그 땅을 차지하려는 것이다. 모세가 정탐꾼들을 보내며 지시한 사항은 목축과 관련된 것이 아니다: "토지가 비옥한지 메마른지 나무가 있는지 없는지를 탐지하라 담대하라 또 그 땅의 실과를 가져오라"(민 13:2). 모세는 농사가 잘되는 땅인지를 알아본 것이다. 결국 이스라엘은 농민들이다. 요셉은 자신의 족속이 농민이 아니며, 애굽인들이 가증히 여기는 목축을 하는 사람들이라고 속이는 것이다. 왜냐하면 애굽은 농경 국가이기 때문에 농사를 짓는 것이 주요 경제인데, 농사를 짓는 다른 민족이 들어오는 것은 농경지 경쟁을 유발하기에 애굽으로서는 막아야 하는 일이다. 요셉은 자신의 가족들이 농민이라는 것을 숨김으로 나일강 하류 삼각지로 추정되는 고센 땅을 차지한다. 거기서 바로의 가축을 돌보기는 하였으나 농민으로서의 정체성을 잃지는 않는다.

특권은 영원하지 않았다. 요셉을 알지 못하는 새 왕이 일어나 애굽을 다스렸다(출 1:8). 황건영은 출애굽기 1장이 역사적 사실을 수사학적 기술을 사용하여 배열하였으며, 따라서 '요셉을 알지 못하는 새 왕'은 요셉의 영향력이 애굽에서 완전히 사라지게 될 만큼 많은 세월이 지났음을 문학적으로 기술하는 것이라고 본다.[5] 즉, '요셉을 알지 못하는 새 왕'이라는 표현은 실제로 요셉을 알지 못하는 왕이 아니라 요셉을 역사와 기억에서 지우고 싶은 왕으로 보인다. 그래서 이스라엘 자손들에게 "무거운 짐"(출 1:11)을 지운다.

기근은 농민들의 생산수단마저 다 빼앗고 몸까지 빼앗는다(창 47:23). 왕의 절대적 권력만 더욱 강해지고, 그에게 충성한 이들만 좋은 땅을 차지한다. 요셉과 야곱 일가족은 과연 구원과 축복을 받은 것인가? 기근의 위협에서 벗어나 다른 농민들처럼 추락하지는 않은 것에 하나님께 감사했는지는 모르지만, 결국 시간이 지나 절대 권력에 충성하여 특권을 누린 이 일은 잊히지 않고 다시 그들에게 고통으로 찾아온다.

---

5 황건영, "출애굽기 1장 8절에 기록된 '요셉을 알지 못하는 새 왕'에 대한 연구," 「칼빈논단」 36 (2016), 603.

2. 룻기

1) 기근, 시대전환의 계기: 룻기 1:1-5

룻기는 역사적 배경을 사사 시대로 말하고 있다. 그러나 사사기에는 기근에 대한 기록이 없다. 룻기는 사사 시대를 배경으로 강조하기보다는 사사 시대에서 그다음 새로운 세대로 넘어가고 있음을 보여 준다. 사사기 17장 6절과 마지막 구절 21장 25절은 같다. "그 때에 이스라엘에 왕이 없으므로 사람이 각기 자기의 소견에 옳은 대로 행하였더라." 사사기는 어떤 교훈적인 내용도 없고, 이스라엘 공동체가 회복되라는 어떤 희망도 주지 않는다. 사사기의 끝맺음은 최악 중의 최악이다.[6] 그래서 사사기는 룻기와 이어서 보아야 한다. 고엘(구원자)이 없는 현실에서 보아스는 아무도 하지 않는 구원자로서의 역할을 기꺼이 맡는다. 그래서 태어난 아기의 이름을 종(오벳)이라고 짓는데, 이는 왕이신 하나님이 허락하신 유산을 지켜 나가는 종의 정체성을 찾으라는 의미다.[7]

이러한 흐름을 알 리 없는 엘리멜렉은 흉년으로 인해 모압 지방으로 이민 간다. 이민자는 신앙의 영역에서 나올 뿐 아니라 권리의 영역에서도 나오는 것이다.[8] 사사기 1-5절은 이민 후에 엘리멜렉의 죽음, 이방 여인과의 결혼, 아들들의 죽음을 빠르게 진행한다. 다른 어떤 평가도 없이 빠르게 배경을 그린 것이다. 그러나 이 빠른 진행 중에도 여성만

---

6 이익상, 『내가 왕이었습니다』 (규장, 2020), 273.

7 앞의 책, 290-293.

8 Hans Wilhelm Herzberg, 『룻기: 국제성서주석』 (한국신학연구소, 1994), 295.

남은 가족의 삶이 얼마나 힘들었는지는 금방 알 수 있다. 바로 다음에 며느리들을 친정으로 보내려는 나오미가 나온다. 신앙과 권리의 영역 밖에 있는 이들에게 선택할 수 있는 하나의 기회는 다시 신앙과 권리의 영역으로 들어간다. 나오미는 며느리들을 보내고 홀로 돌아가려 한다. 왜냐하면 며느리들은 이방인으로서, 그들이 나오미와 함께 가면 신앙과 권리의 영역 밖으로 가는 것이기 때문이다.

엄태항은 돌아온 나오미와 룻의 이야기를 아브라함이 기근으로 애굽에 들어갔다가 나온 이야기와 비교하여, 룻은 아브라함처럼 새 시대를 여는 주인공이라고 한다.

이처럼 창세기에서 유사한 어휘와 구문 그리고 신학적 주제가 집중적으로 발견되는 것을 보면, 룻기는 창세기 본문을 반영함이 분명하다. 따라서 룻기가 신명기가 취하는 이방인에 대한 경고와는 다른 시각을 견지하고 있음도 당연하다. 아브라함 전승을 모방하는 룻기에서 룻은 가모장(matriarch)으로서, 아브라함처럼 새 시대를 여는 주인공이다. 그러므로 룻기 도입부에서 엘리멜렉 가문의 이주와 돌아옴이라는 주제는 더 확장되어 다윗 시대까지 바라본다. 바꿔 말하면 룻기의 침울한 분위기는 아브라함이 친척과 땅을 떠나 약속의 땅으로 진입한 것과 같은 그리고 마침내 새로운 땅과 씨를 획득하는 것과 같은 시대 전환의 의미로 작동한다.[9]

기근으로 신앙과 권리가 없는 땅으로 밀려난 이들이 다시 돌아오면

---

9 엄태항, "룻기 도입부(1:1-5)의 기근과 모압 이주 주제가 룻을 가모장(matriarch)으로 서술하는 문학적 기능," 「성침논단」 13 (2022): 121-123.

서 권리가 회복되고 여호와 신앙이 회복되는 이야기가 룻기다. 여기서 기근, 흉년은 이민자를 만들어 내는 재해 이상의 의미로 읽을 수 있다. 아모스는 진정한 기근이 무엇인지를 말한다.

주 여호와의 말씀이니라 보라 날이 이를지라 내가 기근을 땅에 보내리니 양식이 없어 주림이 아니며 물이 없어 갈함이 아니요 여호와의 말씀을 듣지 못한 기갈이라(암 8:11).

레위 제사장들의 타락[10]은 여호와의 말씀이 없는 기근을 보여 준다. 룻기는 이러한 말씀이 없는 기근으로 인해 신앙과 권리의 영역에서 쫓겨난 이들이 다시 회복되는 희망의 메시지를 품고 있다.

3. 역사서

1) 기근, 하나님의 경고: 사무엘하 21:1-14

기근은 자연재해가 아니라 피를 흘린 것에 대한 결과라고 구약성서에서 처음 표현하고 있다. 다윗의 통치 기간 중 3년 동안 기근이 들었다. 원인은 사울과 그의 집이 기브온 사람을 죽여서 피를 흘렸기 때문이다. 이 이야기는 사무엘서의 끝부분에 있는데, 다윗의 통치 초기에 기브온 사람들에게 피의 복수를 하도록 사울의 후손들을 일부

---

10 사사기 17-21장은 레위 제사장들의 타락을 분명히 보여 주고, 그 결과로 이스라엘의 내전이 일어나 베냐민 지파를 멸절시킬 뻔하였다.

넘겨주므로[11] 다윗 통치 중 3년의 기근으로 인한 정권의 불안정성을 회복하려고 하였을 것이다.

여기에서는 기근의 원인을 알아내는 과정이 담겨 있다. 슬쩍 지나갈 수 있지만, 분명 신탁이다. "다윗이 여호와 앞에 간구하매"(21:1). 3년은 긴 기간이다. 이렇게 긴 기근은 무언가 원인이 있을 것이다. 다윗은 이를 밝혀야 왕으로서의 권위를 유지한다. 그것을 알아내는 방법은 여호와께 묻는 것, 신탁이다.

기근의 원인은 다윗이 피를 흘린 것이다. 그러나 피를 흘린다고 하나님이 기근을 내리실까? 여기에 대해서 김진수는 이 본문을 주석하여 사울 후손이 피를 흘린 것은 야훼의 심판이었다고 주장한다.

위의 본문 주해에서 우리는 사울의 후손들이 당시 이스라엘에 통용된 제의적 및 법적 규례에 따라 처형되었다는 사실을 발견하였다. 특히 저자는 이 모든 과정 속에 다윗이 자의적으로 행하지 아니하고 공(ֹמִשְׁפָּט)과 의(צְדָקָה)를 행하였다는 것을 부각시킨다: 다윗은 야웨의 얼굴을 구하였고(1절), 피해 당사자의 의견을 존중하였으며(3절), 요나단과 맺은 언약을 지켰다(7절). 따라서 사울의 후손들의 죽음이 하나님의 뜻에 반하는 것이었다는 관점은 적어도 본문이 제시하는 것과는 거리가 먼 것이라 할 수 있다. … 결론적으로 사울의 후손들의 처형은 언약의 파기자에게 내려진 야웨의 심판이라는 것이 사무엘하 21:1-14이 말하고자 하는 바라고 할 수 있다.[12]

---

11 Fritz Stolz, 『사무엘 상, 하: 국제성서주석』 (한국신학연구소, 1994), 470.
12 김진수, "기근, 처형 그리고 회복: 사무엘하 21:1-14에 나타난 하나님의 이미지," 「성경과 신학」 50 (2009), 192.

야웨가 이러한 심판을 한 이유를 "하나님의 생명 되심을 드러내는 방법들 중 하나님을 떠난 자들의 생명을 취하는 것보다 더 실제적인 길이 있겠는가?"[13]라고 하면서, 결국 하나님의 모습은 인간의 생명을 귀히 여기시며, 언약 백성으로서의 이스라엘의 정체성을 보존하기를 원하시며, 자기 백성이 '저주'와 '사망의 그늘'에서 떠나 참된 생명을 누리기를 원하시는 모습이라고 주장한다.[14]

기근과 처형은 공의와 정의를 세우지 못한 데에 따른 하나님의 심판이었다. 그리고 이 심판은 정의와 공의를 지키는 언약 백성으로서의 정체성을 지켜 참 생명을 누리라는 하나님의 경고로 볼 수 있다.

2) 기근, 하나님께로 회귀의 출발점: 왕상 8:35-39; 암 4:4-13

솔로몬은 성전을 건축하였다. 다윗이 나단 선지자에게 "나는 백향목 궁에 살거늘 하나님의 궤는 휘장 가운데에 있도다"(삼하 7:2)라고 말한 후에, 이 뜻을 솔로몬이 이룬 것이다. 솔로몬의 성전 봉헌 기도(왕상 8:22-53)는 성전에서의 첫 기도다.

성전 봉헌 기도는 아모스 4장 4-13절과 병행하여 비교 연구된다.[15] 이 연구들은 재앙적 상황에 대한 유사점과 연결점을 분석한다.[16] 이소리는 두 본문의 연결점을 하나님을 만나는 장소, 재앙적 상황에 대한

---

13 앞의 글, 202.

14 앞의 글, 202.

15 비교 주제: 가뭄(왕상 8:35; 암 4:7-8), 전쟁에 패하고 그로 인해 포로 됨(왕상 8:33; 암 4:10), 전염병(왕상 8:37; 암 4:10), 곤충 피해로 인한 흉년(왕상 8:37; 암 6:9).

16 이소리, "솔로몬의 성전봉헌기도(왕상 8:27-53)와 아모스 4장 4-13절 이어 읽기," 「대학과선교」 53 (2022), 82.

이해, 언약을 바탕으로 한 서술, 반복을 통한 주제의 부각 그리고 부요하고 풍요로운 시대라고 분석한다. 그리고 세 가지 신학적 함의를 주장한다.

> 두 본문의 재앙적인 상황은 언약의 불순종에 대한 처벌에서 한 걸음 더 나아가 하나님께로 돌아오게 하는 출발로 볼 수 있기에, 징벌은 희망적으로 기능한다. 징벌의 희망적인 기능은 하나님께로 나온 이들을 회개와 언약 갱신의 자리로 이끈다. 하나님은 성전에 자신의 눈과 이름과 마음을 두시고 그곳에서(그곳을 향하여) 기도하는 이들의 기도를 들으시며, 몇 차례의 재앙적 상황에도 돌이키지 않는 이들을 만나러 오셔서 자신의 생각을 알리신다. 심판과 처벌로 언약 관계를 끝내시기 위함이 아니라 구별하여 기업으로 삼으신 이들을 회복시키시기 위함이다. 마지막으로 하나님과의 언약 관계의 갱신은 언약의 담지자들을 거룩의 자리로 초청한다.[17]

이 본문은 기근만을 말하는 것은 아니다. 다양한 재앙적 상황 중의 하나로서 기근이 있을 뿐이다. 그러나 이전까지 기근이라는 재앙적 상황이 농민을 밀어내고 삶이 황폐해지는 것을 보여 주었다면, 기근이 다시 하나님 앞으로 회귀하는 첫 출발점으로 볼 수 있음을 말하는 것이다.

---

17 앞의 글, 104.

3) 국가적 재앙, 바알주의: 왕상 17장

오므리 왕조는 "여호와 보시기에 악"(왕상 16:25)을 행했다고 성서는 평가한다. 오므리 왕조의 대표적인 왕은 아합이다. "그의 이전의 모든 사람보다 여호와 보시기에 악을 더욱 행하여"(왕상 16:30)라는 표현에서 알 수 있다. 아합은 "시돈 사람의 왕 엣바알의 딸 이세벨을 아내로 삼고 가서 바알을 섬겨 예배"(왕상 16:31)하였다. 이스라엘에 바알 신앙을 들여왔으며, 가뭄 때에 엘리야와의 대결에서 "바알의 선지자 사백오십 명과 아세라의 선지자 사백 명"(왕상 18:19)이라는 대규모를 내세우는 것에서 보듯이 바알과 아세라 신앙을 전국적으로 심었다. 미가 선지자는 이러한 상황을 보고 예언한다.

너희가 오므리의 율례와 아합 집의 모든 예법을 지키고 그들의 전통을 따르니 내가 너희를 황폐하게 하며 그의 주민을 사람의 조소거리로 만들리라 너희가 내 백성의 수욕을 담당하리라(미 6:16).

'오므리의 율례와 아합 집의 모든 예법'을 따른 것이 여호와의 진노의 원인이라는 것이다. 그러면 오므리의 율례와 아합 집의 모든 예법은 무엇이며, 어떤 변화를 가져왔을까? 이에 대해서 박기형은 심층적으로 분석하여 연구하였다.

결론적으로 바알주의의 사회경제적 함의에 있어서 본 논문이 주목한 문제의 초점은 '교역 중심 국가로의 국체 변경 시도'와 그 과정에서 이루어진 '전통적 토지 사상 및 토지소유 제도의 변개'였다. 다시 말해 오므리-아합의 율례와 행위는 농업국가 이스라엘을 교역에 적합한 산업구조로 개편하려는 시도를 담고 있다는 것이다. 또한 '오므리의 율례와 아합 집의 예법'은 전통적 토지 사상에 반대되는 토지 개념과 제도 그리고 그 실행을 가리킨다. 특별히 후자의 문제는 '오므리의 율례와 아합 집의 예법'으로 인해 이스라엘에 도입, 실행된 바알주의가 바로 계층위계적이고 억압적인 가나안적 토지제도와 사실상 동전의 양면과 같다는 점 때문에 빚어졌다. 바알 종교에는 바알주의 토지제도가 내장되어 있다. 즉, 권력과 경제력에 따라 토지의 차등적 소유와 심지어 독점까지 허용한 가나안식의 토지제도가 바알 숭배라는 종교의 옷을 입고 이스라엘로 들어온 것이다.[18]

아합으로 대표되는 오므리 왕조의 바알 숭배는 하나의 공식적인 국가종교로서 정치, 사회, 경제, 전반에 큰 영향을 끼쳤고, 이것이 국가적 재앙을 유발할 정도로 심대한 문제를 발생시켰다. 예언자들이 목숨을 걸고 우상 숭배를 반대한 것은 단지 우상을 섬기는 이방 종교이기 때문이 아니라 언약 백성 이스라엘에게 요구되는 특별한 윤리 기준인 언약 조건에 반대되기 때문이다.[19] 바알을 섬기는 것은 자기 땅을 가진 자경 자작의 자유 농민과 여호와 사이에 맺은 계약에 대한 도전이었다. 여호와와의 언약은 여호와 하나님만을 일편단심 사랑하고 섬기는 배타적 계약이다. 아울러 사회적 약자에 대한 배려와 보살핌이라는 이스라엘의 의무를 담은 조건적 계약이다. 그런 점에서 하나님과 우상을 겸하여 섬기는 우상 숭배와 바알 종교는 여호와와의 언약에

---

18 박기형, "오므리의 율례와 아합 집의 예법(미가 6:16)에 관한 연구," 숭실대학교 대학원 박사학위논문 (2002), 260.
19 앞의 논문, 263-264.

담긴 정신, 특별히 '미쉬파트'와 '츠다카'를 도외시하는 이단이다. 바알 숭배는 의와 공도, 공평과 정의를 그 통치 이념으로 삼는 하나님의 '대안 사회', 즉 이스라엘 언약 공동체의 정체성을 심각하게 훼손시키기 때문에 배격되는 것이다.[20]

이렇게 정치·사회·경제·종교적으로 무너진 시대를 배경을 볼 때, 가뭄 속을 겨우 살아가던 사르밧 과부가 엘리야에게 물을 주고(왕상 17:10), 음식을 만들어 엘리야에게 주고 자신과 아들은 죽겠다(왕상 17:12)고 한 것은 참혹한 의미를 가진다. 물과 음식이 없기도 하지만, 율법의 중심인 정의와 공의가 사라지고, 앞서 룻기에서 살펴본 것처럼 고엘(구원자)이 없는 현실이었다. 사르밧 과부는 죽기로 하고 엘리야에게 물과 음식을 주었지만, 기름이 마르지 않고 밀가루가 떨어지지 않는 기적으로 가뭄에서 구원을 받는다. 이런 기적을 본 후 아들이 죽는다. 사르밧 과부가 엘리야를 원망하기도 하지만, 엘리야의 부르짖음으로 죽음에서 아들을 되찾는다. 이런 사르밧 과부에 대해서 박유미는 여호와의 말씀이 진실하다는 것을 증명해 준 인물로 평가한다.

사르밧 과부는 이세벨의 고향인 시돈에 사는 이방 여성이지만 하나님의 선지자인 엘리야를 통해 여호와의 말씀을 들었을 때 순종함으로 죽음의 재앙 대신 생명의 기적을 맛보았고 이를 통해 엘리야가 참된 하나님의 선지자라는 것과 엘리야의 입에서 나온 여호와의 말씀이 진실하다는 것을 증명해 준 인물이다.[21]

---

20 앞의 논문, 265-266.
21 박유미, "열왕기서에서의 이방 여성에 대한 재평가,"「구약논집」15 (2019), 90.

사르밧 과부의 구원 이야기는 엘리야와 바알 및 아세라 선지자의
대결 바로 전에 나온다. 바알주의적 토지제도로 가족제도를 와해하고,
세습 토지로부터 자경 자작의 자유 농민을 소외시키며, 약한 자를
배려하는 예언자적 정의에 반하는 빈익빈 부익부의 경제 양극화를
초래한[22] 결과로써 온 가뭄의 해소 대결에서 엘리야가 이긴다. 그래서
사르밧 과부의 이야기는 하나님의 구원을 미리 보여 주는 사건이다.

4) 기근 그러나 회복: 왕하 8:1-6

엘리사에게 거처를 제공했던 부부는 엘리사의 예언에 따라 아들을
얻었다. 귀한 아들로 키웠으나 아들은 어머니의 무릎에서 죽는다.
엘리사를 찾은 어머니는 원망하였고, 엘리사는 아이를 다시 살린다(왕
하 4:8-37). 이 여인이 수넴 여인이다. 엘리사는 이 여인에게 가족과
함께 기근을 피해 거주할 만한 곳으로 가라고 한다. 이 여인의 남편은
아이를 가질 당시에 이미 늙었고 다시 와서 왕에게 간청할 때 이
여인 혼자인 것을 보면, 남편은 이미 사망했을 것이다.

수넴 여인은 엘리사의 도움으로 기근을 피해 있었다. 7년 만에
다시 돌아왔을 때 집과 전토는 왕실 재산이 되어 있었다. 왕이 청지기의
역할을 한 것인지, 왕실 소유로 삼은 것인지는 확실하지 않지만, 7년
만에 돌아왔다는 것은 본래의 소유주에게 토지를 돌려주는 관행에
맞춰(출 21:2; 신 15:1-11) 수넴 여인이 7년이 경과하여 자신의 재산에
대한 권리를 주장할 수 있을 때(면제년, 신 15:9)까지 기다린 것으로

---

22 박기형, "오므리의 율례와 아합 집의 예법(미가 6:16)에 관한 연구," 270.

볼 수 있다.[23]

당시 왕은 여호람인데 열왕기상은 "여호와 보시기에 악을 행하"(왕하 8:18)였다고 하나, 여기서는 수넴 여인에게 전토와 토지를 돌려준다. 엘리사의 사환 게하시가 엘리사를 통해 행하신 하나님의 일을 말한 것이 돌려받는 데 역할을 한 것이다.

5) 전쟁으로 인한 기근: 왕하 25장

시드기야 통치 시기 유다 안에는 두 개의 정치 세력인 친(親)바벨론 세력과 친이집트 세력이 정권 다툼을 하고 있었다. 친이집트 세력의 지지를 받은 여호야김은 이집트에 의지하여 바벨론에게 조공을 거부하고 반란을 일으켰다. 이에 바벨론은 유다를 침공하여 여호야김의 뒤를 이은 여호야긴과 유다의 고관들을 바벨론의 포로로 끌고 갔고, 시드기야를 꼭두각시 왕으로 세운다. 그러나 유다 안에는 반(反)바벨론 정서가 팽배했다. 비록 포로로 끌려갔지만 여호야긴은 바벨론에서 살아 있었기 때문에 야호야긴을 지지하는 세력과 시드기야를 지지하는 세력이 나누어졌고, 이러한 이유로 시드기야의 왕권은 약화되었으며, 급기야 친이집트 세력이 유다 내부의 정권을 잡았다. 시드기야는 친이집트 세력의 의견을 따라 바벨론에 조공 보내기를 거부하여 반란을 일으켰고, 마침내 바벨론이 침공하였다. 당시 예언자는 예레미야였으며, 예레미야는 친바벨론파였다. 예레미야는 친바벨론파가 집결해 있던 베냐민 땅으로 가려 하였으나 잡히고 만다. 바벨론 왕 느부갓네살

---

23 John Gray, 『열왕기하; 국제성서주석』(한국신학연구소, 1994), 115.

은 이미 예레미야가 친바벨론 세력의 일원임을 알고 예레미야를 환대한다. 뿐만 아니라 친이집트 세력이거나 바벨론에 대항하던 세력들만 남아 있던 예루살렘을 무너뜨린 후 왕궁과 집들을 불사르고 사람들을 포로로 잡아갔지만 빈민들은 남겨놓고 포도원과 밭을 주었다. 또한 예루살렘의 모두가 멸망했으나 예레미야를 구원했던 에벳멜렉은 살아남은 것을 볼 때, 바벨론은 유다를 빈 땅으로 만들려던 것이 아니라 친바벨론 세력을 중심으로 한 재건을 기대했을 것이다.[24]

예루살렘의 기근은 이러한 정치적 상황 속에서 일어났다. 성안의 기근은 바벨론이 두 해의 추수철 동안 그 나라의 곡식을 먹어 치워 버리고 게다가 어떠한 생산물도 성안에 들어올 수 없도록 성벽을 쌓아 버린 것 때문에 더욱 심해졌다.[25] 이 기근은 자연재해가 아니라 정치와 전쟁으로 인한 것이었다.

4. 예언서

헤셸은 예언자가 어떤 사람인가를 논하면서 분석자, 전달자, 증인을 말한다. 예언자는 백성이 살아가는 길을 분석하고 시험하는 자로서 분석자이며, 하나님의 말씀을 전달하는 전달자이다. 그러나 그가 속해 있는 공동체와 다른 나라, 다른 민족을 넘어서는 관계 속에 속해 있다고 생각하면서, 하나님이 계시는 곳에서는 인간이요, '여호와의 회의'(렘 23:18)에 참석하는 사람으로서 분석자와 전달자 이상으로 하나

---

24 정미혜, "예레미야서 37-39장에 나타난 시드기야의 정치 세력," 「구약논단」 29-4 (2023): 374-376.
25 Gray, 『열왕기하; 국제성서주석』, 440.

님의 말씀을 증거하는 증인이다.[26] 예언자는 단지 예견자나 황홀경에 빠진 사람이 아니라, 하나님의 말씀 혹은 율법에 비추어서 하나님 나라 백성 공동체와 이를 둘러싸고 있는 정치, 사회, 종교, 문화의 현실을 분석하고, 그 안에서 하나님의 말씀을 선포한다. 브랜킨숍도 예언자들의 메시지가 특별한 사회적 맥락과 관련하여 설명되어야 한다고 주장한다.[27]

따라서 예언서의 기근이라는 표현들(암 8:11; 렘 14:12, 21:7, 21:9, 24:10, 27:8 등; 겔 6:11)도 역사적 맥락에서 하나님의 진노라는 은유로 보아야 할 것이다. 아모스는 여로보암 시대, 예레미야는 이후 유다의 멸망 시기까지 활동을 했다. 앞서 간략히 설명했듯이 혼잡한 이스라엘 안팎의 상황은 멸망해 가는 길로 이끌었고, 이것은 여호와를 잊은 결과였다. 이를 잘 표현한 것은 아모스다.

> 주 여호와의 말씀이니라 보라 날이 이를지라 내가 기근을 땅에 보내리니 양식이 없어 주림이 아니며 물이 없어 갈함이 아니요 여호와의 말씀을 듣지 못한 기갈이라 사람이 이 바다에서 저 바다까지, 북쪽에서 동쪽까지 비틀거리며 여호와의 말씀을 구하려고 돌아다녀도 얻지 못하리니 그 날에 아름다운 처녀와 젊은 남자가 다 갈하여 쓰러지리라 사마리아의 죄된 우상을 두고 맹세하여 이르기를 단아 네 신들이 살아 있음을 두고 맹세하노라 하거나 브엘세바가 위하는 것이 살아 있음을 두고 맹세하노라 하는 사람은 엎드러지고 다시 일어나지 못하리라(암 8:11-14).

---

26 아브라함 J. 헤셸/이현주 역, 『예언자들』 (삼인, 2017), 59-61.
27 조셉 블랜키숍/황승일 역, 『이스라엘 예언사』 (은성, 1992), 62.

기갈, 기근은 여호와의 말씀이 없는 것이다. 여호와의 말씀의 핵심은 '정의와 공의'다.[28] 헤셸은 의는 억압받는 자에 대한 애타는 동정과 연결되어 있고, 정의는 언제나 고아와 과부들에 대한 자비로 기울어 있다고 한다.[29] 정의와 공의는 초월적인 어떤 가치라기보다는 현실에서 어디와 연결되고 어느 편에 서느냐와 관계가 있다. 정의와 공의가 없는 상황은 신명기에서도 볼 수 있다.

네 이웃에게 무엇을 꾸어줄 때에 너는 그의 집에 들어가서 전당물을 취하지 말고 너는 밖에 서 있고 네게 꾸는 자가 전당물을 밖으로 가지고 나와서 네게 줄 것이며 그가 가난한 자이면 너는 그의 전당물을 가지고 자지 말고 해 질 때에 그 전당물을 반드시 그에게 돌려줄 것이라 그리하면 그가 그 옷을 입고 자며 너를 위하여 축복하리니 그 일이 네 하나님 여호와 앞에서 네 공의로움이 되리라(신 24:10-13).

기갈과 기근이라는 표현은 자연재해를 넘어서 여호와의 말씀이 없는 기갈과 기근으로서 사회정치적 재해, 영적인 재해로 표현된다.

---

28 이사야, 예레미야, 에스겔, 호세아, 아모스는 정의와 공의를 강조한다.
29 헤셸, 『예언자들』, 322.

III. 나가는 말

1. 요약

성서의 여러 사건 중에는 기근이 그 배경인 경우가 있다. 아브라함과 그의 아들 이삭이 애굽과 그랄로 각각 이주한 배경에는 기근이 있었다. 기근으로 인한 이주는 큰 위기를 가져온다. 아브라함과 이삭은 아내를 누이라고 속이고 자신들을 받아준 이들에게 큰 죄를 안겨줄 뻔하였다. 그러나 요셉의 경우에는 기근(가뭄, 흉년)으로 애굽으로 온 이들뿐만 아니라 애굽 내의 모든 사람을 바로의 노예로 만든다. 기근이 농민을 자신들이 사는 땅에서 밀어내었고, 이 기근을 이용한 권력자들은 농민을 노예로 추락시켰다.

사사 시대에서 왕정으로 가는 과도기를 배경으로 한 룻의 이야기에는 기근으로 토지와 집을 잃은, 그것도 이방 여인의 고엘(구원자)이 나타난다. 나오미와 룻은 토지와 집을 다시 회복한다. 그러나 고엘이 나타났다고 기뻐할 일이 아니다. 이미 이스라엘에서 고엘의 의무를 지고자 하는 자가 말랐다. 말씀(또는 율법)의 기근이 일어난 것이다.

왕정 시대의 기근은 말씀이 없는 기근이다(암 8:11). 다윗은 사울 가문의 피를 흘린 대가로 3년 기근을 맞는다. 다윗 자신의 왕권을 지키려고 피 흘린 것이 모든 이스라엘 백성이 겪는 기근이 되었다. 아합 시대의 기근(가뭄)은 바알주의 때문이다. 이제는 왕정뿐만 아니라 모든 이스라엘 전반에 깊게 들어왔기 때문에 하나님이 내리신 재앙이었다. 그래서 비록 엘리야가 갈멜산에서 바알과 아세라 제사장과 대결하여 이겼지만, 이세벨에게 쫓기는 신세가 된 것이다. 시드기야 시대는 군사

외교적 상황에서 잘못된 선택을 한 결과로 기근이 온다. 자연재해도, 하나님의 진노도 아니다. 전쟁의 상황에서 성에 갇혔기 때문에 기근이 왔다. 이 기근은 역설적으로 이스라엘의 멸망으로 인해서 풀린다.

가뭄이나 흉년 등으로 인해서 발생했던 기근은 하나님의 말씀(율법)이 없는 기근으로 이어지는데, 그 피해는 개인에서 나라 전체로 커진다. 그러나 하나님은 기근에서의 구원을 빠지지 않고 기록하신다(룻, 성전 봉헌 기도, 사르밧 과부, 수넴 여인).

역사적 맥락을 잘 파악하고 있었던 예언자들도 기근에서 개인적인 구원을 보여 주지만, 기근의 근본적인 원인을 파악함으로써(정의와 공의) 구원의 길을 보여 준다.

2. 농신학적 소고(小考): 농인(農人)[30]의 소외

앞에서 보았듯이 요셉이 형제들에게 바로를 만났을 때 목축하는 자로 소개하라고 한 장면(창 46:33-34)에서 야곱과 그 일가는 본래 농사를 짓는 사람들이라는 것을 엿볼 수 있다. 가나안에 정착한 이후에는 본격적으로 농사를 짓는다. 그런데 기근은 농인(農人)을 자기의 토지에서 쫓아내어 농인과 토지를 분리·소외시킨다. 이영재는 아벨을 죽인 가인이 농사를 죽음의 농사로 만들었고, 농부가 타락하였다고 한다.[31]

---

30 농신학에서는 농민(農民)이나 농자(農者) 대신 농인(農人)을 사용한다. 농인은 모두를 살리는 살림과 평화의 영역인 농(農)을 맡은 자로서, 가장 밑에 있으면서 인간 모두의 생존을 책임진다. 자세한 내용은 한경호, "왜, 농신학인가?,"『농신학, 살림과 평화의 길』, 제2차 농신학심포지움자료집 (2) (한국농신학연구회, 2022), 14-15.

31 이영재, "농사 용어 속에 나타난 성서신학 (3),"『농신학: 농의 눈으로 세상읽기』 농신학연구시리즈 1 (동연, 2023), 166-171.

살인으로 농부가 타락하였고, 기근은 농부를 자신의 근본인 토지에서 분리되어 도시 지배자의 노예로 전락하게 한다.

자연재해로서의 기근이 토지에서 농민을 소외시켰다면, 하나님의 말씀이 없는 기근에서는 농부에게 영적인 소외를 가져온다. 흙으로 만들어진 농부는 땅을 경작할 사명(창 2:5)을 창조주에게서 받았으나, 도시 지배자의 바알 숭배로 인해서 하나님과 분리되고 땅에 대한 소명에서 소외되었다. 자연재해로서의 기근이든 말씀이 없는 기근이든, 기근은 농부의 본질적인 위치인 흙에서, 토지에서 소외시키며 농인으로서의 사명을 잃어버리게 한다.

현대의 상황도 다르지 않다. 1960년대 이후 산업화가 시작되자 농촌은 '배출'하고 도시는 '흡입'하는 대규모 이농이 일어났다. 농촌의 빚 문제, 폐쇄된 농촌 사회의 외부 접촉 기회(교통망), 교육열 등등은 농촌에서 탈출하게 하였다.[32] 이런 이농 문제를 해결하기 위해서 박정희는 새마을운동을 벌였으나, 그때나 지금이나 농촌의 현실은 나아진 것은 없고 오히려 대도시 집중과 초고령화로 인해서 더욱 악화되고 있다. 뿐만 아니라 현재 농촌의 농민들은 기근은 겪고 있지 않으나 토지를 소유와 생산의 수단으로만 보며, 더 많은 수익을 올려야 생존할 수 있는 농촌의 상황은 토지를 소유하고 흙과 가까이 있으나 오히려 토지와 흙에서 멀어지고 있다. 기근을 통해서 자연재해 혹은 사회적·정치적 상황에 의해서 농부가 토지에서 멀어짐과 동시에 하나님의 말씀이 없는 기근으로 인해서 농인으로서의 소명에서마저 멀어진 것이다.

---

32 왕건굉, "1960년대 한국사회의 이농현상과 도시빈민 연구," 건국대학교대학원 박사학위논문 (2016), 172.

한국 농(農)신학의 성격, 한계 그리고 가능성
— '나'(자연)와 '너'(인간)의 관계에서 가치 편중의 하느님은 유효한가?*

리민수

(신부, 일본성공회)

I. 서론: 가치 편중의 하느님은 유효한가?

본고의 부제 '가치 편중의 하느님'을 다른 말로 하면 '편드시는 하느님'이다. 여기서 말하는 하느님은 힘없고 약한 자의 편에 서시는 하느님을 의미한다. 우리 사회에 약자들이 존재하는 한 약자의 편을

---

* 이 글은 2024년 9월 23일(월) 비대면으로 진행된 제45차 농신학 월례 세미나에서 발표한 것이다. 출판 후 수정 보완한 것을 다음 호에 다시 게재할 예정이다.
한국 '농신학연구회'의 시작 과정을 간단하게 소개한 자료는 이영재, "농인(農人)의 삶을 회복해야," 『농(農)신학, 살림과 평화의 길』(강원도: 한국농신학연구회, 2020), 3-4; 한경호, "농(農)신학이 희망이다," 앞의 책, 5-6. 제목에서 말하는 '나'와 '너'는 마틴 부버가 그의 책 『나와 너』에서 말하는 '나'와 '너'를 의미하지 않는다. 단순히 용어가 갖는 상대(대립)성을 말하기 쉽게 사용하고 있을 뿐이다.

드시는 하느님은 여전히 중요한 신학의 주제다. 이는 인간 사회 안에서의 문제일 뿐만 아니라 조금 범위를 넓혀 자연과 인간과의 관계에서도 성립되는 문제이기도 하다. 인간의 거대자본에 의해 무차별적으로 파괴·훼손되는 자연을 보면서 우리의 하느님은 인간(자본)과 자연 중 어느 편에 서실까!

본고는 "편드시는 하느님은 어떤 의미를 갖는가?"라는 질문을 통해 인간 사회 안에 존재하는 상대화의 문제와 인간 사회 너머에 존재하는 상대화의 문제에 대해 묻고 논쟁한다. 한국의 '농신학'은 이 두 신학적인 질문을 기초로 해서 앞으로 이 질문들로부터 파생되는 다양한 신학의 주제들을 묻고 답하면서 발전할 것이다.

1. 인간 사회 안에 존재하는 상대화

우리가 사는 세상은 수많은 '나'와 '너'로 나뉘어 있다. 나와 너가 서로 인격체로 만나 상생의 관계를 맺어야 한다는 것은 이미 상식적으로 알고 있는 바이지만, 실제로 그러한 삶을 산다는 것은 몹시 어렵다. 나와 너가 나뉘어 서로 간의 갈등을 유지할 때 자신이 갖고 있는 작은 권력(이권)이나마 유지할 수 있다고 생각하기 때문이다. 외교 관계에서 "자국의 이익을 우선한다"라는 말은 흔히 듣는 말이다. 우선의 가치를 자기 또는 자기와 동류의 사람들에게 두는 사례는 모두 나열할 수 없을 정도로 많다. 서로 사랑하고 상부상조해야 한다는 말은 '우리'라는 동질 집단 안에서만 적용된다. 이런 말을 하는 사람들이 '너'(적)라는 상대를 설정하고 주저 없이 상대(적대)화하기 때문이다. '적'이란 나와는 다른 너라는 의미를 갖는다.

그렇다면 우리가 나와 너를 상대적(대립적) 관계로 생각하는 것은 모두 잘못된 것일까? 늘 그런 것은 아니라고 생각한다. 나와 너가 최종적인 상생을 실현하기 위해 거치게 되는 하나의 과정으로서 너를 상대(대립)화해야 할 때가 있기도 하다는 말이다. 예를 들어 누군가가 부당하게 나와 나의 가족의 생명을 위협하고 나의 모든 것을 빼앗아 가려고 할 때, 당연히 그 누군가를 너로 상대(대립)화해야 하지 않겠는가? 만일 힘 있는 자가 지배와 피지배의 구조적 모순은 지적하지 않고 나와 너는 서로 인격체로 만나 상생의 관계를 맺어야 한다고 한다면, 그것은 지배자의 논리이기 때문에 거부해야만 한다. 나를 나로 지키는 논리는 너를 상대화하는 것으로부터 출발한다. 조금 다른 사례로 위기의 순간 어느 둘 중 하나를 선택해야 한다면 우리는 누구를 선택할까? 당연히 내가 나(자기) 또는 나와 동질의 관계에 있다고 생각하는 대상(개인, 집단, 물건)을 선택하지 않을까? 이상을 요약하면 다음과 같다.

① 침략, 착취, 억압, 소외, 등 누군가 악행을 행하고 있을 때, 우리는 그 악행을 행하고 있는 존재를 '너'로 상대(대립, 적대)화하게 된다. 이것은 사회정의의 문제다.

② 누군가를 선택해야만 할 경우, 우리는 나와 같은 존재(우리 또는 우리 편)를 선택하게 된다. 중요한 질문은 나를 누구라고 생각하는가, 나는 누구와 함께하고(하려고 하고) 있는가다. 이는 '자기 정체성'(identity), '자기 동질화'(identify)의 문제다.

지구의 남북(또는 제1세계와 제2, 3세계 간)의 사회/경제의 불균형(격차)

은 여전히 심각한 문제이며, 식량과 환경, 건강과 질병 그리고 교육, 다시 말해 정치, 경제, 사회, 문화, 종교에 이르기까지 모든 면에서 여전히 지배와 종속 그리고 착취의 구조가 지속되고 있다. 이런 사회 구조 속에서 너를 상대화해야 한다면 그리고 누군가를 선택해야만 한다면 교회는 누구를 '너'로 규정하고 교회의 '자기 정체성'을 어디에 두어야 하는 것일까?

'민중과 함께하시는, 편드시는 하느님(예수 그리스도)'은 1970년대 이후 한국 민중신학의 중요한 주제다. 이 가치 편중의 신학은 여전히 중요한 의미를 갖는다. 시대에 따라 약자의 주체는 변할지라도 여전히 억압하는 자와 억압당하는 자, 착취하는 자와 착취당하는 자, 힘 있는 자와 힘없는 자는 변함없이 우리 사회에 존재하기 때문이다. '약자의 편에 서시는 하느님'을 고백하는 한국 교회의 신앙고백은 여전히 교회가 이 사회에서 어떤 역할을 해야 하는지 그 방향을 제시한다.

2. 인간 사회 너머에 존재하는 상대화

위에서 언급한 모든 문제는 인간 사회 내부에 존재하는 문제들이다. 인간 사회에서 일어나는 문제들은 인간이 문제 해결의 당사자다. 법의 개정이나 새로운 사회적 약속을 통해 보다 정의로운 사회를 만들 수도 있고, 혁명적 저항운동을 통해 자유와 해방을 쟁취할 수도 있다.

이번에는 그 범위를 조금 달리해서 생각해 보자. 문제는 오늘날 우리가 경험하는 심각한 문제들 가운데 우리가 접근할 수 없는 문제들이 있다는 것이다. 오염된 고농도의 방사성 폐기물은 만질 수도 없고 안전하게 폐기할 장소조차 찾지 못하고 있다. 방사성 폐기물이 다시 자연으로 회귀되기까지 100년이라는 인간의 수명은 너무 짧다. 우리가 생산한 방사능 오염물질이 다시 자연으로 회귀되는 것을 우리는 볼 수 없다는 말이다. 이 문제는 한국 농신학의 한계와 비판적 질문의 부분에서 인간을 상대화하는 자연이라는 내용과 함께 더 다루도록 하겠다.

본고는 위에서 언급한 상대화의 두 가지 유형을 바탕으로 다음 네 가지를 논쟁한다: ① 한국 농신학의 성격 규명, ② 한국 농신학의 한계와 그 한계를 넘어서기 위해 물어야 하는 두 가지 질문, ③ '농인'의 영성을 어떻게 이해할 것인가, ④ 결론으로 한국 농신학의 가능성과 한국 농신학이 앞으로 가야 할 방향에 대한 제안.

II. 한국 '농신학'의 성격 규정

1. 인간 중심적 윤리(상황)신학

한국 농신학은 시기적으로 한국의 민중신학과 그 궤적을 같이한다. 즉, 한국의 제1세대 농신학자들(목회자 포함)은 민중신학의 세례를 받으며 신학 공부를 했고, 공부가 끝난 후 학교에서 가르치거나 교회의 목회자가 되었다. 따라서 한국 농신학자들의 신학과 신앙의 내면에는 기본적으로 사회정의와 교회의 책임이라는 의식이 자리하고 있다. 한국의 농신학이 남북(지구)의 불균형, 도시와 농촌의 지역 간 격차, 산업과 농업의 차별적인 경제정책을 비롯해 세계의 정치, 경제, 사회와 세계 농산물의 생산, 유통, 판매, 소비의 독과점으로부터 야기되는 여러 가지 문제에 대해 관심을 갖고 지속적인 신학 논쟁을 통해 문제점을 폭로 · 고발하려는 것도 민중신학의 사회정의와 교회의 책임에 대한 남다른 관심으로부터 형성된 한국 농신학의 신학적 특징이라고 할 수 있다.[1]

그러나 세밀하게 살펴보면 한국의 농신학과 민중신학은 그 성격 면에서 분명히 다른 측면이 있다. 첫째, 민중신학에서는 '민중'을 말하지만, 농신학에서는 '농인'을 말한다. 민중신학에서 말하는 민중이 도시 노동자를 중심으로 하는 사회 계급적 성격을 갖는다면, 농인은 하느님이 창조한 첫 번째 사람, 즉 인간의 원초적 본성(하느님과 동행하며 땅을 갈고 섬기는), 즉 타락하기 이전의 인간(인성)을 강조하는 의미로 사용한다.[2] 둘째, 민중신학이 사회정의와 교회의 책임을 신학의 주된 주제로 삼고 있다면, 농신학은 인간의 내면(영성)의 변화(회개)를 통해 '농인'의 영성 회복을 신학의 주된 주제로 삼는다.

이상과 같이 한국의 농신학은 크게 두 갈래로 나눌 수 있다: ① 민중신학의 중심 논쟁인 사회정의와 교회의 책임(그리스도인의 책임)이라는 측면에서 접근하는 농신학,[3] ② 타락한 인간 내면의 영적 변화(회

---

1 대안농업지구포럼 한국준비위원회, 『2005 대안농업 지구포럼 평가 자료집』 (강원도: 도서출판 흙과생기, 2005); 한국기독교생명농업포럼, 『제1회 아시아기독교생명농업포럼 평가 자료집』 (강원도: 도서출판 흙과생기, 2006).

2 한경호, "농신학은 인간과 세상을 어떻게 보고 있는가(농신학과 민중신학의 대화)," 「농촌과목회」 102 (2024): 137-138.

3 안재학, "세계기독교와 농민, 농업, 농촌과의 상관성 연구," 『농(農)신학, 살림과 평화의 길』 (강원도 한국농신학연구회, 2020), 210-230; "축제, 농신제, 십자가 사건 속에 나타난 농민문화의 요소들," 153-175; "베르그손의 하나님 나라," 『농신학, 살림과 평화의 길』 제2집 (강원도: 한국농신학연구회, 2022), 176-198; "민중 메시야론에서 농민의 위치," 『농(農)신학 살림과 평화의 길』 제3집 (강원도: 한국농신학연구회, 2023), 129-166; "에큐메니칼 협력선교로서의 생명농업선교에 대하여," 『농(農)신학, 살림과 평화의 길』 제4집 (강원도:

개)를 통해 '농인의 영성 회복'을 추구하는 농신학.[4] 그러나 때로는 이 두 가지 측면이 같은 논문 안에서 서로 혼재되어 논의되는 경우도 있다.[5]

중요한 점은 한국의 '농신학'이 사회정의를 말하든 인간 내면의 영적 변화를 말하든, '인간'이 논쟁의 중심에 있다는 점이다. 따라서 필자는 한국 농신학을 '인간 중심적 윤리(상황)신학[6]이라고 규정한다.[7] 한국의 농신학이 말씀(문자)을 중심(텍스트)으로 하는[8] 인간 중심적 윤리(상황)신학이 첫 번째 성격이라고 한다면, 한국 농신학의 두 번째 성격은 '예수/그리스도 중심의 신학'이라고 할 수 있다. 여기서는 한국

한국농신학연구회, 2024), 125-153.

4 서성열, "농(農)을 살리고 돌보는 존재, 성인/성왕," 『농(農)신학, 살림과 평화의 길』 제3집, 114-128; 장경노, "'인간-하나님의 형상'의 생태적 의미," 『농신학, 살림과 평화의 길』 제2집, 117-131; 정광일, "생태적 영성과 농," 『농(農)신학, 살림과 평화의 길』, 163-179; 한경호, "농인(農人)의 영성," 앞의 책, 180-209; "농신학은 인간과 세상을 어떻게 보고 있는가," 「농촌과목회」 102 (2024): 133-158.

5 관심의 내용과 정도에 따르면 ①에 속한 농신학자보다 ②에 속한 농신학자 쪽이 연구자 수에 있어서는 물론 논문 발표의 빈도수에 있어서도 현격히 많다는 특징을 갖는다. 채윤기, "농신학을 어떻게 실천할 것인가?," 『농(農)신학, 살림과 평화의 길』, 233-247; 한경호, "농신학과 민중신학," 「농촌과목회」 102 (2024): 158-164.

6 리민수, "농(農, No)의 신학: 신(神) 중심의 신(新)유물론적 기독교," 『농(農)신학, 살림과 평화의 길』 제4집, 81.

7 성서신학, 조직신학, 영성 신학, 선교 신학 등 어느 영역에서 어떤 형태로 논의되든 상관없이.

8 한경호는 이에 대하여 다음과 같이 말한다: "농신학이라는 새로운 신학운동이 시작되었다. 농(農)을 신학의 주요 주제로 삼아 그 프리즘을 통해 세상과 역사와 자연과 성경을 보고, 이 시대 하나님이 주시는 말씀이 무엇인지 확인하고 그 말씀을 이루기 위해 실천하려는 운동이다." 한경호, "왜, 농신학인가?," 『농신학, 살림과 평화의 길』 제2집, 10; 이 외에도 이영재, "농의 눈으로 읽는 구약성경," 『농(農)신학, 살림과 평화의 길』, 35-65; 이태영, "농의 눈으로 읽는 신약성경," 앞의 책, 85-98; 박종국, "포도원 품꾼의 비유, 대안세상을 보여주다," 『농신학, 살림과 평화의 길』 제2집, 102-116; 이원영, "농신학으로 보는 치유농업," 『농(農)신학, 살림과 평화의 길』 제4집, 201-218; 한경호, "농신학은 인간과 세상을 어떻게 보고 있는가," 135-136.

농신학의 두 번째 성격을 사회정의와 교회(그리스도인)의 책임을 추구하는 농신학과 '농인'의 영성 회복을 추구하는 농신학이라는 두 가지 측면에서 생각해 보겠다.

1) 사회정의와 교회의 책임을 추구하는 농신학

실제로 한국 민중신학의 중심은 언제나 민중(인간) 예수와 민중으로서의 메시아 예수가 중심을 잡고 신약의 복음서로부터 출발하여 구약과 성경의 다른 책들을 타원형의 형태로 읽고 해석한다. 인간 예수의 행적을 통해 민중의 존재를 확인하고, 십자가의 고난과 죽음 그리고 부활은 민중 예수의 정의의 쟁취, 즉 승리라 선언한다. 민중 예수의 고난과 부활이 메시아 예수(민중)의 승리의 선언이라는 메시지는 실제로 세상을 바꾸는 힘이 되었고, 우리는 역사를 통해 그 힘을 직접 체험하였다. 이 체험은 간증이 되어 전 세계로 전파되는 가운데, 그 이면에서는 민중신학으로 기술되었다. 사회정의와 교회의 책임을 촉구하는 한국 농신학의 중심에 민중(소작인, 농부, 농원에서 일하는 일용직 노동자와 외국인 노동자 그리고 이삭 줍는 사람들) 예수와 메시아 예수(그리스도)가 자리하는 것은 당연하다.

그러나 사회정의와 교회의 책임을 촉구하는 한국 농신학은 인간의 내면에 존재하는 영적인 변화에 대해서 충분히 논의하지 못하고 있다는 한계가 있다. 특히 한국 농신학이 '농인'이라 명명한 '농인의 영성 회복'이라는 주제는 사회정의와 교회의 책임을 논함에 있어서, 인간이 갖고 있는 스스로의 한계를 고백하고 인성의 본질적인 변화를 추구한다는 면에서 중요한 의미를 갖는다. 따라서 사회정의와 교회의 책임을 추구하는 한국 농신학의 보다 심도 있는 논쟁을 위해서, 필자는 타락한 인간 내면의 영적 변화(회개)를 통해 농인의 영성 회복을 추구하는 농신학의 방법론에 좀 더 주목할 필요가 있다고 생각한다. 이 농신학의 방법론이 사회정의와 교회의 책임을 추구하는 한국 농신학이 갖는 한계를 보완할 수 있을 것이라 생각하기 때문이다.

  2) 농인의 영성 회복을 추구하는 농신학

  타락한 인간 내면의 영적 변화(회개하고 그리스도를 따르는)를 통해 농인의 영성 회복을 추구하는 농신학은 그 논쟁의 근거를 농인의 타락에서 오는 '타락한 영성'에 기인하며, 최종적인 종결은 예수의 '하느님 나라 운동'에 있다고 설명한다.9

---

9 "예수는 이 시대적 요청에 부응하였다. 그는 정치적 식민 노예의 고통뿐 아니라 인간의 내면에 자리 잡고 영(靈)을 노예로 만들고 있는 죄성(罪性)에 의한 고통을 통찰하고, 그것으로부터의 근원적인 구원과 해방을 선포하였다. … 그는 또 … 하나님의 나라는 눈에 보이는 장소가 아니라, 우리의 마음과 상호관계 속에 있다는 말씀이다. … 참된 영적인 구원의 능력은 힘 있고 부하고 높은 곳에 있는 도시 문명권에서 나오는 것이 아니라 힘없고, 가난하고, 낮고 비천한 갈릴리 농어촌에서 나온다. 거기에 생명과 구원이 있기 때문이다. 땅과 함께하는 자연의 세계에는 '생명'이 있지만, 인위의 도시 문명에서는 사람을 살리는 생명의 능력이 나오지 않으며, 오히려 불의의 영, 죽임의 영이 강하게 역사한다. 하나님의 구원 역사는 땅과 농(農)으로부터 유리된 도시 문명을 거부하고 탈출하는 곳에서… 출발하였다는 점에 주목하자. … 예수님은 인간 내면의 죄성과 사회구조적인 죄악을 통전하여 넘어서는 하나님의 나라를 제시하셨는데, 그 현실적인 선포와 실천의 자리는 갈릴리 농어촌이었다. 모세의 가나안이 예수에게서는 하나님의 나라로, 모세 시대의 히브리 노예는 갈릴리 농어촌의 농어민과 사회적 약자(오클로스)로 바뀌었다." 한경호, "농신학은 인간과 세상을 어떻게 보고 있는가," 152-155; "앞으로 인류를 구원할 새로운 구원의 역사는 어디에서 나올까? 하나님의 창조의 뜻에 따라 농인(農人)으로서의 자기 정체성(self-identity)을 깨닫고, 자신의 근원인 땅을 경작하는 노동을 통하여 땅과의 관계를 회복하면서 삶의 양식을 전환하고, 자기를 완성해 가는 실천과정 속에서 새롭게

한국 농신학은 구약을 다음과 같은 도식으로 이해한다. 첫 번째 인간인 농인(아담)의 영적 타락은 땅과 땅의 소산물의 사유화로 나타나고, 땅의 잉여생산물의 독점으로 얻은 부의 축적은 도시의 건설로 연결된다. 도시는 하느님의 정의를 부정하는 온갖 죄의 온상으로 인간을 노예화한다. 구약성서에 기록된 구원의 역사는 농인의 타락으로 인한 인간의 노예화(도시화)와 노예로부터의 해방(도시로부터의 탈출)이라는 역사의 반복이며, 해방의 약속은 새로운 땅의 약속으로 제시됨과 동시에 평화의 메시아의 약속으로 귀결된다. 한국의 농신학은 구약의 창조 설화에 등장하는 첫 번째 인간(아담)을 '농인'이라 지칭하고 신학의 출발점으로 삼고 있다는 점은 대단히 흥미롭다.

그러나 평화의 메시아에 대한 약속은 구약에서 완성되지 않고 신약의 역사로 이어진다. 따라서 한국의 농신학이 신약에서 주목하는 것은 마지막 인간(제2의 아담)인 예수의 하느님 나라 운동이다. 한국 농신학이 말하는 예수의 하느님 나라 운동은 '인간의 내면에 자리 잡고 영(靈)을 노예로 만들고 있는 죄성(罪性)'[10]으로부터의 해방을 선포하는 것이다.

한국의 농신학은 구약(창세기)의 농인(첫 사람, 제1의 아담)으로부터 출발해서 신약의 예수(마지막 사람, 제2의 아담)의 하느님 나라 운동으로 귀결된다.[11] 따라서 타락한 인간 내면의 영적 변화를 통해 농인의

시작될 것이다." 앞의 글, 157.

10 앞의 글, 152.

11 이러한 인식에 대해 사도 바울은 고린도전서 15장 45-49절에 다음과 같이 언급하고 있다: "성경에 '첫 사람 아담은 산 영이 되었다'고 기록한 바와 같이 마지막 아담은 생명을 주시는 영이 되셨습니다. 그러나 신령한 것이 먼저가 아닙니다. 자연적인 것이 먼저요, 그 다음이 신령한 것입니다. 첫 사람은 땅에서 났으므로 흙으로 되어 있지만, 둘째 사람은 하늘에서

영성 회복을 추구하는 농신학 역시 그 귀결점에 있는 예수/그리스도 중심의 신학이라 할 수 있다.

만일 한국의 농신학이 농인의 영성 회복을 통해 타락한 인간 내면의 영적 변화를 추구하거나 타락한 인간 내면의 영적 변화를 통해 농인의 영성 회복을 추구한다면, 한국의 농신학은 사회정의와 교회의 책임에 대한 충분한 논의를 할 수 없는 한계를 갖게 될 것이다. 왜냐하면 인간 내면의 영적 변화에 천착하기 시작하면 자칫 사회와 담을 쌓고 칩거하는 폐쇄 수도원이나 세속 사회의 문명/이기와 관계를 끊고 자기들만의 공동체를 만들 가능성이 높기 때문이다. 인간은 결코 인간이 갖고 있는 죄와 욕망을 극복할 수 없고 자기 내면에 있는 적(너)과의 싸움은 날이 갈수록 우리를 날카로운 칼끝에 서게 할 것이다. 만일 우리가 우리 안에 있는 '너'를 극복할 수 있다면, 우리는 더 이상 예수/그리스도를 필요로 하지 않는 신학적 자기모순에 빠져버리게 될 것이다.

다행스러운 것은 한국 농신학이 농인의 영성 회복의 목적을 '타자를 위한 자기 희생적 봉사와 생명 살리기'에 있다고 말하는 점이다. 농인의 영성 회복이 타락한 인간 내면의 영적 변화에 멈추는 것이 아니라 예수의 하느님 나라 운동으로 연결된다는 점은 대단히 중요하다. 하느님 나라 운동(타자를 위한 자기 희생적 봉사와 생명 살리기)을 실천하기 위해서는 타락한 인간의 내면에 있는 한계를 고백하고 사회정의와 교회의 책임을 추구하는 농신학과 함께할 필요가 있다. 인간을 타락시

낳습니다. 흙으로 빚은 그 사람과 같이 흙으로 되어 있는 사람들이 그러하고, 하늘에 속한 그분과 같이 하늘에 속한 사람들이 그러합니다. 흙으로 빚은 그 사람의 형상을 우리가 입은 것과 같이 우리는 또한 하늘에 속한 그분의 형상을 입을 것입니다."

키는 것은 인간의 내면은 물론 사회의 부조리한 구조로부터 오는 것이기도 하기 때문이다. 따라서 사회정의와 교회의 책임을 추구하는 농신학의 방법론이 타락한 인간 내면의 영적 변화를 통해 농인의 영성 회복을 추구하는 농신학을 보다 성숙하게 해 줄 것이다.

III. 한국 농신학의 한계와 핵심적인 질문

우리 사회에 나타나는 모든 갈등과 대립의 이면에 있는 문제는 나와 너의 상대(대립)화다. 우리는 무의식적으로 나와 너의 대립과 분열을 말하기보다 상생을 말해야 한다고 생각한다. 따라서 누군가가 상생보다 대립이 필요하다고 하면 불편함을 느끼게 된다. 그러나 실상 우리가 사는 사회는 다양한 대립이 존재할 뿐만 아니라 때로는 대립을 극복하고 상생의 길을 찾기 위해서 현재의 대립을 인정하고 오히려 대립점을 보다 선명하게 할 필요가 있다. 대립을 극복하기 위해서 대립을 이용한다고나 할까!

극심한 가난과 기아로 하루하루 먹고살기도 힘든 사람들과 전쟁으로 매일 사람이 죽어 나가는 상황 속에 사는 사람들이 너무 많다. 이런 상황이라면 무엇보다 인간의 생명을 우선해야 한다는 것은 지극히 당연한 일이다. 인간의 생명을 살리기 위해서 무엇이든 해야 한다. 그런데 이런 상황에 자연의 권리, 동식물의 권리를 주장할 수 있을까? 과연 인간의 생명을 지키기 위해 힘들게 싸우고 있는 현장을 옆에 두고 자연의 권리, 동식물의 권리를 우선해서 말해도 되는가? 필자는 말할 수 있고, 말해야 한다고 생각한다. 위에서 언급한 인간 사회에서 벌어지는 긴급한 사람 살리기(지키기)를 위해 지금 당장 말을 행동으로 옮겨야 한다면, 마찬가지로 자연의 권리와 동식물의 권리에 대해서도 바로 당장 말을 행동으로 옮겨야 하기 때문이다. 인간의 생명 살리기와 자연, 동식물의 권리 보장이라는 서로 다른 성격의 문제 모두 긴급한 문제이기 때문이다.

사회정의와 교회의 책임을 추구하는 농신학에서는 인간 사회의 구조적 모순에 의해 설정된 나와 너의 대립점을 보다 선명하게 할 필요가 있고, 인간 내면의 영적 변화를 통해 농인의 영성 회복을 추구하는 농신학에서는 인간의 내면에 존재하는 내재적 나와 너의 대립점을 분명히 할 필요가 있다. 동시에 인간에 의해 발생하는 자연/환경 파괴의 현장에서는 자연과 인간 사이에 존재하는 나(자연)와 너(인간)의 대립점을 보다 분명히 해야 한다.

여기서는 인간과 자연이 구성하는 나와 너의 관계를 어떻게 보아야 할지 한국 농신학의 한계로부터 생각해 보도록 하겠다.

1. 한국 농신학의 한계

서론 '인간 사회 너머에 존재하는 상대화'의 부분에서 이미 언급하였지만 오늘날 우리가 경험하고 있는 문제들 가운데는 인간의 손을 벗어난 영역에서 발생하는 문제들이 있다. 그 문제들을 야기한 것이 인간이라 하더라도, 일단 인간의 영역을 벗어난 곳에서 발생하기 시작하면 전 지구적 규모로 확대 재생산된다는 특징을 갖는다. 생명 사이클의 붕괴(동식물의 멸종과 다양성의 파괴), 기온의 상승과 기후의 변화와 같은 문제는 인간이 아무리 노력해도 해결할 수 없다. 이미 언급한 바와 같이 자연/환경의 문제는 인간 사회 안에서 발생하는 문제들과 그 성격을 달리한다. 파괴된 자연이 다시 회복되기까지 걸리는 시간에 비해 100년도 안 되는 인간의 수명은 너무 짧고, 인간의 어떠한 논리(종교·도덕적 가치를 포함해서)도 현재 진행되고 있는 자연의 심각한 문제들을 본질적으로 해결할 수 없다는 말이다. 왜냐하면 문제를 해결하는 주체가 인간이 아니라 자연이기 때문이다. 만일 인간이 자연/환경을 위해 할 수 있는 일이 있다면 소비를 줄이고 매년 설정하는 경제성장 목표를 동결함과 동시에 자연/환경을 더 이상 인위적으로 건드리지 않는 것이다.[12]

그렇게 하면 자연 스스로가 긴 시간에 걸쳐 치유(회복)할 것이다. 지금 필요한 것은 자연과 인간의 잠정적인 단절이다. 필자는 이를 자연과 인간의 '나'와 '너'의 '상대화'라 부른다. 주의할 것은 자연과 인간의 상대화의 주체는 자연이 되어야 한다는 점이다. 왜냐하면 인간(특히 자본)은 자연을 파괴하려는 유혹을 떨쳐버리지 못하기 때문이다. 자연이 '나'이고, 인간(자본)이 '너'이다. 자연이 인간을 거부하고 상대화할 때 비로소 의미 있는 자연의 치유가 시작될 것이다.

한국의 농신학은 아직 자연/환경의 문제에 대해서 충분히 논의하지 못하고 있는 것으로 보인다. 필자는 그 이유를 한국 농신학의 신학적 성격이 ① 인간 중심적 윤리(상황)신학이라는 점과 ② 예수/그리스도 중심의 신학이기 때문이라고 생각한다. 이 두 가지 성격이 농신학을 하는 우리의 상상력을 '인간'이라는 영역에 가두어 버린다. 바로 이

---

12 자연의 영역과 인간의 영역을 나누어 인간이 더 이상 자연을 착취(파괴, 악화)하지 않도록 하는 것.

점이 한국 농신학의 한계다.

2. 한계를 넘어서기 위한 두 가지 핵심적인 질문

위에서 한국 농신학의 한계를, 자연/환경의 문제를 충분히 논의하지 못하는 것이라고 지적했다. 동시에 그 원인을 한국 농신학의 성격이 인간 중심의 신학('인간 중심적 윤리(상황) 신학'과 '예수/그리스도 중심의 신학')이기 때문이라고 지적했다. 만일 이것이 타당하다면, 한국 농신학이 갖고 있는 한계를 극복하기 위해서 탈(脫)인간 중심의 신학이 가능한지를 물어야 할 것이다. 다시 말해 자연/환경의 문제를 인간의 입장에서가 아니라 자연/환경의 입장에서 논의할 수 있는 신학의 가능성을 묻고 확인해야 한다는 말이다.

필자는 "누가 인간을 '너'로 상대화할 수 있는가?"와 "자연은 말할 수 있는가?"라는 두 질문을 통해 ① 자연과 인간이 나와 너의 관계로 설정될 수 있는지를 묻고 논쟁할 것이고, ② 자연의 말할 수 있는 권리(기본권)를 인정할 수 있는지에 대해서 묻고 논쟁할 것이며, ③ ①과 ②의 논쟁을 통해 자연이 인간과 동등한 위치에 서 있는 존재이며 자연 역시 인간이 갖고 있는 기본권과 같은 기본권을 갖고 있다는 사실을 논증할 것이다. ④ 마지막으로 '신 중심의 신유물론적 기독교'는 인간 중심적 윤리(상황)신학과 예수/그리스도 중심의 신학이 갖는 농신학의 한계를 넘어설 수 있는 농신학의 새로운 가능성을 제시한다는 점을 본고의 결론에서 제안할 것이다.

1) 누가 인간을 '너'로 상대화할 수 있는가?

그렇다면 누가 인간을 '너'로 상대화할 수 있을까? 여기서 말하는 인간을 너로 상대화한다는 것은, 모든 인간을 아우르는 '인간'이라는 종을 '너'로 상대화한다는 의미다. 인간이 인식하는 인식론의 측면에서 인간을 너로 상대화할 수 있는 존재는 인간 외에는 없다. 그러나 이 경우 엄밀하게 말해서 인간을 너로 상대화했다고 할 수 없다. 왜냐하면 인간을 너로 상대화하는 '나' 역시 인간이기 때문이다. 다시 말해 인간을 너로 상대화할 수 있는 존재는 인간이 아닌 다른 존재여야 한다. 사실 그런 인격체는 존재하지 않는다. 그러나 인격체와 인격체의 관계가 아니라 인간을 하나의 사물(피조물)로 본다면, 하나의 사물인 인간을 너로 상대화할 수 있는 인간 이외의 다른 사물은 얼마든지 존재한다.

세상의 모든 것은 하느님이 창조했다는 점에서 인간을 포함한 모든 피조물은 서로 평등하다. 그럼에도 불구하고 인간은 인간 스스로 다른 피조물과 다르다고 주장한다. 인간이 아닌 다른 피조물의 입장에서 보면 인간은 이질적인 피조물이다. 바로 이 점에서 인간과 다른 사물은 서로 상대적이다. 따라서 하느님의 창조물인 모든 사물, 즉 자연(피조물)과 인간(이질적인 피조물)의 상관관계를 나(피조물 자연)와 너(이질적인 피조물인 인간)의 관계로 설정할 수 있다. 그러나 이러한 피조물(자연)과 피조물(인간)의 관계를 나와 너로 설정하기 위해서는 나와 너의 관계를 중개하는 인격체의 개입을 필요로 한다. 왜냐하면 사물(피조물)과 사물(피조물) 간에는 나와 너의 관계 설정이 불가능하기 때문이다. 이때 개입(중개)하는 인격체가 바로 모든 사물을 창조한 창조주 하느님이다. 창세기 3장 17-19절에 보이는 하느님의 개입은 자연과 인간을 상대적인 관계로 기술하고 있다;

> … 땅 또한 너 때문에 저주를 받으리라. 너는 죽도록 고생해야 먹고 살리라. 들에서 나는 곡식을 먹어야 할 터인데, 땅은 가시덤불과 엉겅퀴를 내리라. 너는, 흙에서 난 몸이니 흙으로 돌아가기까지 이마에 땀을 흘려야 낟알을 얻어 먹으리라. 너는 먼지이니 먼지로 돌아 가리라(창 3:17-19, 공동번역).

이처럼 하느님은 땅(피조물 자연)과 인간(선악과를 따먹은 피조물 아담과 하와) 사이에 직접 개입하여 둘의 관계를 상대적(대립적)인 관계로 설정한다.13 여기서 중요한 점은 ① 자연과 인간을 나와 너라는 상대적 관계로 설정한 것은 사람도 땅도 아닌 하느님 자신이라고 하는 점, ② 이 대립의 원인은 하느님의 말씀을 거스른 인간의 죄에 있다고 하는 점, ③ 인간이 땅을 거부하는 것이 아니라 땅이 인간을 거부하고 있다고 하는 점, 다시 말해 이 짧은 이야기의 주체는 인간이 아니라 인간을 거부하는 땅이고, 땅이 인간을 거부하는 것은 하느님의 의지의 반영이다. 이는 자연이 하느님의 의지에 따라 인간을 거부(너로 설정할 수 있는) 할 수 있다는 사실을 증명한다. ④ 인간은 흙(땅)으로 만들어졌고 마지막에는 흙으로 돌아갈 것이라고 기록하고 있는 점 또한 중요하

---

13 이 모습은 마치 한 아이가 작은 병정 인형을 양쪽으로 갈라 배치한 후 한가운데에 선을 그어 서로 싸우는 놀이를 하는 모습과 유사하다. 여기서 아이는 하느님, 양쪽으로 나뉘어 배치된 병정 인형의 한쪽은 '나'(자연) 그리고 다른 한쪽은 '너'(인간)다. 병정 인형 스스로 싸울 수는 없지만, 놀이의 주관자인 아이가 있기 때문에 나와 너의 대립 관계가 성립한다. 그리고 싸움의 결과는 주관자인 아이가 어느 편에 서는가에 따라 결정된다. 이상과 같은 사례가 본 논문의 취지에 적합하지는 않지만 이해하는 데 도움이 될 것이다.

다. 흙이 하느님의 피조물인 것처럼 다른 피조물과 다르다고 주장하는 인간 역시 하느님의 피조물인 흙의 일부일 뿐 인간과 흙은 동질의 존재(물질)라고 분명히 하고 있다.

특히 인간이 흙과 동질의 존재라고 하는 점에 대해서 이영재가 말한 '농인'의 설명 가운데 "명사 '아다마'는 '흙'을 가리킨다. 모든 피조물은 하나도 빠짐없이 '흙'으로 이루어져 있다. '흙'은 물질을 가리킨다"[14]라는 표현과 통하는 바가 있다. 이 표현에 대해서는 본고 "IV. '농인의 영': '타자를 위한 자기 희생적 봉사와 생명 살리기'와 '자연과 교감하는 힘'"에서 좀 더 다룰 것이다.

인간을 너라는 상대적 존재로 설정할 수 있는 힘은 하느님뿐이다. 그리고 그 힘은 하느님의 창조 질서 안에서 순종하는 자연과 하느님을 거스르는 이기적이고 탐욕스런 인간을 상대적으로 설정하는 형태로 성립된다. 그리고 자연과 인간이 나와 너의 관계로 설정될 때, 자연이 인간을 거부하는 형태로 나타난다. 지면의 관계로 자세히 언급할 수는 없지만, 농신학에 있어서 나(자연)와 너(인간)의 관계가 어떤 의미를 갖는지 좀 더 이해하기 위해서는 '신(神) 중심의 신(新)유물론적 기독교'의 지(地)점으로부터 출발하는 농신학이 도움이 될 것이다.

2) 자연은 말할 수 있는가?

(1) 법적 권리로 보는 '말할 수 있는 권리'

누군가 "말할 수 있다"와 "말할 수 없다"를 판단하는 판단 기준은

---

14 이영재, "농의 눈으로 읽는 구약성경," 37.

무엇일까? 이 질문에는 성격이 다른 두 가지의 질문이 포함되어 있다. 하나는 말하려고 하는 자가 다른 자와 의사소통할 수 있는 언어 구현의 능력이 있는가, 간단히 말해서 "말할 줄 아는가"이고 두 번째는 말하려는 자가 말을 하려고 할 때 주변의 사람들이 그에게 "말할 권리(자격)를 인정하는가"이다.

이 두 질문에 대해서 "그렇다"고 하지 않으면, 그는 말할 수 없는 것이 된다. 그가 말할 수 있는가를 판단할 수 있는 좋은 장소는 법정이다. 만인이 법 앞에 평등하기 때문에 그가 법정에서 발언할 수 있다면 그는 말할 수 있다고 할 수 있다. 그러나 영어를 할 수 없는 한국 사람에게 이 법정에서는 영어만 사용해야 한다고 한다면, 그는 말(한국어)은 할 줄 알지만 말할 수 없는 존재가 되어버릴 것이다. 어떤 언어를 사용하는가는 중요한 문제다. 다른 한편 성별, 인종, 나이의 문제, 재판의 성격 등 여러 이유로 진술하는 것이 제한된다면 그 해당자는 말할 수 없는 존재가 되어버린다.

이처럼 주어진 법적 권리(피고인, 원고, 증인, 변호인 등등 어떤 자격으로든)와 조건(언어적인 제한 등)이 말하는 자의 조건에 맞게 보장·인정되고 있는가의 여부는 "말할 수 있다/없다"를 가르는 중요한 요소다.

법이 보장하는 권리는 지속적으로 확대 진화되어 왔다. 여전히 다양한 이유로 법적인 차별이 남아 있지만, 과거 흑인, 중국인, 유대인, 여성, 아이라는 여러 이유 등으로 공정한 법적 권리를 인정받지 못했던 사람들이 지금은 모두 인정받는 사회가 되었다. 이처럼 법의 권리란 시대의 변화와 함께 확대·진화되어 왔다. 그럼에도 불구하고 여전히 법적 권리를 인정받지 못하는 대상이 있다. 바로 자연이다.

자연은 인간이 구사하는 언어의 능력이 없다. 동시에 법정에서 발언할 수도 없다. 한마디로 "자연은 말할 수 있는가?"에 대한 답변은 현행 제도하에서는 "말할 수 없다"가 답이다. 그런데 1972년 사우스캘리포니아 법대 교수로 재직하던 크리스토퍼 D. 스톤(Christopher D. Stone)이 "자연은 말할 수 있는가?"와 관계되는 중요한 논문 "Should Trees Have Standing? — Toward Legal Rights for Natural Objects"15 ("수목(樹木)은 법의 당사자가 될 수 있을까? — 자연물의 법적 권리에 대하여"_ 필자 역)를 발표했다. 충실한 판례의 소개와 함께 발표된 이 논문의 내용을 간단히 정리하면 다음과 같다.

① 법은 역사(법의식)의 발전과 함께 처음에는 법적 권리가 보장되지 않았던 존재들(누군가의 소유물로 여겨졌던 대상, 예를 들어 아이들, 여자, 노예 또는 야만적인 인종/민족이라는 이유로 차별의 대상이었던 원주민과 유색인종 등)에게도 점차 '법의 당사자 권리'를 인정하는 형태로 확대 · 진화되었다.

② '법의 당사자 권리'의 확대 · 진화의 과정에서 우리가 알아야 할 점은 '법의 당사자 권리'가 인간에게만 주어지는 것이 아니라는 사실이다. 미국(요즘은 거의 모든 국가)의 경우 "신탁, 법인,

---

15 Christopher D. Stone, "Should Trees Have Standing? — Toward Legal Rights for Natural Objects," *Southern California Law Review* 45 (1972): 450-501; クリストファー · ス トーン, "樹木の当事者適格一自然物の法的権利について,"「現代思想」18-11 (1990): 58-99. 스톤은 그가 이 논문을 쓰는 목적에 대해서 다음과 같이 언급하고 있다: "The reason for this little discourse on the unthinkable, the reader must know by now, if only from the title of the paper. I am quite seriously proposing that we give legal rights to forests, oceans, rivers and other so-called 'natural objects'—in the environment—, indeed, to the natural environment as a whole." Stone, "Should Trees Have Standing?," 456.

합병기업, 지방자치단체, 국가와 주(州) 등 무생물도 법적 권리 보유자로 취급된다. 법정에서는 지금도 여성(the feminine gender)으로 지칭되는 선박의 경우 오랫동안 독립된 법적 생명체로 인정받고 있다."[16]

③ 이미 무생물에게도 '법의 당사자 권리'가 인정되고 있는 것처럼 '자연'(숲, 강, 바다 등 주변에 있는 모든 자연물)에 있어서도 '법의 당사자 권리'가 인정되어야 한다. 따라서 '자연'은 자신에게 위해를 가하거나 가하려고 하는 어떤 움직임에 대해서도 자신의 '법의 당사자 권리'를 행사할 수 있어야 한다. '자연'은 자신의 소송을 위해 법원이 인정하는 자연의 편에 서는 법적 후견인(한 사람이 아닌 자연에 대한 전문적인 지식과 능력을 겸비한 비영리 자연보호법인, 재단과 같은 형태)과 법률대리인을 쓸 수 있을 것이다.

스톤의 논문은 우리가 알고 있는 자연의 법적 권리(자격)에 대한 가장 정교하고 선진(급진)적인 내용을 담고 있다. 그의 논리에 따르면 "자연은 말할 수 있는가?"라는 질문에 "그렇다. 말할 수 있다"가 된다. 이후 이 논문은 전 세계로 알려져 자연/환경 운동가와 법률가에게 많은 영향을 끼쳤다.[17]

---

16 "Nor is it only matter in human form that has come to be recognized as the possessor of rights. The world of the lawyer is peopled with in—animate right— holders: trusts, corporations, joint ventures, municipalities, Subchapter R partnerships, and nation—states, to mention just a few. Ships, still referred to by courts in the feminine gender, have long had an in—dependent jural life, often with striking consequences." Stone, "Should Trees Have Standing?," 452.

17 스톤의 논문이 발표된 이후 자연(무생물과 동식물)의 법적 권리가 보편적으로 인정되고

스톤의 논문은 "자연은 말할 수 있는가?"라는 질문에 대해 "말할 수 있다"라는 논리적 근거를 제시하고 있다는 점에서 시사하는 바가 크다. 그러나 필자는 그의 논문의 한계로 다음과 같은 점을 지적하지 않을 수 없다.

① 스톤의 목적은 자연(모든 자연물)의 '법의 당사자 권리'를 인간 사회의 법제도 안에서 다루려고 하는 데 있었다. 그러기 위해서는

있지는 않다고 하더라도, 일본에서는 '아마미야성에 살고 있는 흑토끼'와 오키나와의 바다에 살고 있는 쥬곤 그리고 오키나와의 양바루의 자연 파괴 등을 둘러싼 소송이 있었다. 이들 소송이 관심을 끌었던 이유 가운데 하나는 인간이 아닌 자연과 흑토끼와 같은 동물도 법적 권리를 가질 수 있는지에 대한 법적 다툼이었기 때문이다. 이들 소송에 대한 관계 자료 가운데 몇 가지를 소개하면 다음과 같다. 日本弁護士連合会, "自然保護のための権利の確立 に関する宣言," 1986(S61)年 10月 18日; 関根孝道, 『南の島の自然破壊と現代環境訴訟:開発とアマミノクロウサギ・沖縄ジュゴン・ヤンバルクイナの未来』(関西学院大学出版会, 2007); 鬼頭秀一, "日本の自然の権利訴訟と生物多様性 の保全:アマミノクロウサギに託されたもの," 「科学」 68-3 (1998): 217-222; 環境 法研究会, "いわゆる『アマミノクロウサギ訴訟』について〈一〉: 第一審判決," 「久留米大学法学」 42 (2001): 115-140; 宗岡嗣郎, "いわゆる『アマミノクロウサギ訴訟』について〈二〉: 当事者の主張 (1)," 「久留米大学 法学」 43 (2002): 355-385; 山田隆夫, "いわゆる『アマミノクロウサギ訴訟』について〈三〉: 当事者の 主張 (2)," 「久留米大学法学」 44 (2002): 121-169; 宗岡嗣郎, "いわゆる『アマミノクロウサギ訴 訟』について〈四〉: 当事者の主張 (3)," 「久留米大学法学」 47 (2003): 57-81; 関根孝道, "だれが 法廷に立てるのが 環境原告適格の比較法的な一考察," *Journal of policy studies*(「総合政策研究」) 12 (2002): 27-44; 関根孝道, "南の島の自然破壊と現代環境訴訟:開発とアマミノクロウサギ・沖縄ジュゴン・ヤン バルクイナの未来," 9-24; 関根孝道, "法廷に立てなかったアマミノクロウサギ: 世 にも不思議な奄美『自然の権利』訴訟が 問いかけたもの," *Journal of policy studies* 20 (2005): 117-136; 関根孝道, "南の島 の自然破壊と現代環境訴訟:開発とアマミノクロウサギ・沖縄ジュゴン・ヤ ンバルク イナの未来," 25-59; 土居正典, "アマミノクロウサギ自然権訴訟と改正行政 事件訴 訟法," 「奄美ニューズレター」 20 (2005): 12-18; 西木大祐, "自然の権利の成立可能 性とそ の根拠:環境倫理における自然の権利論の再考," 「立命館法政論集」 2 (2004): 1-39; 吉盛一郎, "自然 の権利訴訟," 「長岡大学生涯学習研究年報」 3 (2009): 1-5; 山田文雄, "第 5章, アマミノクロウサギ:日本の特別天然記念物," 東京大学出版会, 『ウサギ学:隠れることと逃げることの生物学』(2017), 158-221.

'자연의 의인화'를 전제로 한다. 다시 말해 자연을 자연 그 자체로 보지 않고 인간과 같은 법적 권리를 소유한 대상으로 인지한다는 말이다. '자연'이 채용한 법률대리인은 인간의 언어로 말해야 하고 인간의 법률 제도에 따라 인간이 요구하는 방식에 맞추어 자신의 입장을 입증해야 한다. 이는 인간의 언어와 규칙을 따르지 않으면 발언의 기회를 인정받지 못한다는 것을 의미한다. 이는 자연의 말할 수 있는 권리에 대한 심각한 제한 요건이다. 특히 '자연의 의인화'는 자연의 본질적 가치를 인간이 갖고 있는 가치관 안에서만 인정하게 된다는 문제를 갖고 있다.

② 스톤은 미국 거대자본의 휴양지 개발로 자연이 훼손되는 것을 막기 위해 미국의 환경단체가 벌인 법정 소송에서 환경단체를 도울 목적으로 논문을 썼다.[18] 따라서 이 논문에서 말하는 자연이 갖는 '법의 당사자 권리'란 법정에서 보장하는 가치(손해/배상)의 문제에 한하여 적용된다. 즉, 인간(재판장)에 의해서 판결되는 재판의 유의미한 가치란 손해와 배상의 여부에 한정된다. '자연'이 법률대리인을 세워 말한다고 해도 인간 사회가 보장하는 자연의 말할 권리란 여전히 인간의 상업적, 경제적 가치평가라는 기준에 의해서 판단 · 결정된다.

결론적으로 법적 권리로 보는 '자연의 말할 권리'란 그 권리가 보장된다고 하더라도 권리를 주는 주체는 인간일 수밖에 없다는 한계를 갖는다. 그렇다고 스톤의 학문적 기여를 평가절하할 생각은 조금도

---

18 "the Walt Disney-Sequoia National Forest matter"(월트 디즈니 — 시쿼이아 국립 산림공원 사건); Stone, "Should Trees Have Standing?," 468-469; 畠山武道, "解説," クリストファー · ストーン, 「樹木の当事者適格─自然物の法的権利について」(1990. 11.): 94-98, 하다께야마 다께미치의 "해설" 참고.

없다. 스톤은 자연이 갖는 '법의 당사자 권리'라는 생소한 용어를 통해 인간이 자연을 어떻게 인식해야 하는지 인간의 자연에 대한 인식 방법과 자세에 커다란 영향을 주었다. 그의 학문적 기여는 높게 평가받아 마땅하다. 필자는 아직 스톤의 논문 이후 그의 논문을 넘어섰다고 평가받는 논문이 발표되었다는 소식을 듣지 못했다.

(2) 자연현상으로부터 보는 '말할 수 있는 권리'

법적 권리로부터 보는 '자연의 말할 권리'란 그 권리를 주는 주체가 인간일 수밖에 없다는 한계를 갖는다고 지적하였다. 그렇다면 자연 스스로가 말할 권리의 주체가 될 수는 없는 것일까?

인간을 기준으로 해서 생각하면 "자연은 말할 수 없다"고 하는 것이 타당하다. 소리를 내는 몇몇 생명들의 울음소리를 말이라 할 수는 없을 것이다. 그러나 인간의 말이 서로의 의사를 소통하는 수단이라고 한다면, 자연의 많은 생명들은 울음소리, 숨소리 그리고 행동이나 표정을 통해 서로의 감성(느낌)을 소통한다. 이러한 그들의 표현은 그들에게 있어서는 그들의 '말'이라고 할 수 있지 않을까! 그와 달리 생명이 없는 자연물은 자연현상이라는 떨림과 흔들림을 통해 끊임없이 소리를 낸다. 새싹이 나고, 가지가 자라 꽃이 피고, 열매를 맺고, 눈, 비, 바람, 천둥, 번개와 같은 자연현상 역시 소리의 파동이다. 땅이 무너지고, 숲이 사라지고, 기온이 올라가고, 빙하가 녹아내리고, 물고기가 떼죽음 당하고, 비가 너무 안 오거나 너무 많이 오는 등 이러한 자연의 현상은 자연의 자기표현이다. 과학자가 아니라면 우리는 이러한 자연의 표현(말)을 인간의 원초적 감각과 감성을 통해 느낄 수밖에 없다. 이러한 자연현상을 "자연이 말하는 것이다"라고 받아들이든 안 받아들이든, 그런 것은 상관없다. 분명한 것은 하나의 자연현상은 하나의 단독 현상으로 끝나는 것이 아니라 그 옆에 있는 그것이 생명이든 아니든 상관없이 자연의 생명, 순환의 주기와 맞물려 소통하는 최고의 수단이라는 점이다. 물론 인간도 예외 없이 자연의 파동(말)으로부터 절대적인 영향을 받는다. 필자는 이를 자연의 말(소통)하는 방식이라고 생각한다. 그런 의미에서 자연의 말할 권리란 인간이 부여한 것이 아니라 하느님이 자연을 창조할 때 처음부터 하느님이 직접 자연에게 준 '자연의 권리'라고 보아야 할 것이다.

인간 역시 자연의 표현으로부터 자유롭지 않다는 것은 오래전부터 이미 알고 있었다. 그럼에도 불구하고 인간은 자연의 말을 많은 경우 들으려 하지 않고 무시하여 왔다. 다른 말로 '자연의 말할 권리'를 인정하지 않았던 것이다. 물론 자연도 인간에게 의미를 전달할 목적으로 자신을 표현하지는 않는다. 자연은 그저 자신이 필요한 만큼 자신의 상태를 있는 그대로 표현할 뿐이다. 자연의 표현으로부터 무언가를 느끼는 것은 느끼려고 하는 존재(인간을 포함한 모든 동식물) 그 자신에게 달려 있다. 바로 이 점에서 자연과 인간 사이에 벌어지는 의사소통의 '단절성'과 '연결성'이 나타난다.

농신학에 있어서 자연과 인간의 의사소통 과정에서 일어나는 단절성과 연결성은 신학의 중요한 논쟁점이다. 단절성이란 나와 너의 언어가 다르고 나는 너를 의식하며 말하지 않는다는 것, 즉 대화의 상대로 생각하지 않는다는 것이고, 연결성이란 서로 지속적인 관심을 갖고 어떤 형태로든 너와 소통하려고 하는 것이다. 단절성이란 나와 너를 상대적으로 보고 서로의 영역에 관여하지 않는다는 것을 의미하지만, 연결성이란 나와 너를 상생적으로 보고 서로의 영역에 관여한다는 것을 의미한다. 이렇게 말하면 우리는 반사적으로 '단절성보다 연결성이 바른 것 아니냐' 하고 생각할지도 모른다. 그러나 필자는 단순히 그렇게 생각하지 않는다.

아니, 1/3은 맞고 2/3는 틀렸다가 보다 정확한 표현이다. 욥기를 기억해 보자. 욥의 몸이 망가지고 심한 고통 가운데 있을 때, 친한 벗들이 욥을 찾아와 위로한다며 욥이 고통받는 이유를 가르치려고 했지만 욥에게는 아무런 도움이 되지 않았다. 오히려 욥의 상태는 악화될 뿐이었다. 이처럼 자연에 대해 문제의 원인만 제공하는 인간이 자연과의 소통(다른 말로는 화해 또는 공존)이랍시고 인간의 관점에서 무리하게 자연/환경에 관여하려 한다면, 오히려 자연/환경을 파괴하는 결과만 야기할 수 있다. 따라서 "누가 인간을 너로 상대화할 수 있는가?"에서 언급한 바와 같이 연결성을 주장하기보다 하느님의 개입을 전제로 자연이 주체가 되어 인간을 너로 상대화하는 것이 오히려 바른 것일 수도 있다. 필자는 오늘날과 같은 지구 상황에서는 연결성보다 오히려 단절성이 강조되어야 한다고 생각한다.

굳이 단절성과 연결성으로부터 유의미한 의미를 찾는다면, 단절성이란 인간이 자연과 단절된 상태에서 자연 스스로가 자연 치유(회복)를 할 수 있도록 하자는 것이고, 연결성이란 인간이 더 이상 자연/환경을 악화시키지 않도록 그리고 창조 질서가 회복된 지속 가능한 사회를 만들기 위해서 인간이 인간 사회 안에서 해야만 하는 일을 스스로 찾고 논의하자는 것을 의미한다고 할 수 있다. 그래서 연결성의 1/3은 맞고 2/3는 틀렸다.

IV. '농인의 영성': 타자를 위한 자기 희생적 봉사와 생명 살리기와 자연과 교감하는 힘

1. 이영재와 한경호의 이해: 타자를 위한 자기희생적 봉사와 생명 살리기

여기서는 방금 위에서 언급한 단절성과 연결성 문제를 염두에 두고 '농인의 영성'에 대해서 생각해 보도록 하겠다. 이영재와 한경호는 농의 사상을 설명하는 과정에서 '농인'에 대하여 다음과 같이 언급한다.

> '농'의 사상은 창세기의 1-4장의 창조 이야기 속에서 '아바드 아다마'란 관용어로 나타난다. ··· 이것을 직역하면 '흙을 섬기다'가 된다. 목적어로 사용된 명사 '아다마'는 '흙'을 가리킨다. 모든 피조물은 하나도 빠짐없이 '흙'으로 이루어져 있다. '흙'은 물질을 가리킨다. 동사 '아바드'는 '섬기다'란 뜻인데 어떤 타자에게 자신의 존재를 투여하여 그 타자를 이롭게 하는 행위를 의미한다. ··· 하나님의 창조 원리에서 인간은 처음부터 '농인'(農人)으로 창조되었으며, 모든 타자를 섬기는 활동으로써 모든 타자에게 생명을 북돋우어주는 존재로 창조되었다는 것이다. 이것이 하나님의 창조 원리(로고스, principio, 말씀)이며 그 원리를 우리말로 '농'이라고 규정할 수 있다. 인간은 하나님의 보편적 사랑을 실천하는 공공의 존재로 창조되었다고 달리 말할 수 있다.[19]

'여호와 하나님이 그 사람(아담)을 이끌어 에덴동산에 두어 그것을 경작하

---

19 이영재, 『농의 눈으로 읽는 구약성경』, 37.

며 지키게 하셨다(창 2:15). 아담은 에덴동산의 땅을 경작하고(work the ground, 아바드 아다마), 지키고(keep it, 샤마르), 보전하며 살도록 지음을 받은 것이다. 이것은 인간 존재와 역할에 대한 최초의 성서적 규정이다. 농신학연구회에서는 이 최초의 인간을 '농인'(農人, Homo Colens)이라고 부르기로 했다.[20]

이상과 같이 이영재와 한경호가 말하는 농인의 이해를 요약하면 다음과 같다. 첫째, 농인은 창세기의 '아바드 아다마'라고 표현된 관용어의 이해로부터 시작된다. 둘째, 아바드 아다마는 '흙을 섬기다, 노동하다, 땅을 경작하다'라는 의미로, 즉 인간은 "에덴동산의 땅을 경작하고(work the ground, 아바드 아다마), 지키고(keep it, 샤마르), 보전하며 살도록 지음을 받은"[21] 존재다. 따라서 '생명을 살리고 타자를 위해 일하는 하나님의 동역자로서의 농자(農者)'[22]이다. 셋째, 한국 농신학연구회에서는 죄를 범하기 이전(에덴동산에서 쫓겨나기 이전)의 첫 번째 인간을 농인(農人, Homo Colens)이라고 부르기로 했다. 단 농인을 설명하는 과정에서 또 다른 흙의 존재이자 '아다마'의 파트너인 '하와'에 대한 언급이 생략되어 있다. 앞으로 농인(아다마)과 하와의 관계에 대한 논의가 요청된다.

흥미로운 것은 이영재의 표현, "명사 '아다마'는 '흙'을 가리킨다. 모든 피조물은 하나도 빠짐없이 '흙'으로 이루어져 있다. '흙'은 물질을 가리킨다"라는 말이다. 이에 대해 한경호는 다음과 같이 논평한다.

---

20 한경호, "농신학은 인간과 세상을 어떻게 보고 있는가," 137-138.
21 앞의 글, 137-138.
22 한경호, "농인(農人)의 영성," 186.

땅을 간다고 할 때, '간다'는 말의 히브리어는 '아바드'인데 이 단어의 뜻은 '섬기다', '노동하다'는 뜻이다. 이영재 목사는 이것의 의미를 좀 더 확대해서 모든 피조물이 흙으로 지음을 받았기에 땅을 간다는 말은 피조물을 섬기는 사람으로, 나아가 생명을 살리는 사람으로 지음 받았다고 해석하고 있다. 그리고 이것을 바탕으로 인간은 생명을 살리고 타자를 위해 일하는 하나님의 동역자로서의 농자(農者)로 이 땅에 태어났다고 주장한다. 요약하면 농(農)은 인간의 삶의 토대이며 인간은 태초부터 농자(農者)로 지음 받았다는 것이다. 나 역시 이 의견에 동의하는바, 농자 대신 농인으로 명칭을 달리해본다.[23]

한경호의 논평 가운데 필자가 주목하는 논점은 ① 이영재가 아바드 아다마를 '흙을 섬기다'로 해석하고, 모든 피조물은 흙으로 만들어졌기 때문에 '땅을 간다'는 말은 모든 피조물을 섬기는 것, 즉 '흙을 섬기다' → '모든 피조물을 섬기다'라는 도식으로 확대해석한다는 점, ② 피조물을 섬기고 생명을 살리기 위해 지음 받은 인간을 하느님의 '동역자'로 해석하고 있다는 점이다. 필자가 이 논평에 주목하는 이유는 '흙'이라는 물질로 만들어진 인간을, 인간의 최상의 도덕적 임무(자기 희생적 봉사)를 부여 받은 하느님의 '동역자'로 연결시키고 있기 때문이다. 이는 흙(물질)에 불과한 인간이 하느님의 동역자, 즉 영적 존재로 승화되었다고 하는, 즉 다른 모든 피조물과 구별되는 존재로 창조되었다는 점을 강조하는 것이라고 이해한다. 어찌 되었든 이영재와 한경호는 농인의 영성을 '타자를 위한 자기 희생적 봉사와 생명 살리기'로 정의하고

---

23 앞의 글, 186-187.

있다.[24] 필자는 이영재와 한경호의 농인의 영성 이해에 대하여 논쟁할 것이다.

2. 리민수의 이해: 자연과 교감하는 힘

필자의 농인의 영성 이해는 이영재와 한경호와 달리 조금 더 소박하다. 농인이 하느님을 따르며 하느님이 맡겨주신 땅을 갈고 섬기는 자라는 점에서는 이영재, 한경호의 이해와 일치한다. 하지만 우리가 농인을 생각할 때, 우선 농인이란 '선과 악을 분별하기 이전의 인간을 지칭한다는 점에 주목할 필요가 있다.

> 야훼 하느님께서는 이제 이 사람이 우리들처럼 선과 악을 알게 되었으니,
> … 에덴 동산에서 내쫓으시었다. 그리고 땅에서 나왔으므로 땅을 갈아 농사
> 를 짓게 하셨다(창 3:22-23).

우리가 이 인용문을 읽을 때 주목해야 할 부분은 인간이 선과 악을 아는 존재가 되었다는 문자의 의미가 아니라 선과 악을 알기 이전의 상태를 상상할 수 있는 문자의 행간이다. 우리가 농인의 영성을 알기 위해서는 쓰여 있는 문자의 의미를 이해하기보다 문자의 행간 사이로 보이는 농인의 모습을 볼 수 있어야 한다. 즉, 농인의 모습을 보고 느낄 수 있어야 한다는 말이다. 왜냐하면 농인은 선과 악을 알기 이전의 인간이고, 성서는 선과 악을 알기 이전의 농인보다 주로

---

24 앞의 책, 186-187.

선과 악을 알게 된 이후의 인간에 대해서 기록하고 있기 때문이다.

　아마도 농인이 땅을 갈고 섬기기 위해서는 하느님이 창조한 모든 피조물(흙, 식물, 자연, 심지어 동물에 이르기까지)과 교감할 수 있어야 했을 것이다. 교감 없이는 땅을 갈고 섬길 수 없기 때문이다. '교감한다'는 말은 다른 말로 '서로 느낄 수 있어야 한다'는 것을 의미한다. 이성에 의한 판단보다 보고, 듣고, 느끼는 감각과 웃고(기쁜), 우는(슬픈) 감성을 통해 소통(교감)했을 것이다. 즉, 감성과 감각의 교류다. 이는 인간이 이 땅에 나타나기 이전부터 수억 년에 걸쳐 동식물이 소통해 온 감각의 세계와 같은 세계다. 농인도 하느님이 만드신 자연의 감각의 세계와 같은 소통의 방식을 통해 다른 창조물과 교감하며 살았을 것이다. 하느님은 처음부터 직접 농인에게 자연과 교감(소통)할 수 있는 힘을 주었고 필자는 이 힘을 농인의 영성이라고 보고 있다. 원초적 감성이란 아픈 것을 보면 아프고, 기쁜 것을 보면 기쁘고, 슬픈 것을 보면 슬퍼하고, 억압과 폭력으로 고통당하는 자와 함께 분노하는 힘 그리고 분노를 기쁨으로 바꾸어내는 힘이다. 이 힘이야말로 농인의 영성이다.

　선과 악을 판단하는 이성은 하느님이 직접 농인에게 준 원초적 감각과 감성, 즉 농인의 영성과는 달리 선악과를 따먹음으로써 나중에 인간이 인간 스스로에게 부여한 제2차적인 능력에 불과하다. 따라서 농인의 영성을 회복한다는 것은 처음부터 하느님이 직접 농인에게 준 '자연과 교감(소통)하는 힘'(원초적 감각과 감성)을 회복하는 것을 의미한다. 이상과 같은 이유로 농신학을 함에 있어서 하느님이 직접 농인에게 준 원초적 감각과 감성이 우선되어야 한다. 그리고 그에 더해 인간의 도덕적 가치와 의지 그리고 이성에 의한 판단은 농인의 원초적 감각과 감성을 보조하는 '신학의 보조적인 도구'라고 보는 것이 타당하다.

그러나 필자가 농인의 영성을 자연과 교감하는 힘이라고 말할 때 여기서 말하는 '자연과 교감(소통)하는 힘'(원초적 감각과 감성)이란 무당(샤먼)이 말하는 영감(靈感)이나 접신을 의미하지 않으며 범신론이나 애니미즘을 인정하는 것도 아니라는 점을 분명히 밝혀 둔다. 농인이 신이 아닌 것처럼, 자연 역시 하느님의 피조물에 불과할 뿐이다. 또한 우리가 사는 시대를 구석기 이전의 시대나 중세 시대로 돌아가자고 하는 어리석은 뜻이 아니라는 것은 당연하다.

필자가 자연과 교감하는 힘을 강조하는 이유는 이성의 시대라 말하는 근현대를 통해 일부러 무시되거나 억지로 억제해야 했던 잃어버린 감각, 즉 자연과 교감하는 힘이 오히려 지금 우리가 경험하는 근현대의 사회병리적 현상과 자연/환경의 위기의 본질을 파악하고 보다 건강한 지구(자연/환경과 인간 사회)를 회복하는 데 도움이 될 것이라고, 필요하다고 생각하기 때문이다. 따라서 농신학은 그 선두에 서 있다고 할 수 있다.

원초적 감각과 감성이 인류 사회를 또다시 야만의 시대로 되돌릴 수 있다, 원초적 감각과 감성만으로는 인간의 역사와 사회를 변화시킬 수 없다는 비판적 소견에 대해서 우려할 수는 있지만, 필자는 "그렇지 않다, 걱정할 필요 없다"고 확신한다. 농인의 영성이 인간 사회의 역사와 문화의 변화에 어떤 의미가 있는지, 어떤 역할을 할 수 있는지, 과연 긍정적이고 구체적인 사례는 있는지에 대해서는 지면 관계상 다음 기회에 논의하도록 하겠다.

V. 한국 농신학의 가능성과 과제 그리고 나아갈 방향성과 제안

1. 가능성

신학을 함에 있어서 '주어'(주인공)가 누구인가 하는 점은 대단히 중요하다. 주어가 바뀌면 자연스럽게 내용도 바뀌게 되기 때문이다. 오늘날 우리 신학의 주어는 그리스도 예수라고 해도 무방하지 않을까 생각한다. 따라서 구약성서보다 신약성서(복음서)를 많이 읽고 자주 인용한다. 삼위일체의 하느님을 생각할 때, 인정하든 안 하든, 그리스도 예수라는 창을 통해 하느님과 성령을 이해하는 형태가 된다. 우리의 인식 방법이 그렇다. 소설이든 영화든, 주인공을 중심으로 스토리의 등장인물, 사건의 전개를 이해하게 되는 것과 같은 이치다. 농신학의 가장 큰 기여 가운데 하나는 잠시 그리스도 예수의 옆에서 잠자던 창조주 하느님을 깨워서 신학의 전면에 등장시킨 것이다. 창조 설화를 문자 그대로 믿든 안 믿든 상관없이 농신학의 출발이 창세기의 창조 설화에 등장하는 농인으로부터 시작하기 때문이다.

이 농인의 발견이 농신학이 신학에 기여한 두 번째 업적이다. 다시 말해 한국 신학의 주어가 '그리스도 예수'와 '민중'으로부터 '창조주 하느님'과 '농인'으로 바뀌기 시작했다는 말이다. 그렇다고 그리스도 예수와 민중의 의미를 부정하거나 주어의 모든 자격을 상실했다고 하는 것은 아니다. 왜냐하면 농신학에서 말하는 농인(첫 번째 아담)은 마지막 농인(제2의 아담) 예수 그리스도로 연결되고, 한국 농신학의 저변에는 소작인, 농부, 농원에서 일하는 일용직 노동자와 외국인 노동자 그리고 이삭 줍는 사람들로 대변되는 '민중 예수 그리스도'가 여전히 존재하기 때문이다.

이상과 같이 한국 신학의 주어가 바뀌기 시작했다는 것은 한국의 신학에 변화가 일어나기 시작했다는 것이다. 바로 이 점이 한국 농신학의 가능성이다.

2. 과제, 방향성 그리고 제안

만일 한국의 농신학이 창조주 하느님보다 농인에 초점을 맞추어 논쟁한다면, 농인이 인간인 만큼, 필연적으로 한국 농신학은 '인간 중심적 신학'의 틀에서 벗어나지 못하게 될 것이다. 이는 앞에서 지적한 바와 같이 자연/환경의 문제를 충분히 다루지 못하게 된다는 한계를 갖게 될 것이다. 바로 이 점이 한국 농신학이 깊게 숙고해야 할 과제다.

농신학을 함께 배우고 고민하는 한 사람으로서 조심스럽게 다음과 같은 제안을 해 본다.

① 신(神) 중심: 신학의 주어(주인공)는 창조주 하느님(神), 목적어는 '농인'으로, '탈(脫)인간 중심의 신학'의 가능성을 묻고 논쟁할 것.
② 신(新)유물론: 인간이 하느님의 창조 질서를 관리하는 것이 아니라 하느님의 창조 질서를 따르는 자연의 질서에 의해 인간 사회가 관리된다는 점에 대해 묻고 논쟁할 것.
③ '자연'(나)과 '인간'(너)의 관계성('단절성'이 되었든 '연결성'이 되었든, 모든 측면의 가능성을 포함해서)에 대해서 묻고 논쟁할 것.
④ 위의 세 가지에 대한 논쟁을 전제로 해서 '사회정의와 교회의

책임(그리스도인의 책임)을 추구하는 농신학과 '농인의 영성 회복을 추구하는 농신학이 서로 협력하는(대립, 논쟁, 협조, 어떤 형태가 되든) 신학으로써 더불어 함께 발전을 도모할 것.

이상의 제안을 한마디로 요약하면 '신(神) 중심의 신(新)유물론적 기독교'의 '농신학'의 가능성을 묻고 논쟁하는 것이 된다.

탈(脫)종교 시대 종교의 사회적 역할과 마을 공동체
— 기독교를 중심으로*

한국일

(장로회신학대학교 은퇴교수, 선교학)

I. 서론

근대주의(modernism)를 경험하고 근대 이후(post-modernism)를 살아가는 우리 시대에 종교를 말하기 위해서는 용기가 필요하다. 탈(脫)종교 시대를 사는 오늘날은 종교의 무용론과 불필요함을 주장하는 사람들이 많기 때문이다.[1] 그러나 종교는 인류 역사 이래 언제나 함께

---

* 이 글의 전반부는 2012년 12월 8일 중국 상해 푸단대학교에서 개최된 한·중수교 20주년 기념 학술대회에서 발표한 "사회변화와 기독교의 사회적 역할"을 수정·보완한 내용에 근거한다. 또 이 글은 2024년 7월 22일 (월) 비대면으로 진행된 제44차 농신학 세미나에서 발표한 것이다.

존재해 왔으며, 역기능도 있었지만 종교가 가진 순기능이 역사의 발전 과정에 큰 영향을 미친 것을 부인할 수 없다. 세속주의 사회에서 종교에 관한 내용은 종교인뿐만 아니라 종교를 갖지 않은 일반 사회에도 유의미한 내용들을 함께 소통하는 방식으로 전개되어야 할 필요가 있다.

본 글은 두 가지 목적으로 작성되었다. 첫째로 점차 세속주의 가치관이 지배하고 있고 무신론적 경향이 확장되고 종교의 필요성이 약화되어 가는 사회에서 종교의 의미와 역할이, 인류의 역사와 사회 속에서 어떤 의미와 역할로 기능해 왔는가를 종교의 사회적 역할에서 언급하며, 둘째로 현존하는 기독교와 교회가 신앙을 종말론적 관점에서 개인과 내적 차원으로 제한하는 축소주의적 이해를 바로잡아 지역과 국가를 포함하여 전 세계를 향한 기독교와 교회의 본래의 책임을 회복하려는 것이다. 특히 한국의 사회, 즉 마을 공동체 안에서 교회가 가진 사회적 역할을 어떻게 수행하고 있는가를 이론적 근거와 사례를 통해서 논증하고자 한다.

근대 사회 이후 종교의 사회적 위치와 역할에 대하여 부정적인 견해가 확산되고 있다. 21세기를 살고 있는 우리 시대에 종교적 역할에 대하여 다음의 질문을 제기할 수 있다. 종교는 전근대적 시대에, 계몽주의자들이 말하는 미몽의 시대에 존재하였던 이제는 퇴출되어야 할 과거의 유물인가? 아니면 종교는 더 이상 사회 안에 공공성을 갖지 못하고 기껏해야 개인의 취향이나 선택에 따른 사적(私的) 현상인가?

---

1 한국인의 종교 현황(1984~2021)에 대하여 http://www.gallup.co.kr/gallupdb/report Content.asp?seqNo=1208(2023. 8. 21. 검색).

또는 칼 맑스(K. Marx)가 언급한 바와 같이 종교는 인간의 역사 인식과 현실 감각을 마비시키는 아편인가? 그렇기 때문에 종교는 사회발전과 현실 변혁에 장애물인가? 도대체 종교는 근대 사회와 근대 이후 시대를 맞이하고 있는 오늘의 무신론적, 다변화된 사회에 어떤 의미와 역할을 갖고 있는가?

물론 역사 속에서 종교의 왜곡된 현상이나 기독교 역사에서 볼 수 있는 것처럼 세속 권력과의 야합을 통해 부패하고 타락한 역사적 사실이 있으며, 현실에서도 여전히 그런 부패와 타락이 존재하고 있음을 부인할 수 없다. 이런 현상들이 탈종교화 현상과 가나안 성도를 만들어 낸다.

그러나 종교의 부정적인 단면을 보고 종교의 모든 것을 부정하는 것은 옳지 않다. 18세기 이후 근대화가 진행되면서 서구 사회에서 종교가 약화되어 간 것은 사실이지만, 사람들의 마음속에 종교만이 줄 수 있는 고유한 역할이나 종교적 욕구마저 사라진 것은 아니다. 오히려 전통적 종교에서 만족을 얻지 못하기 때문에 유사종교나 다른 것으로부터 종교적 욕구를 충족하려는 현상이 나타난다. 그렇기 때문에 종교사회학자들은 "종교를 일종의 사회 진화의 각 단계에서 각기 종교가 진화…되어 새로운 형태로 변형될 뿐이지 어떤 사회에서도 종교는 사라질 수 없을 것"이라고 본다.[2]

인류 역사 전체를 조망할 때 종교가 행한 사회적 역할은 다양하게 나타난다. 그중의 하나는 사회 안정과 질서 유지에 기여하는 사회통합적 역할이다. 인간이 살아가는 모든 사회에 나타나는 "이기적인 요구와

---

2 이원규, 『종교의 세속화 ― 사회학적 관점』 (서울: 대한기독교출판사, 1999), 120.

욕망을 가진 개인들과 다양한 가치와 이념을 가진 집단들을 적절하게 통제함으로 보다 조화롭고 협동적인 공동체가 되도록 바람직한 행위 기준을 제시"[3]하는 것이 종교이며, 이러한 역할을 통하여 사회의 통합을 가능하게 한다.

종교가 가진 또 하나의 사회적 역할은 건강한 사회를 형성하는 데 필수적인 도덕적 규범을 생성하는 것이다. 올바른 가치관, 건전한 가치관은 건강한 사회를 만든다. 그러한 가치관을 형성하고 실천할 수 있는 가장 큰 힘은 종교적 힘이다. 즉, 종교는 사회를 타락하고 부패하게 만드는 사회의 부도덕한 문제를 해결하고, 올바른 사회를 형성하기 위해 올바른 가치관을 개인과 사회에 심어주며 제도적으로 보장하게 함으로써 도덕성이 회복되는 사회로 변화시켜 갈 책임이 있다.

본 글에서 강조하려는 종교의 또 다른 역할은 사회의 공동체성 회복이다. 이것을 기독교 관점에서 표현하자면, 기독교의 사회적 특성이 사회적 공동체성 형성과 회복에 기여한다는 점이다. "교회의 삶은 예수 그리스도를 통한 바로 '교제의 삶'이고, 그것은 다시 섬김과 연대라는 일치를 추구하는 공동체적 삶이었다."[4]

본 글에서 필자는 선교학을 전공한 신학자로서 기독교 신앙에 대한 입장을 제시하고자 한다. 그러나 기독교 신앙을 직접적인 방식으로 변증하지 않고, 종교를 갖지 않은 우리 시대 살아가는 사람들을 예상하며 그들과 소통할 수 있는 방식으로 기독교의 필요성을 주장하려고 한다. 그러므로 기독교와 신앙을 넓은 의미에서 종교적 차원에서

---

3 이원규, 『종교사회학적 관점에서 본 한국교회 위기와 희망』 (서울: kmc, 2010), 196.
4 김철영, 『21세기 기술사회와 기독교적 가치』 (서울: 장로회신학대학교출판부, 2003), 243.

논의하되, 특별히 기독교의 사회적 역할에 초점을 맞추었다. 그러나 종교의 일반적 의미나 역할에 그치지 않고, 기독교의 기본단위인 '교회'의 역할을 통하여 사회적 변화에 대한 기독교의 사회적 역할을 보여 주려고 시도하였다. 이것을 통하여 종교인이든 아니든, 사회의 건전한 발전을 기대하는 모든 사람과 함께 기독교 신앙의 의미와 역할에 대하여 대화하고자 한다.

II. 본론

1. 사회발전 과정에 나타나는 문제들: 산업화와 도시화, 경제성장이 초래하는 사회적 역기능 현상

산업화와 경제발전을 우리보다 먼저 경험한 서구 사회는 자본주의 발전을 통하여 앞서서 경제성장을 이루었으나, 동시에 그것이 초래한 사회문제도 함께 경험하였다. 세계 역사에 유례없는 짧은 시기에 산업화와 경제성장을 이룩한 한국 사회 역시 예외가 아닐 것이다. 한국 사회는 1960년대 이후 근대화의 물결을 타면서 급격한 사회변동을 겪었다. 짧은 시간 안에 이룩한 고도의 경제성장과 함께 우리 사회는 산업화와 도시화 과정이 빠른 속도로 진행되었다. 기적이라고 불릴 만큼 경제성장은 성공적으로 진행되어 현재 1인당 국민소득이 3만 불이 넘었으며, 경제 규모가 세계 11위에 이르는 발전을 성취하였다. 그러나 한국 사회를 바르게 이해하기 위해서는 한국 사회의 경제발전이 가져온 명암의 두 측면을 모두 살펴보아야 한다.

1970년대 이래 근대화 과정과 함께 급격한 경제성장을 이룩한 한국 사회는 산업화와 경제발전의 과정이 초래한 정치적, 경제적, 사회적, 문화적으로 심각한 도덕성의 위기를 맞고 있다. 정치적인 면을 살펴보면 지도층의 관료주의로부터 파생된 비민주적 관행에서 비롯된 부패 행위를 볼 수 있다. 지도층은 국민에 대한 봉사가 아니라 지배와 군림의 자세로 일관한다. 정치권의 부패로 인하여 정부는 국민으로부터 신뢰를 얻지 못한다. 정치적 부패는 하급 관리에까지 확산된다. 정치지도자들의 특권의식과 공무원들의 부패는 뇌물 수뢰 행위로 나타난다. 뇌물 행위는 부정부패의 행실이며 정치적인 도덕적 타락의 전형적 양상이다. 이러한 현상이 지배하는 상황에서 사회적 규범은 무력화된다.[5]

사회의 부도덕성은 경제 영역에서도 나타난다. 경제적 부도덕성은 성장제일주의 정책으로 인해 대기업과 재벌들에게 정부의 편향적 정책이 집중된다. 특히 정치와 경제의 유착 현상은 경제적 불평등 현상을 초래한다. 대기업들에게 정부의 특혜가 베풀어지며 일반 노동자와 근로자들은 저임금, 실업 등으로 고통을 당한다. 재벌 중심의 편향적 경제 정책은 빈부격차가 심화되어 계층 간의 위화감이 조성된다. 부자들의 과소비, 사치 풍조, 불로소득자들의 과소비 풍조가 만연하면, 일반 노동자들의 노동 의욕이 감퇴되며, 중산층들에게 상대적 박탈감이 심화된다.

배금주의와 물질주의적 가치관으로부터 발생하는 현상은 한탕주

---

5 한국 사회의 문제를 진단하는 내용은 이원규 교수의 한국 사회의 현실과 전망에서 한국 사회를 아노미 현상의 관점에서 분석하고 진단한 글에 의존하였다. 이원규, 『한국교회의 현실과 전망』 (서울: 성서연구사, 1994), 25 이하.

의, 요령주의, 편법주의 등이 사회적 문제로 나타나고, 이것으로부터 생명 경시 풍조와 향락주의, 쾌락주의 같은 부도덕한 타락 현상이 발생한다.[6] 돈이 우상이 되는 배금주의적 가치관은 돈을 위해서라면 수단, 방법을 가릴 필요가 없으며 거짓과 사기 행각은 물론, 인명을 살상하는 강도와 살인까지 서슴지 않는다. 60년대 이후 경제성장, 물질적 풍요만을 추구하다 보니, '잘 산다'고 하는 것은 물질적, 경제적 풍요와 성장만을 의미하는 것이 되어 버렸다. 여기에서 삶의 질, 분배정의, 정신적 및 도덕적 가치라는 것을 간과하거나 배제하였으며, 그 결과 점차 사람들은 물질을 최고의 가치로 삼는 물질의 노예로 전락해 버렸다.

사회학자들은 이러한 도덕적 부패로 인한 사회적 해이와 타락 현상을 아노미(anomie)[7]현상으로 분석한다. 아노미는 급변하는 사회 상황에서 발생하기 쉬운 현상이다. 급격한 산업화와 도시화, 과학기술의 발달과 고도의 분업화 등이 정치, 경제, 사회, 문화 등 전반적인 분야에 급격한 변화를 초래하면서 기존의 규범과 가치에 혼란이 생겨나고 온갖 사회적인 모순과 부조리가 발생하게 된다.

---

6 앞의 책, 25-29.

7 아노미 현상이란 사회적 병리 현상의 하나로, 급격한 사회변동의 과정에서 종래의 규범(規範)이 약화 내지 쓸모없게 되고 아직 새로운 규범의 체계가 확립되지 않아서 규범이 혼란한 상태 또는 규범이 없는 상태로 된 사회 현상을 말한다. 사회에는 평온한 환경, 존경받는 직업, 참된 삶 등과 같이 일반 사회인들이 바람직하다고 생각하고 있거나 성취하고자 하는 가치로운 목표가 있다. 그리고 일반 사회인들은 기회가 주어지는 대로 여러 가지 수단을 동원하여 그 목표를 성취하려고 노력한다. 이와 같이 사회적 목표는 분명한데 그것을 성취할 만한 적절한 수단이 주어지지 않거나 모호한 수단만이 혼재해 있을 때 규범 부재(規範不在) 또는 규범이 혼란한 상태를 나타내게 되는데, 이러한 사회 현상을 아노미 현상이라 한다. 하동석, 『이해하기 쉽게 쓴 행정학 용어사전』(네이버 백과사전, 새정보미디어, 2010. 11. 23.)

이런 현상은 경제제일주의, 성장만을 추구해 온 성장절대주의 등의 사회 정책이 정신적, 도덕적 가치를 외면한 채 오로지 물질 가치, 경제 가치에만 집중해 온 결과다. 도덕적 상실과 공동체성 붕괴라는 아노미가 이런 결과로 발생시킨 것이다. 아노미는 사회문화적 통합을 깨뜨리고 긴장과 대립이 사회관계를 지배하게 한다. 아노미는 사회 공동체성을 파괴하는데, 한국의 경우 아노미적 사회 상황은 도덕성의 상실에서 초래된 결과라고 할 수 있다.[8]

도시화 현상은 전통적 지역 공동체인 마을을 해체하고 아파트의 주거 형태는 관계의 단절과 고립을 초래하여 파편화된 사회를 형성하였다. 압축 성장을 경험한 한국 사회는 그 어떤 곳보다 개인주의와 개별화된 현상이 극대화되어 있다.[9]

근대화 과정은 오늘날의 사회에서는 불가피하게 공동체성의 붕괴를 가져왔다. "과학과 기술의 발달, 합리주의적 사고, 정치와 경제제도의 발달 등은 산업화와 도시화를 촉진했고, 이것은 공동체의 붕괴를 초래했다."[10] 다시 말하면 급격한 산업화는 근대적 가치관(예컨대 업적주의, 성공주의, 개인주의, 이기주의 등)을 만들어 내는데, 이것이 공동체성을 강조하는 전통적인 가치관의 지배를 받던 공동체의 질서를 무너뜨리는 결과를 자초한 것이다. 이러한 사회적 변화는 모두 공동체성의 약화를 촉진하는 원인이 되었다.[11]

---

8 이원규, 『한국교회의 현실과 전망』, 41.
9 김난도 교수는 2022년 트렌드 키워드의 중심을 '나노 사회'로 특징짓는다. 이는 한국 사회가 극도로 세분되고 파편화된 사회를 뜻하며 다른 트렌드의 근원이 될 것임을 말한다. 이에 유연하게 대응하는 한편, 이를 극복하려는 노력도 필요하다.
10 이원규, 『한국교회의 현실과 전망』, 51.
11 앞의 책, 51.

사회적 부패 문제를 해결하기 위해 정부가 주도하는 사법 개혁이나 제도적 개혁과 같은 조치가 필요하다. 그러나 한 사회가 바르게 성장하기 위해서 법률이나 제도의 개혁과 같은 외적 규제가 필요하지만, 그것만으로 충분하지 않다. 건강한 사회 형성을 위해서 사람들이 공감하는 내적 규범, 즉 도덕적 의식의 향상이 수반되어야 한다. 사람이나 사회문제를 법률이나 제도와 같은 외적 규제만으로 해결하는 것이 불가능하기 때문이다. 성숙한 사회일수록 외적 규제와 함께 내면의 도덕적으로 성숙한 의식이 동반되어야 하며, 그것을 사회 속에서 담지하고 실천하는 영향력을 가진 공동체가 필요하다. 여기에 한 사람의 성숙만 아니라 한 사회의 건강한 성장을 위해 종교가 할 수 있는 중요한 역할이 있다. 그것은 사람의 내면에 도덕적 의식을 심어주고 사회적으로 향상시킬 수 있는 것이 종교이기 때문이다. 스위스 신학자 한스 큉(Hans kueng)은 종교가 약화되면 사회적으로 도덕의 해이 현상이 발생하는데, 종교가 도덕적 규범을 형성하기 때문이라고 한다.[12]

사회 부패 현상과 같은 도덕적 해이는 사회가 역사적 발전 과정에서 근대화와 산업화를 거쳐오면서 필연적으로 나타나는 현상이다. 그러나 이러한 경제발전의 그늘에서 발생하는 여러 가지 형태의 역기능들은 우리 사회가 해결해야 할 문제들이다. 이러한 사회문제들을 해결하는 중요한 대안으로 종교의 사회적 역할을 주목해야 한다. 종교의 도덕적 특성을 통한 사회적 역할, 공적 역할 수행은 이미 역사를

---

12 Hans Kueng, *Weltethos* (Muechen, 1990), 안명옥 옮김, 『세계윤리구상』 (서울: 분도 출판사, 1992), 115-120.

통해서 확인되어 왔다. 한국과 같이 급격한 경제성장을 이룩한 사회에서 발생하는 사회문제들에 대한 대안으로서 종교의 사회적 역할을 연구하는 것은 우리 사회가 바람직한 건강한 방향으로 발전할 것을 기대하는 입장에서 당연한 요청이다. 여기에 교회의 올바른 가치관의 회복, 도덕적 규범의 강화, 사회적 공동체성 회복과 같은 중요한 사회적 역할이 요구된다.

2. 기독교의 사회적 역할

다른 종교와 마찬가지로 기독교는 본성상 신비적 요소를 가지고 있지만, 동시에 역사적이며 사회적인 종교다. 종교 중에는 사회적 차원보다 개인적 차원에서 종교적 수행을 강조하는 불교나, 신비주의적 지혜나 경험을 강조하는 힌두교와 같은 종교도 있다. 그러나 기독교는 선포하는 진리가 공적 성격의 사회성을 내포하고 있으며, 그렇기 때문에 기독교는 사회적 역할을 강조한다. 기독교의 사회적 특성과 사회 변혁을 위한 역할을 아래에서 교회론적 근거, 기독교와 도덕성의 관계, 기독교의 사회 변혁적 영향력 관점에서 살펴보고자 한다.

1) 기독교의 사회적 역할을 위한 교회론적 근거

교회가 본질적으로 선교적이란 말은 하나님 나라가 교회를 통해서 선포될 뿐만 아니라 하나님이 세상을 사랑하시고 약한 자, 눌린 자, 갇힌 자들을(눅 4:18-20) 구체적으로 돌보시는 분임을 말과 실천으로 증거하는 곳이기 때문이다. 교회는 하나님 나라의 복음을 선포하면서 하나님 나라에 반하는 현실적 상황에 대하여 외면하거나 무관하게 지낼 수 없다. 지역교회의 사회적 활동을 위해 에베소서 1장 23절은 매우 중요한 근거가 되는 구절이다. 예수 그리스도의 충만함이 교회를 통해서 만물 안에 충만하게 나타나기 때문이다.[13] 즉, 교회는 자신을 위해서 존재하는 것이 아니라 하나님이 창조하신 전 세계 안에서, 전 세계를 그리스도의 충만함을 실현하는 목적으로 세워졌다는 것이다. 이것은 교회의 자기 인식과 사회적 책임을 수행해야 하는 이유를 분명히 제시하고 있다. 세상을 향해 선교적이 되기 위해서는 교회는 하나님의 나라를 말로만 선포할 것이 아니라 구체적인 참여가 있어야 한다.

몰트만(J. Moltmann)에 의하면 교회는 세상을 섬기기 위해 부름 받았다. "예수 그리스도의 교회로서 교회는 선교적 교회요, 에큐메니칼 교회이며 또한 정치적 교회다."[14] 몰트만이 교회에 관해 즐겨 하는 정의는 교회란 "성숙하고 응답적(인) 회중으로서 왕국에 대한 봉사에 헌신하며 자유와 평등 안에서 교제하고 상호 존중과 돌봄을 갖되 가난한 자와 억압받는 자에 대한 연대성에서 그린다"[15]는 것이다.

교회는 본질적으로 탈(脫)중심적이다. 그러나 현실적으로 교회는 항상 자기중심적 성향을 갖고 있다. 세상을 위해 세워졌으나 세워진 교회를 확장하고 유지하고 보전하는 데 역량을 집중하는 경향이 있다. 이러한 교회의 잘못된 속성을 비판하면서 에큐메니칼 진영은 본회퍼의

---

13 Petr Pokorny, *Der Brief des Paulus an die Epheser 10/II* (Leipzig 1992), 89-95.

14 Veli-Matti Kaerkkaeinen, *An Introduction to Ecclesiology. Ecumenical Historical & Global Perspectives* (Illinois: IVP, 2002), 127.

15 Ibid., 129.

"타자를 위한 교회"를 수용하였다. 교회는 세상을 위한 교회가 되어야 한다. 이 교회론은 하나님의 선교와 연결되면서 세상의 문제들에 적극적으로 개입하는 사회 참여적 교회론으로 발전한다.[16]

그러나 독일의 선교학자 준더마이어(Theo Sundermeier)는 본회퍼의 타자를 위한 교회론의 약점을 지적하면서 타자를 위한 교회 이전에 먼저 '타자와 함께하는 교회'(church with others)를 주장한다. 타자를 위한 교회론이 자기중심적 교회론의 문제를 극복하고 교회의 본질을 회복한 점은 인정하지만, 현장에서 보면 타자를 위한 교회론은 도움 증후군(Hilfssyndrom)에 빠질 가능성이 있다는 것이다. 교회가 도움을 주는 자와 받는 자의 관계에 고정되면 자신도 모르는 사이에 시혜자의 우월감을 갖고 수혜자를 바라보게 된다는 것이다. 이러한 현상은 실제로 도움을 베푸는 과정에 발생하기 쉽다. 준더마이어는 타자 교회론의 도움 증후군을 극복하기 위해서는 타자를 위한 교회(Kirche fuer Andere)가 되기 전에 먼저 타자와 함께하는 교회(Kirche mit Anderen)가 되어야 한다고 말한다.[17]

교회는 타자와 함께하는 교회 그리고 타자를 위한 교회의 자기 인식으로부터 세상을 섬기며 봉사하는 선교적 교회로 존재하는 것이다. 교회가 세상에 적극적으로 참여하여 봉사하고 섬김을 통해서 사회를 변화시키는 것을 자신의 선교적 과제로 삼기 때문에 교회와 지역사회는 긴밀한 상호 의존적 관계에 있으며, 세상 속에서 교회가 영향력을 잘 발휘할 수 있다.

---

16 Theo Sundermeier, "Konvivenz als Grundstruktur oekumenischer Existenz heute," *Theo Sundermeier, Konvivenz und Differenz* (Erlangen 1995), 50-55.
17 Ibid., 53-54.

2) 기독교와 도덕성

프랑스 사회학자 뒤르켕(E. Durkheim)은 "사회가 안정을 유지하기 위해서는 그 사회가 도덕성에 기초해야 한다"고 주장하였는데, 도덕성은 공동체를 위해 개인적 이기주의를 극복할 힘이 된다고 보았기 때문이다. 이때 종교가 그것을 가능하게 하는 가장 중요한 역할을 한다. "더불어 살 수 있는 공동체성의 근거는 사회적 도덕성의 확립이며, 도덕적 책임 의식을 일깨워 주는 집단 의식과 집단 감정은 주로 종교로부터 얻어질 수 있다는 것이다."[18] 미국의 사회학자 로버트 벨라(R. Bellah)도 한 사회의 위기는 도덕성과 영성의 상실이라고 주장하면서, 종교를 통한 도덕성과 영성의 회복이 공동체성을 유지할 수 있는 유일한 길임을 주장한다.[19]

> 종교적 신앙은 인간 행위의 도덕적 문제들, 인간 상황의 양상들, 우주 안에서의 인간과 사회의 위치에 대하여 관심을 가지고 있는데, 그것은 인간의 도덕적 태도들과 가치 지향 형태들에 가장 적합하다.[20]

그러나 종교는 현실적으로 양면성을 가지고 있다. 종교는 삶의 본질과 궁극적 목적을 지시하고, 그것으로부터 현실적 삶의 의미를

---

18 Emile Durkheim, *The Elementary Forms of the Religious Life*, tr. J. W. Swain (New York: Free Press, 1965); 이원규, 『한국교회 현실과 전망』 (서울: 성서연구사, 1994), 56.

19 Robert N. Bellah, *The Broken Covenant* (New York: Seabury, 1975); 이원규, 『한국교회 현실과 전망』, 56.

20 이원규, 『종교의 세속화 ─ 사회학적 관점』, 115.

밝혀주는 역할을 한다. 또한 종교는 옳고 그름, 선과 악에 대한 기준을 가지고 삶의 바른길을 인도한다. 이런 점에서 종교는 도덕성의 기초가 된다. 그러나 도덕성이 반드시 종교인들에게만 있는가? 종교를 갖지 않은 사람들에게는 윤리나 도덕을 찾을 수 없는가? 한스 큉은 종교가 지닌 도덕성에 대해 언급하면서도, 그 반대의 주장을 먼저 제기한다.

종교를 갖지 않은 사람들도 실제로 윤리적인 삶의 방향을 설정하고 도덕적 가치를 실현한다. 역사 속에서 드물지 않게 인간의 존엄성과 새로운 의미를 발견하고 신앙인보다 더 적극적으로 인간의 성숙과 양심의 자유, 기타 인권을 위해 투신하는 사람들이 있다는 것을 경험적으로 부인할 수 없다.[21] 이런 현상은 종교 없이 인간의 이성과 양심만으로 윤리와 도덕의 토대를 마련할 수 있는 것처럼 보인다. 이런 점에서 신앙인과 비신앙인의 상호 존중과 협력이 요청된다. 반면에 종교가 오히려 역사 속에서, 특히 중세 기독교에서 보여주는 바와 같이 권력에 사로잡히거나 성직자의 타락상들을 보여주는 일도 있다. 그럼에도 불구하고 인간의 도덕성과 윤리를 말할 때 종교를 말하지 않을 수 없는 이유가 무엇인가?

호크하이머(Max Horkheimer)와 아도르노(Theodor W. Adorno)가 제2차 세계대전을 겪고 난 이후 공동 저술한 『계몽주의 변증법』에서 지적한 바와 같이[22] 근대주의가 종교의 자리에 놓은 "이성이 쉽게 비(非)이성에로 탈바꿈"했다는 것은 합리성을 주장하는 계몽주의 본질에 속한 일이다. 과학이 성취한 모든 진보가 반드시 인간성의 진보를

---

21 Kueng, 『세계윤리구상』, 87.

22 Max Horkheimer and Theodor W. Adorno, *Dialektik der Aufkraerung. Philo-sophische Fragnment* (Frankfurt am Main, 1988).

의미하는 것이 아님은 너무도 분명한 사실이다. 과학과 기술이 지닌 "제한적이고 부분적인 합리성은 전체적이고 통일된 이성이 아니고 동시에 참으로 이성적인 합리성도 아니다."[23] 이 점이 호크하이머와 아도르노가 지적한 계몽주의 변증법에서의 이성의 한계다. 역사적 경험을 통해 확인된 것은 절대자에 대한 신앙의 자리에 이성에 대한 무한한 신뢰를 보내고, 그것을 통해 인류의 밝은 미래를 전망했던 근대주의가 도달한 것은 "자기 파괴의 과정에 사로잡혀 있는 계몽주의의 실상이고, 그렇기 때문에 자기 스스로를 초월하는 계몽주의를 요청하게 되는 까닭이다."[24] 예를 들면 20세기 중반에 최고의 성능을 자랑하는 첨단 무기를 발명할 수 있는 과학과 기술의 발전이 있었으나, 인간은 현실적으로 그 첨단의 무기로 그 어느 시대에도 볼 수 없었던 참혹한 전쟁의 만행을 저질렀다. 이러한 과학기술 발전의 이중성은 인간의 이중성에 기인하고 있는 것이며, 인간의 이중성으로부터 이성만으로 인간성을 보장하거나 인간다움을 실현하는 세계에 대한 밝은 희망을 가질 수 없게 되었다.

많은 철학자나 사상가들은 근대 시대를 '후기 형이상학 시대'라고 일컬으면서 종교를 쓸모없는 것으로 치부하였다. 종교를 '투사'(Feuerbach), '민중의 아편'(K. Marx), '퇴보' 아니면 '심리적 미성숙'(Freud) 상태와 동일시하면서 종교의 역할은 이미 끝난, 시대착오적인 것으로 인식하는 것이 근대주의와 이후 시대에 서구 사회에서 볼 수 있는 현상이다.[25]

---

23 Kueng, 『세계윤리구상』, 97.
24 앞의 책, 57.
25 종교 비판의 대표적인 학자들의 입장을 모아놓은 자료로 다음의 책을 참고하라.

종교를 갖지 않은 사람들도 진정한 의미의 인간다운 삶이나 윤리적인 삶을 영위할 수 있다는 사실을 인정해야 한다. 그러나 인간이 절대적인 윤리 규범을 인정해야 함에도 불구하고 종교를 배제하고서 할 수 없는 것이 한 가지 있다. "그것은 윤리적 요구의 절대성과 보편성의 근거를 제시할 수 없다는 점이다."[26] 인간의 윤리적 요구, 당위의 절대성이 지닌 정언적 요구는 한계와 제약을 가진 인간 자신 안에 최종적 근거를 둘 수 없다. 여기에서 윤리의 절대적 근거의 필요성을 요청한다. 즉, "개별적인 인간은 물론 인간의 본성 그리고 인간의 사회 전체를 포함하고 관통하는 포괄적인 의미를 중재해 줄 수 있는 절대에 의해서만 그 근거가 제시되어야 한다."[27] 이 절대는 오로지 최종적이고 최고의 실재일 수 있다. 절대적인 것만이 인간에게 절대적 의무를 지울 수 있다. 종교는 도덕적 규범에 권위를 마련해 주는 역할을 한다. 그러므로 "종교는 자신의 윤리적 요구의 근거를 인간의 권위가 아닌 전혀 다른 차원의 권위로부터 제시할 수 있다는 점이다."[28]

종교가 도덕성에 영향을 미치는 또 하나의 근거는 소명 의식이다. 신앙은 종교인으로 삶의 의미와 지켜야 할 도리를 일깨워 준다. 이 문제는 막스 베버(Max Weber)의 연구를 통해서 이미 확인된 바 있다. 베버는 그의 유명한 저서 『자본주의와 프로테스탄트 윤리』에서 "하나

Hans-Joachim Kraus, *Theologische Religions kritik* (Neukirchener Verlag, 1982) 이 책에서는 종교 비판에 대한 신학자로 K. Barth, D. Bonhoeffer, 철학적 관점에서 종교 비판으로는 F. Bach, K. Marx의 주장을 제시하고 있다.

26 Kueng, 『세계윤리구상』, 115.
27 앞의 책, 115.
28 앞의 책, 118.

님에 대한 절대적인 신앙이 사람들에게 '청지기직(stewardship) 윤리'를 갖게 만들어, 그들로 하여금 근면하고 성실하게 살 뿐 아니라 남을 위해 희생하고 헌신하도록 했다는 것이다."[29] 기독교 신자들은 이 세상에서 바르고 착하게 살아가는 도덕적 삶이 하나님을 기쁘시게 하고 그의 영광을 드러내는 것이라는 신앙의 원리가 개신교 윤리를 형성하였고, 그것이 신자들의 도덕성을 고양시켰을 뿐 아니라 경제생활을 포함한 사회발전에 기여하게 했다는 것이다. 결국 성숙한 신앙은 하나님을 향한 수직적 믿음과 이웃을 향한 수평적 사랑이 조화를 이루는 것을 목적으로 한다는 사실을 역사적 경험을 통해서도 확인할 수 있다.

3) 기독교의 사회성과 변혁 운동

기독교의 진리는 본질상 세상과 소통하며 공적 책임을 수행하는 특성을 가지고 있다. 왜냐하면 기독교가 고백하는 하나님께서는 창조주로서 세상 안에서 일하고 계시기 때문이다. 그러므로 이러한 하나님의 구원 활동과 그 말씀을 선포하고 실천하는 교회 역시 공적 성격을 가지고 있다. 그러나 역사 속에서 기독교는 종종 사적 영역인 개인적 차원으로 축소되곤 하였다. 특히 근대주의와 다원주의 상황에서 종교는 점차적으로 사사화(privatization)되어 갔다. 이것은 근대주의를 일찍이 경험한 서구 사회가 중세의 신(神) 중심적 세계관을 벗어나 인간중심적 세계관을 형성하면서 무신론적 현상과 함께 기독교의 사사화가

---

29 이원규, 『한국교회의 위기와 희망』 (서울: kmc, 2010), 228.

진행된 것이다. 그러나 기독교는 본질적으로 사회성을 가지고 있다.

독일의 신학자 본회퍼(D. Bonhoeffer)는 기독교가 제시하는 신앙의 내용과 신학적 개념들, 즉 "인격, 죄, 구원, 사랑" 등과 같은 것은 사회성과 연관될 때만 완전하게 이해될 수 있다고 말한 바 있다.[30] 세속화 되어가는 서구 사회에서 누구보다 기독교 진리의 공공성을 강조한 레슬리 뉴비긴(L. Newbigin)은 '공적 진리로서의 복음'의 특성을 주장하면서, "복음이 개인적이고 인격적인 결단으로의 초대인 동시에 총체적인 사회생활을 위해서도 사실로 인정되어야 하는 공공의 진리임을 확언하는 것이다"라고 진술하였다.[31] 뉴비긴은 기독교 진리의 공공성이 위협받고 있는 근대주의와 다원주의 사회에서 기독교의 공적 책임을 위한 신학적 근거를 세우는 데 탁월한 공헌을 하였다.

종교의 사회성에서 드러나는 또 다른 특성은 종교가 이타적 행위를 불러일으키고 촉진한다는 것이다. 성숙한 신앙을 갖는 사람은 하나님을 사랑할 뿐만 아니라 이웃을 사랑하는 사람이다. 그러므로 성숙한 신앙은 친사회적 태도, 이타적 행위에 결정적으로 영향을 미친다는 연구 결과가 있다.[32]

종교의 이타적 행위를 촉진하는 메커니즘으로 공동체 사역 이론을 언급할 수 있다. 교회의 공동체 사역이 교인들의 이타적 행위에 동기를

---

30 고재길, "세상과 소통하는 인문학적 신학함의 가능성에 대한 소고: 디트리히 본회퍼의 신학을 중심으로," 『윤리신학의 탐구』, 신산(信山) 김철영 교수 은퇴 기념 논문집 (서울: 도서출판 케노시스, 2012), 140.

31 류태선, "공적 진리로서의 복음: 레슬리 뉴비긴 신학사상의 중심," 『윤리신학의탐구』, 68. 뉴비긴의 이 주제에 대하여 좀 더 깊은 이해를 위해서 류태선, 『공적진리로서의 복음. 레슬리 뉴비긴의 신학사상』 (서울: 한들출판사, 2011); 기독교의 공적 책임을 다룬 책으로 이형기 외 8인 공저, 『공적 신학과 공적 교회』 (서울: 킹덤북스, 2010).

32 이원규, 『한국교회의 위기와 희망』, 215.

부여한다는 것이다. 사실상 교회는 사회에서 여러 가지 문제를 해결하는 데 필요한 자원봉사 형태의 가장 풍부한 사회적 자본을 가지고 있다. 지역교회 사례 연구를 통해 확인한 바로는, 교회는 교인들만 아니라 이웃이나 지역 공동체에 속해 있는 사람들의 다양한 필요—신체적, 물질적, 정서적, 사회적 복지—를 후원하고 도움을 주는 프로그램을 가지고 있으며, 이것을 교인들의 자발적인 봉사와 섬김을 통하여 참여하도록 권장한다.[33] 이것은 신앙의 한 행동이며 표현으로서 다른 이들을 돌보도록 요구된다.

기독교의 사회성과 관련하여 우리가 기대할 수 있는 것은 사회 변혁적 영향력이다. 이것은 짧은 역사이지만 한국교회사를 통해서 분명하게 입증되었다. 한국 역사에서 기독교(개신교)가 담고 있는 신념과 상징은 사회 변혁의 가능성이다. "개신교의 사회발전 운동은 기독교의 가치 지향성이 지닌 힘과 그러한 종교에 동조해 온 사회 세력에 의해 구체적으로 전개되었다."[34] 기독교에서 말하는 회심은 개인적으로 새로운 각오로 산다는 뜻이다. 즉, 기존의 잘못된 생활을 청산하고 새로운 삶의 가치와 표준을 받아들인다는 뜻이다. 이러한 변화는 개인의 변화에 그치지 않고 교회가 속한 지역사회와 또한 교회 간 연결망, 즉 교회의 전국적 조직과 기구를 통해 사회 변혁의 확장된 운동성과 영향력을 갖는다.

무엇보다 한국 역사에서 볼 수 있는 개신교의 사회적 영향력은 1919년 3월 1일 전국적으로 발생한 독립운동에서 볼 수 있다. 당시

---

33 앞의 책, 215.

34 박영신·정재영, 『현대 한국 사회와 기독교. 변화하는 한국 사회에서의 교회 역할』 (서울: 한들출판사, 2007), 71.

일제 주권 찬탈에 항거하여 전국적으로 봉기하였던 3.1운동은 기독교의 자원과 불가분리의 관계에 있었다. 물론 3.1운동은 기독교와 천도교, 불교의 연합으로 전개되었다. 전국적으로 어떤 연결망도 갖지 못하던 시대에 전국에서 동시에 운동을 일으킬 수 있었던 것은 두 종교와 함께 교회가 가진 전국 조직망이 있었기 때문이었다. 이 조직망을 통해 전국 교회가 의사소통하고 연락하여 교인과 학생 동원이 가능하였다.[35]

기독교 운동의 기본단위는 교회다. 교회는 한국 역사에서 보기드문 '자발적 집단'(voluntary)이었다. "교회 회원의 생활양식과 도덕적 규범을 기독교적인 기준에 따라 지도하고 통제하는 독자적인 조직체로서의 권위를 행사하였으며, 이 조직이 초월적 존재에 바탕을 둔 보편주의적 가치 체계를 내면화시킬 수 있는 생활 공동체의 기능을 수행하였다."[36] 교인이 되면 당시 조선 사회의 계급적 신분 제도를 거부하고 성차별을 넘어 여성도 남성과 같이 배움의 기회를 얻었으며, 모두가 하나님 앞에서 평등한 존재로 인정받고 생활할 수 있었다.[37] 그러므로 기독교인이 된다는 것은 기존의 잘못된 관습, 신분 질서, 축첩 제도, 부정부패 등을 버리고 신앙에 근거한 새로운 가치관을 내면화하여 살아가는 사람이 된다는 것이다. 여기에서 신앙은 개인과 함께 교회와 그 연결망을 통하여 사회를 변혁하는 공적 역할을 수행하였다. 교회의

---

35 평안북도 의주에서 살았던 필자의 할머니는 당시 23세로 1919년 3.1운동에 직접적으로 참여하였는데, 교회를 통해서 태극기를 받은 후 장날 모인 사람들에게 몰래 태극기를 나눠 주면서 3월 1일 시내에 나와서 독립운동에 참가할 것을 전하였다는 이야기를 할머니로부터 직접 들었다.
36 박영신 · 정재영, 『현대한국사회와 기독교』, 73.
37 전택부, 『토박이 신앙산맥』 1, 2, 3 (서울: 대한기독교출판사, 1977).

이러한 사회적 책임 수행은 과거의 역사로 그치는 것이 아니라 오늘의 상황에서도 여전히 인간의 성숙함과 사회발전에 중요한 역할을 행하고 있다.

3. 마을 공동체 운동과 지역교회의 사회적 역할

1) 마을 공동체 의미와 역할

행복한 삶을 이루는 사회적 관계와 신뢰도는 긴밀한 관련이 있다. 행복은 멀리 혹은 특별한 상황으로부터 주어지는 것이 아니라 마을에서 이웃들과 더불어 살아가면서 누리는 일상의 삶에서 경험하는 것이다. 위에서 언급한 바와 같이 교회가 가진 사회성이 지역사회 안에서 사회적 신뢰 관계를 형성하여 행복한 마을 공동체를 형성하는 데 중요한 역할을 할 수 있다.

한국 사회를 전체적으로 바라볼 때 행복하지 않은 사회다. 그러나 한국 사회를 지역단위로 세분화하여 보면 다른 평가가 나온다. 물론 한국 사회 전체가 행복한 사회가 되는 것이 중요하다. 이제 그 방법은 중앙정부에서 행하는 획일적 정책에 의존하지 않고 지방자치 시대에 적합하게 지방정부와 지역의 다양한 단체, 기관이 협력하여 행복한 사회를 만들어 가는 것이다. 실제로 지역을 단위로 하여 행복한 마을을 만들어 가는 '마을 만들기 운동'이 전국적으로 시행되는 것은 매우 고무적이다.

오랫동안 시민사회와 지역 공동체를 연구해 온 임현진 교수 역시 그의 저서 『마을에 해답이 있다: 한국 사회에서 지역 되찾기』에서 전국의 지역과 마을을 연구하면서 내린 결론으로 오늘의 시대에 글로벌 의식과 주제를 실천하는 것은 지역과 마을에서 시작해야 한다고 주장하면서, 다양한 사례를 통해서 이를 입증한다.[38]

마을은 주민이 얼굴을 맞대고 친밀하게 교류하면서 일상생활에 필요한 사회 · 경제 · 문화적인 관계가 형성되고 교차하는 장소다. 김영순 교수는 마을이란 "우리의 마음을 담고 있는 공동체이며 우리가 터 잡고 살아가는 가장 실질적인 일상생활의 둘레이다. 이 땅에서 살아가는 모든 이는 특정한 마을 안에 둥지를 틀고 그 마을의 문화적 전통에 의존하여 일상의 삶을 누리게 된다"[39]라고 정의한다. 마을은 그 안에 거주하는 사람들이 일상을 공유하며 소통하며 더불어 살아가는 관계의 망이다.

마을 공동체 의미와 역할을 주목하고 연구해 온 조한혜정 교수는 오늘의 사회발전은 지역 안에서 시민 차원에서 사회의 발전을 위한 지혜가 필요하다고 말한다. "국가와 시장 단위가 아니라 먼저 지역과 마을 단위로 생각하고 일해야 한다. 마을에서 함께 모여 밥 먹고 아이들도 같이 키우고, 오순도순 살고, 동네 식당도 차려보고 사회적 기업, 마을 기업도 하면서 잘 살아 보자는 것이지요."[40] "한 아이를 키우기 위해서 온 마을이 필요하다"라는 아프리카 속담처럼, 개인주의와 파편화된 삶으로 인한 사회적 단절을 겪고 있는 오늘날 다시 행복한

---

38 공석기 · 임현진, 『마을에 해답이 있다 — 한국사회에서 지역 되찾기』 (경기: 진인진, 2020).

39 김영순, 『지역문화 콘텐츠와 스토리텔링: 검단의 기억과 이야기』 (서울: 북코리아, 2011), 5.

40 https://www.huffingtonpost.kr/zeitgeist-korea/story_b_9615066.html(2017. 4. 7. 검색).

사회를 추구하기 위해서는 마을과 지역 차원에서 돌봄의 영역을 회복해야 할 것이다. 그런데 21세기 마을의 개념은 근대화 이전의 자연스럽게 형성된 전통적 개념과 다르다. 이전에는 지역적으로 가까운 곳에 모여 살며 이웃의 모든 상황을 상세히 알고 있던 '밀착된 공동체'였으나, 도시화를 경험한 오늘날은 사생활을 존중하면서 서로의 관심사와 필요한 것을 나누어 연대하는 '느슨한 공동체'이다.[41]

2) 마을 공동체와 교회 공동체의 접점과 교회의 역할

이런 마을 공동체를 어떻게 실현할 수 있을까? 마을 공동체와 교회 공동체의 접점과 서로 협력하여 실천하는 활동들이 많이 있는데, 사례 연구를 통해서 얻은 내용을 화해, 양육, 교육, 복지, 문화, 경제, 정치, 환경 등 여덟 개의 키워드를 중심으로 소개한다.

화해자: 교회가 믿는 가치 중에 중요한 한 가지는 세상에 화해자의 삶을 사는 것이다. 다양한 요인으로 갈등과 충돌, 분쟁이 많은 사회에서 지역의 주민들이 사이좋은 이웃으로 살아가게 하는 데 화해의 역할이 필요하다.

홍천읍에 속한 도심리는 열두 개의 골짜기 마을로 구성되었다. 약 27년 전 홍동완 목사가 공동체 생활을 하기 위해 마을로 이사했을 때 주민들의 강력한 반대에 부딪혔다. 목사가 와서 기도원이나 장애인 시설을 지어 운영할 것이라는 의혹 때문이었다. 목사는 그런 의사가

---

41 오마이뉴스 특별취재팀, 『마을의 귀환』 (서울: 오마이북, 2015), 프롤로그 004-5.

없음을 밝히고 주민들의 요구대로 전도하지 않겠다는 서약을 한 후 이주할 수 있었다. 이사 후 3년간 주민들과 긴밀한 접촉이 없었으나 40대의 젊은 목사는 노인으로 이루어진 마을에 가장 젊은 일군으로 마을에 직간접적으로 많은 도움을 주었다. 단오제에 초청하여 기도를 부탁하고, 그 후에 홍 목사의 이주를 막았던 지역주민의 요청으로 교회를 시작하였다. 어느 날 동네 주민이 찾아와 홍 목사에게 이 동네를 떠나지 말고 함께 살자고 말하며 이유를 밝히는데, 홍 목사가 오기 전에는 오랫동안 살아온 주민들 사이에 크고 작은 갈등들이 많아 작은 마을인데도 서로 인사나 말을 하지 않고 지내왔는데 홍 목사가 온 이후에 갈등들이 없어지고 살기 좋은 마을로 변해 가고 있다는 것이다. 이후 홍 목사는 도심리에서 반장을 맡아 목회와 함께 지역을 돌보는 일을 하고 있으며, 홍천읍에서 행복한 마을 경진대회에서 도심리가 일등을 하는 결과도 얻었다. 농촌지역은 오랫동안 함께 살아왔으나 주민들 사이에 골이 깊은 갈등이 존재하고 있었다. 이런 마을에 홍 목사와 교인들은 지역의 화해자가 되어 갈등이 많은 마을을 행복한 마을로 바꿔가고 있다.

양육: 이전 세기에 가장으로서 주로 남편이 직장을 다니며 가정의 경제생활을 이끌어갔다면, 오늘의 사회는 부부 모두 일하는 맞벌이 가정이 대세다. 여기에서 출산 후 아이들을 양육하는 것이 맞벌이 가정에는 가장 중요한 관심사가 되었다. 이 문제는 각 가정의 문제가 아니라 한국 사회의 전반적인 문제다. 그러나 좀처럼 해결을 얻기가 쉽지 않다. 여기에 지역에서 공동 양육이나 어린이집, 방과 후 학교 등 다양한 대안들을 제시하고 있는데, 교회들이 지역에서 이 문제를

해결하기 위해 적극적으로 참여한다.

은평구에 있는 작은 교회인 행복한교회(선우준 목사)는 지역에서 맞벌이 부부들이 아이들을 함께 돌보는 공동 양육 프로그램을 실행한다. 지역과 함께하는 교회를 실천하려는 생각을 가지고 있었던 30대 젊은 목사는 어느 날 마을계획단(현재 주민자치위원회)을 모집한다는 공고를 보고 아내와 함께 지원하였다. 이 모임에서 동네 주부들을 만나면서 양육할 장소가 필요하다는 사실을 알게 되었다. 선우 준 목사가 목회하는 교회는 작지만 자체 건물을 가지고 있었으며 기꺼이 지역을 위해 사용할 준비가 되어 있었다. 교회가 건물을 마을의 공동 양육을 위한 장소로 제공하자, 지역의 구청에서 인테리어 비용을 담당하였다. 이렇게 하여 관, 주민, 교회 3자가 협력하여 주민들이 필요한 공동 양육을 교회 안에서 실행할 수 있었다.

교회가 마을과 만나는 가장 빈도수가 높은 접점은 지역아동센터다. 처음에는 소박한 방과 후 돌봄으로 시작하여 어린이집이나 지역아동센터, 마을도서관으로 확장되면서 마을에 거주하는 아이들을 돌보는 일을 담당하고 있다. 교회 재정으로 시작한 돌봄 활동이 정부의 시책으로 재정적 지원을 받으면서 동네 아이들을 돌보는 일을 수행하고 있다.

교육: 한국 사회는 교육열이 높은 것으로 유명하다. 그러나 높은 교육열에 비하여 제도권에 있는 공교육이 제대로 기능하지 못함으로 인해 학부모들의 불만이 높고 사교육으로 대체하는 경향이 크다. 더욱이 산업화와 도시화 현상으로 농촌지역은 이농 현상으로 인하여 많은 학교가 폐교되는 현상을 직면한다. 농촌에서 아이들의 웃음소리

를 듣기 어려운 것은 이미 오래되었다.

아산에 있는 송남초등학교는 면 소재지에 있는 학교인데 학생이 300명에 이른다. 인근 천안, 아산의 도시에서 학부모들이 학교 소식을 듣고 아이들을 이 학교로 보내고 있다. 근처에 있는 거산초등학교는 본래 분교로서 학생 수가 30명 이하로 줄어들어 폐교의 위기에 처했었는데, 헌신적인 교사 두 명이 분교로 자원하여 아이들을 가르치고 지역의 시민단체와 주민들의 협력으로 분교에서 본교로 승격하였다. 이 두 학교에 오려는 학생들이 줄을 서고 있다. 한국의 교육 현실을 생각할 때 이해할 수 없는 현상이 송악면에 발생하였다. 어떻게 이런 일이 가능한가? 그 이면에는 송악교회의 활발한 지원이 있었기 때문이다. 송악교회는 오랫동안 학부모들과 시민단체들과 함께 좋은 학교를 만드는 운동을 전개해 왔다. 그 결과 농촌에 있는 초등학교에 도시 아이들이 입학하기 위해 기다리는 기이한 현상을 만들어 낸 것이다. 학부모 중 많은 사람들이 송악교회 교인이며, 몇 년 전 송남초등학교 교사 열두 명 중 절반이 송악교회 교인이었다. 이들은 기독교 신앙관에 근거한 소명 의식으로 교사직을 헌신적으로 수행하였고 아이들을 사랑으로 돌보고 가르쳤다. 또한 송악교회 담임목사인 이종명 목사는 학교 공교육에 함께 참여하여 기후 환경의 중요성을 아이들에게 가르치며 아이들의 친구로 함께하고 있다.

서울 은평구에 있는 성암교회는 지역의 18개 교회와 연합하여 지역의 학교 교사와 교장을 위로하는 정기적인 프로그램을 진행하고 있으며, 지역 청소년들을 위한 수련회를 지역의 교회들이 함께 양질의 프로그램을 통해 협력하여 진행한다.

복지: 한국 사회는 복지국가를 지향하고 있으며, 지금은 이전과 비교할 수 없는 복지 혜택을 제공한다. 그러나 아직도 복지 사각지대가 존재하며, 전 국민을 대상으로 실행하는 복지는 중앙정부와 함께 지방정부가 협력해야 하는데, 여기에 지역에 있는 교회들의 역할이 중요하다. 사람들을 섬기며 봉사하는 활동은 교회가 적극적으로 참여하는 분야이자 교회가 고백하는 중요한 신앙적 가치로, 이 점에서 사회의 복지 활동과 접점을 이룬다. 적지 않은 교회들이 지역의 요양원, 양로원, 지역아동센터 등을 독립적으로 혹은 위탁운영으로 운용하고 있다. 특별히 복지 활동은 교회가 지향하는 봉사와 섬김의 가치와 일치하기 때문에 교회가 가장 활발하게 참여하고 있는 분야다.

완도에 있는 성광교회는 지역에서 다양한 복지기관을 운영하는 것으로 알려져 있다. 교인이 350명 정도의 규모인데, 모든 교인이 참여하는 위원회가 694개(2023년 현재)이며, 각 위원회 역할은 교회 안에 일뿐 아니라 지역의 다양한 기관에서 봉사활동을 포함한다.

지역사회로부터 위탁 받아 운영하는 복지기관은 모두 13개이며, 어린이집, 지역아동센터, 결식아동 도시락 배달센터, 청소년 기관, 요양원, 노인복지센터 등을 운영한다.[42] 완도성광교회는 완도읍에서 지역의 기관들과 협력하여 거의 모든 세대의 돌봄과 복지의 책임을 맡고 있다.

필자의 아버지가 암으로 한 주간 시흥에 있는 호스피스에 머무셨는

---

42 성광어린이집, 성광지역아동센터, 성광아이돌보미센터, 결식아동 도시락 배달센터, 사단법인 '꿈틀', 청소년 문화의 집 하리, 청소년 방과 후 아카데미, 청소년 상담복지센터, 학교 밖 청소년 지원센터, 청해요양원, 성광노인복지센터, 사단법인 '행복한 쉼터', 완도군 가족센터, 성광평생교육원, 성광자원봉사센터, 세계인학교.

데, 그 병원은 지역의 18개 교회가 재정적으로 또한 돌봄 활동으로 임종 전 마지막까지 편안한 임종을 맞이하도록 동행과 돌봄을 실천한다.

문화: 지방자치 활동이 활성화되기 이전에는 문화예술 활동은 주로 대도시 중심으로 이루어졌고, 지역은 상대적으로 그런 문화생활에서 소외되었다. 그러나 이제 문화예술 활동도 지자체별로 활발하게 진행되고 있다. 필자가 거주하는 양평 지역은 문화예술이 활발한 지역으로 알려져 있다. 여기에는 국수리에 있는 국수교회가 지대한 공헌을 하고 있다.

국수교회는 30년 전 처음 청소년들이 학교를 마친 후 집에 가지 않고 방황하는 것을 보고 그들을 위한 방과 후 학교를 시작하였다. 음악을 전공한 목회자 부부가 이들에게 악기 연주를 가르치며 마을 오케스트라를 조직하여 활동하면서 점점 발전되었다. 현재는 거의 매주 1회 이상 정기적으로 높은 수준의 음악회를 개최하며 국내뿐 아니라 세계적인 연주가들이 와서 연주한다. 처음에는 교회가 자체적으로 시작하였으나, 이제는 양평군과 협력하고 재정적으로도 지원을 받아 수준 높은 음악회를 운영하고 있다. 이 음악회는 양평에 사는 주민들을 물론 먼 지역에서도 참석할 정도로 유명해졌다. 교회는 문화와 예술 영역에서 풍부한 콘텐츠와 인적 자원을 갖고 있다. 성가대를 중심으로 한 정기적 음악 활동을 할 뿐 아니라 교인 중에 예술적 전문성과 소양을 가진 사람들이 많이 있으며, 교회는 정기적으로 다양한 문화 활동을 하고 있어, 이것을 지역사회를 위한 문화예술 활동으로 제공할 수 있다.

제주도 구좌제일교회는 20여 년 전까지만 해도 밤에 나가는 것이

꺼려질 정도로 지역 상황이 좋지 않았으나, 교회 사모가 지역아동센터에서 시작한 어린이 오케스트라를 시점으로 동네에 다양한 합창단과 오케스트라가 만들어지고, 아이들이 지역의 전통문화를 발굴하고 연구하여 책 『당근이지』로 출판하며, 해바라기 지역아동센터를 중심으로 지역 안에서 다양한 문화예술 활동을 전개하면서 마을의 분위기를 완전히 바꾸어 놓았다.[43]

충북 음성군 생극면에 있는 생극교회는 20여 명의 교인이 출석하는 작은 농촌교회였다. 여기에 33세의 젊은 목회자가 부임하여 10여 년간 헌신적으로 목회에 전념하였다. 변화가 없는 농촌교회에서 열정을 쏟아붓다 탈진한 목회자는 교회 문을 나서서 교회가 속한 지역을 돌아보다가 한 건물을 발견하였다. "여기에 본래 이 건물이 있었나"라고 자문하며 후에 건물을 임대하여 '도토리숲작은도서관'을 세웠다. 이곳은 지역의 어린이와 학생들이 찾아와 책을 읽고 놀다가는 장소가 되었고, 도서관 옆에 카페를 만들어 사모님이 운영하면서 동네 어른들이 찾아와 대화하는 마당이 되었다. 이렇게 시작한 교회 밖의 작은 활동들이 시간이 지나면서 점점 발전하고 확대되어 현재는 마을 학교, 목공 학교, 연 4회 작은 축제, 사물놀이 요리 수업 등 어린이와 엄마들이 함께 배움을 경험하는 문화 공간으로 성장하였다. 지역의 주민들, 주민자치위원회와 협력하면서, 작은 교회이지만 창의적 아이디어와 기획으로 마을 안에 다양한 문화 활동을 이끌어 가는 에너지원이

---

43 충남 보령의 시온교회는 음악적 소양을 가진 목회자와 사모가 중심이 되어 지역의 초등학교 학생들에게 바이올린을 가르치기 시작하면서 전교생이 한 명당 한 악기를 배우고 중학교로 진학해서도 계속 음악 활동을 할 수 있도록 연계되었다. 이런 활동을 통해서 음악을 전공한 학생들도 배출되었고, 비올리스트 용재오닐과 함께 연주하여 KBS 방송에 "천상의 소리"란 제목으로 방영된 적도 있다.

되고 있다.

경제: 경제활동은 주로 큰 규모의 생산과 소비 중심으로 이해하였기 때문에 마을 차원에서 접근하기 어려운 영역으로 간주해 왔다. 그러나 최근 지역주민이나 지자체와 연대하여 마을 주민들의 실생활에 접근하는 지역경제를 살리며 사회적 경제활동을 활성화하는 일들이 활발하게 진행되고 있다. 지역경제와 관련하여 공석기, 임현진 두 사회학자가 연구한 『마을에 해답이 있다』에서는 전국에서 지역 경제활동을 하는 사례들을 발굴하여 제시한다. 이 책에서 마을은 사회적 경제활동의 출발점이자 원동력으로 주목하며 지역 경제활동을 통해서 마을에서 풀뿌리 주민 스스로 협동과 연대의 삶을 구현하는 방안으로 실험되고 있다.[44]

이미 오래전부터 마을에 주민들의 실생활에 가깝게 다가온 신용협동조합, 생산자 · 소비자 협동조합 등이 미시적 차원에서 활발하게 진행되고 있다. 규모가 크지는 않아도 마을 공동체에 속한 주민들이 주체적으로 이끌어 가는 경제활동이다.

홍천 도심리교회는 교인과 주민들이 마을에서 함께하는 경제활동 '하늘 땅 꿈 공동체'를 운영한다. 여기엔 지역의 교회와 주민들이 무농약으로 곰취를 재배하여 주민의 수입을 올린다. 교회가 주민들과 함께하는 경제활동은 교회와 사회가 분리되지 않고 일상에서 만나는 좋은 친교의 현장 역할도 한다.

송악 지역에는 장애인과 비장애인들이 함께하며 장애인들의 자립

---

44 공석기 · 임현진, 『마을에 해답이 있다』 (서울: 진안진, 2020), 9-18.

생활을 꿈꾸는 경제활동을 하고 있다. 송악교회와 주민들로 구성된 '온마을 공동체'는 다양한 품목의 농사를 함께 지으며 장애를 가진 자녀들이 그들의 미래를 자립적으로 살아갈 수 있기를 희망하며 길을 열어간다.

인천 계양구에 있는 해인교회와 내일을 여는 집은 놀라울 정도의 열정과 헌신으로 지역의 사회적 약자들을 섬기고 있는데, 다양한 지역 경제활동을 실행할 뿐 아니라 지역의 기관들과 협력하여 약 1,700개의 노인 일자리를 창출하고 있다.

지역을 기반으로 한 마을 중심의 경제활동은 농촌지역에서만 가능한 것은 아니다. 서울 강동구에 소재한 오빌교회는 작은 교회이지만 강동구 안에 관련된 거의 모든 분야—정치, 사회, 경제, 문화, 예술, 교육, 복지, 종교 등—에서 선한 영향력을 미치고 있다. 작은 교회로서 인적, 물적 자원이 크지는 않지만, 교회가 가진 고유한 봉사와 섬김, 헌신의 자원들이 지역사회 속에서 실천될 때 예상치 못한 결과들을 만들어 내는 것을 볼 수 있다.[45]

정치: 지역주민들의 깨인 정치의식과 지방정부의 자율적 활동의 증가로 인하여 주민들이 생활과 관련된 정치력을 나타내고 참여할 수 있는 필요와 기회가 증가한다.

충남 새암교회는 지역이 아름답고 1급수의 맑은 지하수를 사용하는데, 산 위에 축사를 세우고 오염수를 흘려보내는 한 축산 기업이 있었다. 민원을 넣어도 농민들이라고 상대해 주지 않자 교회와 주민들

---

45 오만종, 『SAMPLE CHURCH. 사회적 목회이야기』 (서울: BOOKK, 2021).

이 힘을 모아 함께 투쟁하여 문제를 해결하였다. 이처럼 지역의 건강한 정치의식과 참여 활동에는 지역의 교회들과 목회자들의 역할이 중요하다.

충북 보은에 있는 '보나콤공동체'는 지금은 매우 잘 알려져 있으나 초기에 지역주민들에게는 외부로부터 이주해 온 청년들의 공동체로 이질감이 느껴지는 낯선 사람들이었다. 그런데 지역이 댐 건설로 수몰 지역이 될 위험에 직면하면서 마을 사람들이 하나로 뭉쳐 대응하였고, 여기에 보나콤공동체도 함께 연대하면서 저항하여, 정책을 변경하고 수몰 지구의 위험으로부터 벗어날 수 있었다. 지역의 어려운 상황에 함께한 경험이 보나콤공동체와 기존 원주민 사이의 심리적 거리를 제거하고 지역의 필요한 주민으로 받아들이게 하였다.

환경: 올해 전 세계에서 발생한 기후재앙을 목도하면서 기후 환경문제는 일상이 되었다. 캐나다와 하와이 마우리섬의 산불, 40도를 웃도는 폭염, 폭우, 시베리아 동토와 남극의 빙하가 녹아내리는 현상 등은 기후 환경의 이상 정도가 심각한 수준임을 보여 준다. 건강한 지구를 지키고 보전하는 일은 세계 정부와 국가 차원에서 일관된 정책을 세워야 하겠지만, 모든 사람의 일상생활에서 변화가 일어야 한다.

송악면은 전국에서 유기농업을 하는 지역으로 알려져 있다. 지역의 농업인 중 3분의 2 이상이 관행농업에서 유기농업으로 변경하였다. 그 배후에는 송악교회가 있다. 교인 중 한 사람이 농약 중독으로 고통 당할 때 목회자가 유기농을 권장하여 시작한 친환경농업이 지역 전체로 확산된 것이다. 송악교회는 녹색교회를 지향하며 주민들과 함께 일상에서 친환경 생활 방식의 실천을 지향하고, 송남초등학교

학생들에게 친환경 교육을 목회자가 직접 가르치며 경험하게 한다. 전국적으로 지역을 친환경 마을로 만들어 가는 사례가 많은데, 여기에 교회와 교인들이 중요한 역할을 하고 있다.

쌍샘자연교회는 교회가 지향하는 방향을 '영성, 자연, 문화'로 설정하고, 이 세 영역이 교회와 성도들의 신앙의 근간이 되어 서로 영향을 주고받으며 풍부한 신앙적 삶의 내용을 형성하고 삶을 만들어 간다. 교회가 위치한 농촌의 자연환경으로부터 창조 신앙과 구속 신앙이 결합된 영성을 함양하며, 농촌지역의 조용하고 아름다운 자원을 문화적 콘텐츠(책방, 카페, 북스테이)로 만들어 도시인들도 참여하게 한다.

위에서 소개한 사례들은 각 지역의 다양한 요인이 작용해서 형성된 특수한 상황일 수 있기 때문에 이것을 쉽게 일반화하려는 의도는 없다. 그러나 사례를 통해 발견한 것은 마을 공동체가 형성되거나 발전하는 과정에 지역의 교회들이 미친 영향이 존재하며, 이것을 통해 기독교의 사회적 역할에 대한 긍정성과 희망을 발견하였다.

필자는 20년 동안 전국에서 사례들을 연구하며 교회가 속한 마을의 다양한 분야에서 활동하면서, 마을 공동체를 형성하고 지역사회의 발전에 기여하는 모습을 확인하였다. 이런 교회들은 건물이나 교인 안에 갇혀 있지 않고 마을의 한 부분으로 살아가며 또한 마을의 필요에 따라 교회 안에 자원이나 교회 밖의 자원들을 동원하고 연결하여 지역을 섬기며 아름답고 살기 좋은 행복한 마을을 만들어 가는 것을 교회가 해야 할 당연한 일로 생각하고 있다. 이미 위에서 언급한 바와 같이 마을 안에서 이러한 교회의 활동은 종교나 교회의 종교성과 함께, 그것으로부터 외연으로 확장되는 사회적, 공적 역할을 실천하는 것이다.[46]

전 세계적으로 종교에 무관심하거나 탈종교화 현상이 만연한 것이 사실이다. 한국 사회 안에서도 점차적으로 탈종교 현상이 높아져 가며 특히 젊은 세대에게 종교에 대한 무관심이 증가하고 있으나, 역사적으로 뿐만 아니라 현실에서 종교, 기독교가 가진 사회적 역할이 사회발전에 결코 무관하지 않다는 사실을 확인할 수 있었다. 기독교를 포함하여 종교는 자신들의 믿는 신앙의 종교성, 즉 내면적 가치뿐 아니라 그것이 외적으로 나타나는 사회적 가치와 역할에 더욱 주목하고 발전시켜야 한다.

III. 결론

19세기를 통하여 과학기술의 발전과 대단한 경제성장을 가져올 수 있다는 것을 경험한 우리는 인간의 능력에 대한 자신감을 가지게 되었다. 그러나 동시에 21세기를 살아가는 우리는 지금 전 사회 영역에서 그 어떤 시대보다 두려움과 불안한 상황에 살고 있다. 그것은 인간이 발전시켜 온 과학기술이 인간의 생명을 위협하는 핵무기로 돌변했을 뿐만 아니라 인간의 삶의 터전인 지구의 생명까지 파괴하는 기후위기와 환경의 재앙을 우리가 경험하기 때문이다.[47] 인간은 스스로 자신의 능력을 제한해야 하며, 능력을 발휘하는 방향을 바르게

---

46 김창환, 『공공신학과 교회』 (서울: 대한기독교서회, 2023).
47 이 글을 작성하는 시간에도 우리는 재앙을 직면하고 있다. 내일(2024. 8. 24.) 일본이 원자로에서 나온 오염수를 방류할 예정이며, 이것이 앞으로 인류에게 미칠 결과는 아무도 예측하지 못한다.

설정해야 한다. 즉, 모든 인류가 더불어 평화롭게 지구의 생명을 지키며 살아가는 도덕과 윤리가 필요한 것이다. 이런 점에서 우리는 종교의 필요성을 위에서 논의한 내용을 통하여 확인하였으며, 이러한 종교적 범주에 속한 기독교의 공적 책임과 사회적 역할을 탐구하였다.

마을의 시대를 맞아 지역 공동체로서 마을이 갖는 의미와 지역에 속한 교회들의 역할이 새롭게 부각된다. 필자는 지역교회 사례 연구를 통해 지역교회들이 어떻게 지역사회의 성장과 발전에 중추적인 역할을 수행하고 있는가를 다양한 차원에서 확인할 수 있었다.[48] 그것은 지역에 있는 교회들이 지역 안에서 여러 기관, 단체와 행복한 마을을 만들어 가는 데 참여하며 중요한 역할을 수행하는 것을 발견하였기 때문이다. 한국 사회의 희망은 조한혜정 교수가 역설한 것처럼 지역에서 찾아야 한다.

한국 사회는 저출산과 초고령화의 가속화로 인하여 전통적인 지역 공동체가 붕괴와 해체 그리고 지역사회의 소멸을 경험하고 있다. 그러나 위에서 연구한 것처럼 마을 공동체가 만들어 내는 행복한 일상의 회복에 대한 꿈은 결코 놓을 수 없는 중요한 가치이다.[49] 교회가 지역사회와 전 사회를 새롭게 변화시키고 발전시킬 수 있는 비정부 성격의 가장 중요한 사회 인프라인 사실을 생각한다면, 우리가 기독교

---

48 필자가 연구한 바에 따르면 한국 사회 전 지역에 이러한 교회들이 많이 있으며, 이들로 인하여 지역사회가 새롭게 발전하는 결과를 가져왔다. 지면의 제약으로 더 많은 사례를 소개하지 못함이 아쉽다. 이러한 주제로 대한예수교장로회총회에 속한 교회연구소에서 마을 공동체와 지역교회의 역할에 관한 26권의 책을 출판하였다.

49 청주 교외 지역 낭성에는 쌍샘자연교회가 오기 전에 9가구가 있었다. 그러나 쌍샘자연교회가 들어오면서 20년 지난 지금 60가구로 증가하였다. 물론 특별한 현상이긴 하지만, 교회 활동과 연관하여 귀농, 귀촌 인구의 증가는 대안이 없는 지역 소멸 시대에 희망을 주는 이야기가 될 수 있다.

와 그것의 가장 기초 단위인 지역교회에 한 국가와 사회의 발전의
희망을 보는 것이 과연 과장된 일일까?

UN 농민(소농)권리선언을 중심으로 살펴본 책임성의 윤리와 타자들의 연대*

안재학

(목사, 완주 석천교회, 아시아농촌선교회 총무)

I. 들어가는 말

본 논문은 UN 농민(소농)권리선언을 중심으로 이 시대와 현대 사회에 던져진 생명과 삶에 대한 질문들을 보고 생명과 삶의 자리를 박탈당한 이들, 특히 농민과 농업을 중심으로 논의를 풀어보려고 한다. 제목과 각주에서 볼 수 있듯이 농민으로 번역된 원문은 '페전트'(peasant), 즉 영세농민, 소작인, 소작농을 의미한다. 그러한 의미에서 농민권리선언은 대농들보다는 소규모로 농사짓는 농부들의 권리선언으로 한정하

---

* 이 글은 지난 2024년 10월 31일 (목) 비대면으로 진행된 제46차 월례 농신학 세미나에서 발표한 것이다.

는 데 그 의의가 있을 수 있겠다. UN 농민권리선언[1]은 소농의 가치와 역할을 명확히 하며, 결론적으로 우리가 살펴볼 문제들은 농민들, 특히 소농들의 박탈당한 권리를 되찾는 일이고, 이는 국가의 의무와 무관하지 않다. 이 글은 자본주의의 횡포에 맞서 싸우는 타자들의 연대 그리고 이를 지지하고 연대하는 사회적 책임성에 대해 심도 깊이 논의할 것이다. 그 이유는 우리의 삶이 농민의 권리와 유리된 삶이 아니며, 농민의 권리는 우리 모두의 시민으로서의 권리와 어떠한 차이도 보이지 않기 때문이다. 또한 타자와의 윤리를 '감성적인 사회적 구조'의 재건과 '마음의 힘'으로써의 접근을 통한 책임성(responsibility)과 연대(solidarity)의 장으로 나아가고자 한다.

---

1 "농민운동단체인 비아 캄페시나 그리고 UN 농민권리선언이 농민, 농촌, 정부 관계자들의 화두로 떠올랐다. 비아 캄페시나는 식량, 종자, 토지에 대한 각국 소농 중심의 초국가적인 농민운동 조직이다. 이 단체가 중심이 되어 오는 12월 UN에서 '농민권리선언'을 채택할 분위기가 무르익고 있다. 12월 18일에 열리는 유엔총회에서 최종 의결이 된다면 1948년 세계인권선언이 UN에서 의결된 것처럼 농민권리선언 역시 유의미한 효력을 얻을 수 있다는 게 관계자들의 예측이다. 그런데 이 시점에서 UN 농민권리선언이 대한민국에서 왜 문제가 되는 것일까? 그건 바로 우리 정부의 입장과 태도 때문. 지난 9월 유엔인권이사회 의결에서 대한민국은 기권 쪽에 한 표를 행사했다. 47개국의 인권이사국 중 33개국이 찬성했는데 우리 정부가 기권을 한 것이다. 대체 왜 그랬을까? 우리 정부의 기권은 무관심일까 아니면 정보 부족일까 그도 아니면 아예 농촌을 포기했다는 적극적인 의사 표현이었을까? 궁금증이 더욱 깊어져 간다. 국회에서도 한 달 전인 10월 28일 황주홍 국회 농림축산식품해양수산위원회 위원장, 송영길, 위성곤, 오영훈 의원, 비아 캄페시나 코리아, 더불어민주당 전국농어민위원회가 공동으로 '농민의 권리와 유엔 농민권리선언' 토론회를 열어서 우리 정부의 이 같은 태도를 비판하고 나섰다. 이들은 농민권리선언의 당사자랄 수 있는 우리 농민들과 제대로 이에 대해 논의 한 번 거치지 않았다는 점도 강하게 비판했다. 비아 캄페시나의 한국인 관계자 한 사람은 '이변이 없는 한 채택될 게 분명한 유엔 농민권리선언에 대한 우리 정부의 입장은 그야말로 무개념'이라며 '국내 농민들이 2016년부터 논의의 장을 마련했지만 우리 정부는 끝까지 무관심으로 대응하고 있다'고 꼬집었다. 정부는 농촌과 농민을 위해 대체 어딜 가서 무슨 일을 하고 있는 것인가?" 「한국영농신문」 2018. 12. 1.

II. UN 농민권리선언

농민과 농촌에 사는 사람들이 전 세계 인류 발전과 생물다양성 보존 및 증진
을 위해 공헌해 왔음에도 불구하고 현재 농민과 농촌 노동자가 빈곤, 기아,
영양실조, 기후변화로 고통 받고 있고, 매년 땅과 공동체에서 강제로 추방당
하는 숫자가 늘어나며 농민과 농촌 노동자가 의존해 왔던 천연자원 및 자연
자원의 지속적 이용이 어려워지며 그들의 기본적인 권리행사마저 거부당하
고 있으며 농민과 농촌지역민이 위험한 착취 조건에 처해 있기 때문에 이
선언문을 제정하고자 한다(서문).

UN은 이 선언을 통해 소농의 가치와 역할을 명확히 했다. 또
식량주권 확보와 생물다양성에 대한 소농의 공로를 높이 평가했다.
특히 여성에 대한 차별 철폐, 종자의 안정적인 제공, 농작업 안전성
강화, 교육을 받을 권리 보호, 협동조합 지원 등을 위해 회원국이
재원 확보는 물론, 투자에도 적극 나서야 한다고 강조했다.[2] 서문과
총 28개 조항으로 이루어진 농민권리선언에는 식량주권, 농민의 종자
주권, 차별금지와 평등, 생물다양성의 보전 등 농민의 권리가 포괄적이
고 구체적으로 담겨 있다.[3]

앞서 말했지만 원문에는 농민을 'peasant', 즉 소농, 소작농 등의
의미를 썼으나 이 소논문에서는 일괄 '농민'으로 통일하기로 한다.
농민인권선언을 각 조(條)로 들어가기에 앞서 "서문"에서 "모든 종류의

---

2 「농민신문」 2018. 12. 3., "UN, '소농 권리선언'" 채택 기사 내용 중.
3 "농민운동단체인 비아 캄페시나 그리고 UN 농민권리선언," 「한국영농신문」 2018. 12. 1.

인권은 보편적이며 불가분의 관계에서 있고 서로 밀접하며 상호 의존적이면서 상호 보완적이고, 공정하고 대등한 방식"으로 다루어져야 함을 강조하고 있다.

> 농민과 농촌지역민은 토지, 물, 자연자원 사이의 특수한 관계와 상호작용을 인정하며 과거와 현재 미래에 이르기까지 전 세계 농민과 농촌지역민이 인류 발전과 생물다양성 보존 및 증진을 위해 공헌해 왔고, 이는 세계 식량 농업 생산의 기반이 되는 점 그리고 지속할 수 있는 개발을 위한 2030 의제를 비롯하여 국제적으로 합의된 개발 목표를 달성하는 데 필수적인 적절한 먹거리에 대한 권리 및 식량 안보를 보장하는 그들의 공헌을 인정한다.

이와 같이 농민권리선언에는 농민과 농촌지역민들의 삶이 결코 개인적인 삶의 영역에 그치는 것이 아니라 공적인 영역에 속하는 삶이며 또한 인류 공동체를 위한 공공의 장소가 바로 농촌이라는 곳, 특히나 농사를 짓는 토지와 숲, 물 등의 자연자원은 인류의 삶과 미래를 약속해 주는 척도라고 볼 수 있다. 그 공적 영역이 침범당하고 있으며, 그러한 지속 가능한 우리의 삶의 수행자로서의 농민의 삶이 위협받고 있다는 것이 오늘날의 현실이다.

이에 관해 농민권리선언 "서문"에서는 다음과 같이 명시한다. "농민과 농촌지역민이 강제로 추방되거나 이주하는 숫자가 매년 증가하고 있는 점에 경각심을 가지고", "일부 국가의 높은 농민 자살률에 경각심을 가지고" 등의 표현에서 살펴볼 수 있듯이, 전 세계 농민들은 자신들의 곳으로부터 강제로 쫓겨나고 있으며 극단적인 자살의 궁지로 내몰리고 있는 상황이다. 또한 "토지의 소유 및 점유권을 비롯하여 토지,

생산자원, 금융서비스, 정보, 고용이나 사회보장 등에 대한 동등한 접근법이 거부되고 있다"고 서문에서 밝히고 있다. 다시 말해서 농민들이 삶의 자리가 '박탈' 당하고 권리에서 배제 당하고 있으며, 결국에는 자신들의 삶이 거부되며 모든 것을 상실하는 것을 경험하는 비참한 현실을 마주하게 된다는 것이다.

UN 농민권리선언 "서문"에서는 농민들이 "다양한 형태와 방식으로 차별과 폭력의 희생자라는 점을 강조"하고 있으며, 이러한 형태의 차별과 폭력의 여러 가지 요인에 대해서 조별 항목에서 세부적으로 밝히고 있다. 그리고 "지속할 수 있는 농업생산 방식을 실천하고 촉진하는 농민과 농촌지역민의 노력을 지원해야 함"을 재확인한다.

또한 농민들의 기본권리 행사 기회마저 빈번히 거부당하며 일하는 부당한 착취 구조를 고발하기도 한다. 근대 이전에 세계 가운데 가장 보편적인 삶의 형태, 노동의 형태는 농민의 삶이 대다수를 차지하고 있었다. 산업혁명 이후를 거치면서 산업화에 따른 도시화가 형성되고 이농 현상이 발생하며 도시 노동 계층들과 슬럼가와 하층민들이 등장하였다. 자본주의가 극도로 발전한 오늘날에는 초국적 농산기업 (multinational agrobusiness corporation)들의 대규모 단작(單作)으로 농민들은 토지에 대한 점유권을 행사하지 못하고 마을에서 쫓겨난다. 이것을 생태 난민4이라 정의한다.

---

4 유엔환경계획(UNEP) 등에서 전쟁 난민과 구분 짓기 위하여 사용하기 시작한 것으로, 환경 난민이라고도 한다. 자연이 파괴되어 생태계가 무너지면 그 토지에 의존하고 있는 사람들의 생활도 곤경에 빠진다. 급속히 진행되고 있는 삼림의 파괴는 홍수나 토양 침식, 사막화, 나아가서는 기후의 변화까지 초래해 주민들로부터 집과 경지를 빼앗아 간다. 현재도 삼림의 개발로 삶의 터전에서 쫓겨나는 원주민들의 이야기가 많이 보도되고 있다. 기후변화로 인해 극지방의 빙하가 녹아내려 해수면이 상승하고 있는데, 남태평양의 투발루는 원래 열한 개의 섬으로

이 "서문"에서는 농민들의 인권의 향유, 자연적 재산과 자원에 대한 완전하고 충분한 주권과 권리의 회복, 나아가 식량주권의 개념, 농지개혁과 지속 가능한 농촌 개발에 대해서도 접근하며 기존의 국제 인권 규범 및 기준을 일관되게 해석하고 적용할 필요성을 피력한다.

앞으로 조(條)별 세부 사항들을 살펴보면서 UN 농민권리선언 속에 들어 있는 구체적인 내용들을 다루어 보고자 한다. 그 기본 틀은 다음과 같다. '박탈-배제-상실-인정-연대'의 틀에서 농민(소농)들의 삶을 들여다볼 것이며, 농민들의 권리를 선언할 것이다. 여기에는 마땅히 국가가 보호해야 할 국민, 농민들의 삶이 명시되어야 하고, 국가는 최선을 다해서 농업의 가치와 농민들의 공적인 삶의 영역을 보호해야 할 책임과 의무를 가진다. 박탈 당하고 배제 당한 농민들의 삶은 어쩌면 오늘을 살아가고 있는 보통의 사람들 전체를 총괄적으로 대변하고 있을지도 모른다. 그래서 UN 농민권리선언은 보편적 인권선언이라고 해도 무방할 정도의 내용을 담고 있다. 어쩌면 세계인권선언을 포함한 유엔인권이사회의 모든 권리선언 중에서 농민권리선언이 가장 상위 선언이라고 단언한다. 왜냐하면 대부분 인권의 문제가 발생하는 자리는 박탈된 삶의 자리이고 배제되고 거부되며 상실의 현장이기 때문이며, 그곳에 바로 농촌과 농업의 문제가 존재하기 때문이다. 도시민 인권이라 해도 거기에는 음식이 있고, 식량의 문제가 있으며, 자본주의가 자기네 입맛대로 주물러대는 식품들을 우리는 일정한 가격을 주고 구입할 수밖에 없다. 어떤 이들은 그것을 구매할 능력이

이루어져 있었으나 아홉 개의 섬만 남은 상태다. 앞으로 섬 전체가 물에 잠기면서 주민들이 다른 나라로 이주해야 하는 상황까지 예상된다. (출처: 다음백과)

더 이상 없다. 그들은 처음에는 농촌에서 추방당했고, 이제는 도시에서도 추방, 격리 혹은 배제되어 근본적인 삶의 자리조차 상실해 버렸다.

III. 권리의 박탈 그리고 정의(justice)

이제 농민들이 가진 권리에 대해서 살펴보고자 한다. "서문"에서 포괄적으로 이미 언급하였지만, 무엇을 잃었는지를 알 수 있을 때 찾을 수 있는 권리는 더 뚜렷해지리라 생각한다. 첫 번째는 본 선언문 "제1조", 1, 2, 3, 4항에서 농민의 자격을 논함에 있어 토지와의 특별한 의존성에 대해서 언급한다. 농민의 정의는 토지의 소유권과는 상관없이 농사의 행위를 하는 사람으로 규정하고 그들의 권리를 선언한다. 여기에는 토지가 없는 원주민뿐만 아니라 플랜테이션 농장의 고용노동자와 이주노동자 그리고 계절노동자 등도 포함된다. 이들 모두는 토지에 대한 특별한 애착과 의존성이 있다고 1항에서 전제한다. 이는 무엇을 말하는가? 토지 없이는 농민이라는 존재는 존재하지 않는다는 것이다. 토지에 대한 권리가 농민에게 있느냐, 정부나 기업에게 있느냐 하는 문제는 어제오늘의 이야기가 아니며, 토지를 임대해서 농사짓는 소작농, 소농의 문제는 오늘날 사회정의와도 긴밀하게 연관된다.

일단 소농의 경우 토지를 일부분 소유하고 농사를 짓는 자작농이 있으며, 토지를 임대해서 농사짓는 소작농이 있을 것이다. 이들은 토지에 대한 광범위한 소유권을 주장할 수 없으며 지극히 적은 규모의 영농 활동을 통해서 소득을 발생시킨다. 전 세계 대부분의 농촌지역 토지 소유권은 농민들에게 있지 않고 대기업이나 지방정부 혹은 중앙

정부의 소속이 태반이다. 농민은 토지에 대한 권리를 박탈당했다. 토지에 대한 소유권이 농민에게 없다는 것은 지속적인 영농 활동을 계속할 수 없다는 것이며, 자신의 삶을 주체적으로 계획하고 실행하며 평가할 수 없다는 것이다. 농민들에게 있어서 첫 번째 권리의 박탈은 토지에 대한 권리의 박탈이다. 둘째는 종자에 대한 권리의 박탈이며, 셋째가 수자원에 대한 권리의 박탈이다.

그리고 이는 사회정의와 고스란히 연결된다. 농민의 권리의 박탈과 우리의 삶의 자리는 그리 먼 곳에 있지 않다. 우리는 농민들의 시간과 삶을 우리의 일상 가운데 공유하며 향유하면서 살아간다. 그들의 권리가 이제 우리의 권리일 수도 있다는 것이다. 레비나스는 나와 타자의 직접적인 만남, 즉 타자에 대한 책임의 관계 속에서 정의의 문제를 지적한다. 정의는 이데아를 인식하거나 이데아에 적합한 행위를 하는 데서 발생하는 것이 아니다. 정의는 진리의 조건인 타인과의 관계에서 나온다.[5] 이로써 레비나스는 존재에 대한 정의의 우위를 주장한다.[6] 레비나스에게 있어서 정의는 타자의 부름에 대한 직접적인 응답이라는 점이며, 다시 말해 타자의 호소와 나의 책임이라는 대화적 상황을 지시한다.[7] 이것이 『전체성과 무한』에서 말하는 '타자에 대한 책임으로서의 정의'[8]이다.

권리의 박탈은 정치적 배제를 의미한다. 정치적 배제란 모든 정치적 행동과 결정에 있어서 그들은 목소리를 가질 수 없다는 것을 의미하며,

5 김도형, 『레비나스와 정치적인 것』 (그린비, 2018), 58.
6 앞의 책, 59.
7 앞의 책, 61.
8 앞의 책, 61.

농민들은 자신들의 삶의 모든 영역에서 침묵을 강요당하고 UN 농민권리선언 "서문"에 명시한 착취와 폭력의 구조 속에 고스란히 노출된다는 것을 의미한다.

IV. 농민을 향한 타자 윤리

UN 농민권리선언 "제2조"에서는 국가의 일반적인 의무를 명시하며, "제3조" 평등, 차별금지, 발전권, "제4조" 여성 농민과 여성 지역민의 권리, "제5조" 자연자원에 대한 권리, "제6조" 개인의 생명권, 자유권, 안전권에 대해서 상술한다. 우리가 주의 깊게 보아야 할 것은 이러한 모든 권리의 원천을 국가라고 하는 체제가 농민이라고 하는 한 구성원들에게 그러한 삶에 대한 직접적인 권리를 보장해야 한다는 것이다.

그러나 레비나스에게 있어서 근대적 인권 담론으로서의 권리는 성장하는 부르주아의 이데올로기에 불과했다. 레비나스의 질문은 오히려 "인간이란 무엇인가? 사회란 무엇인가?"라는 물음에 가깝다.[9] 그가 특별히 문제 삼는 것은 "국가가 타자의 문제에 온전히 답할 수 있느냐" 하는 점이다.[10]

엔리케 두셀은 『1492, 타자의 은폐』에서 하나의 민중, 다양한 얼굴 중에 다섯 번째 얼굴을 농민이라고 정의했다.

---

9 앞의 책, 92.
10 앞의 책, 98.

대부분의 농민은 공동체를 떠난 원주민이거나 빈곤해진 메스티소이거나 땅을 파먹기로 작정한 삼보나 물라토였다. 이들은 척박한 토지를 소유한 소농, 현실적으로 경쟁력이 없는 공유지 경작자, 저임금을 받는 농촌의 일꾼 등 직접적 노동생산자의 다양한 얼굴이다.[11]

두셀은 라틴 아메리카에는 현재도 땅 없는 농민들이 많다고 지적한다.[12] 레비나스와 두셀의 문제의식을 염두에 둔다면, 여전히 국가는 농민들의 권리를 복원시켜 줄 주체가 될 수 있을지 의문이다. UN 농민권리선언에 명시된 각 조의 국가의 의무는 이러한 지점에서 국가의 국민에 대한, 특히 농민들에 대한 최소한의 의무를 일깨워 주는 것이다. 레비나스의 정의는 권한을 가진 '나'가 아니라 세계 속의 자리를 박탈당한 '타자'에게서 출발한다.[13] 또한 정의란 타자를 받아들임으로써 타자에 대한 헌신이라고도 말한다.[14] 이것이 레비나스의 책임성의 윤리다. 책임성, 즉 'responsibility'는 response(응답)와 ability(능력), 다시 말해 응답하는 능력인 것이다. 누구의 요청에 응답할 것인가? 레비나스에게 있어서는 당연히 타자의 요청과 부름에 대한 응답이요, 고통에 소리에 응답하는 능력을 책임성으로 본 것이다. 그는 "비참함으로 탄식하는 가운데 들려오는 정의를 울부짖는 소리"에 답하는 것이라고 말한다.[15]

---

11 엔리케 두셀/박병규 옮김, 『1492년 타자의 은폐』 (그린비, 2016), 221.

12 앞의 책, 221.

13 김도형, 『레비나스와 정치적인 것』 (그린비, 2018), 101.

14 앞의 책, 101-102.

15 앞의 책, 102; 레비나스, 『전체성과 무한』, 41 재인용.

레비나스에게 있어서 타자의 권리는 타자에 덧붙여지는 권리가 아니라 고유한 개념이다. 타자로서의 타자가 '타자의 권리 개념'의 원천이라는 것이다.[16] 그러나 인권을 구체화할 경우에 직면하게 될 이율배반에 대해서 경계한다. 그의 주안점은 권리에 대한 논의가 불평등을 개선하려는 경제적 정의의 확대로만 이해될 수 없다는 데에 있다.[17] 이는 UN 농민권리선언을 경제적 정의로만 이해하려는 것에도 적용될 수 있을 것이다. 분명 농민권리선언에는 국가의 의무를 사안별로 명시하고 있지만, 이는 경제적인 정의에만 국한되지 않는다.

UN 농민권리선언은 1948년 세계인권선언이 제정된 뒤에도 국제인권법으로도 인권을 보장받지 못하는 많은 사람들이 있다는 것을 확인하고, 이들의 인권을 기본적 권리로 보장한다는 측면에서 한 걸음 더 나아간 선언이다. 특히 농민권리선언은 농민이나 농촌노동자뿐 아니라 전 인류의 식량주권을 보장한다는 선언이며, 2018년 현재 굶주림을 겪는 전 세계 약 8억 명의 생명권과 인권, 기후변화와 생물다양성 보전에 대한 권리를 말한다. 서문을 비롯한 28개 조항으로 구성된 농민권리선언은 농민과 농촌지역민의 인권, 식량주권, 토지와 물, 종자, 생물다양성, 전통 지식에 대한 농민의 권리, 발전권, 사법 접근권을 비롯해 차별받고 소외 받는 아동, 청년, 여성의 권리까지 구체적으로 포함한다.[18]

---

16 김도형, 『레비나스와 정치적인 것』, 109.

17 앞의 책, 111.

18 "한국정부, 유엔농민권리선언 찬성하라," 「가톨릭뉴스」 2018. 11. 19. 국제가톨릭농민운동연맹 세계 총회에서 촉구.

우리는 이러한 논의를 휴머니즘으로 확대하여 논의할 수 있다. 농민의 권리는 모두의 권리를 말하는 것이고 농민, 농업은 공적인 존재라는 것을 천명하는 것이다.

레비나스는 하이데거가 존재와 관계하는 방식이 아닌 타자와 맺는 책임의 관계 속에서 윤리적 지평에서 주체를 정의한다고 말한다. 이때의 주체가 바로 '타자를-위한-일자'이다.[19] 타자와 맺는 책임의 관계를 우리는 '연대'(solidarity)하는 것이다. 타자에 대한 책임윤리는 반드시 연대의 측면으로 나아가고자 하는 방향성을 가지고 있다. 그리고 그 타자는 자신이라는 레비나스의 독특한 통찰이 그 속에 들어 있다. 레비나스는 가치의 원천이 타자라고 말하며 또한 타자에 대한 책임이라고 주장한다.[20]

V. 농민의 권리와 국가의 의무

농민권리선언에서는 폭넓게 농민의 권리를 세부별로 상세하게 기술한다. 또한 거기에 따른 국가의 의무에 대해서도 반대 급부적으로 기술한다. "제14조" 일터에서의 안전과 건강에 대한 권리를 보면 농민과 농촌지역민은 안전하고 건강한 환경에서 일할 권리를 가지며 농약과 산업 오염물질을 비롯한 유해 물질에 노출되지 않을 권리를 명시하고 있으며, "제15조"에는 적절한 먹거리에 대한 권리를 명시한다.

---

19 김도형, 『레비나스와 정치적인 것』, 120-121.
20 앞의 책, 123.

"제17조"는 토지와 천연자원에 대한 권리를 주장하고, "제19조"에는 종자에 대한 권리를 선언한다. "제20조"는 생물다양성에 대한 권리를, "제21조"는 물과 위생에 대한 권리를, 이하의 각 조에서는 사회보장의 권리, 주거에 대한 권리, 교육·문화적 전통에 대한 권리들을 적시한다.

이러한 모든 선언은 체제와 세계에 대한 비판일 수 있으며, 사회적 안전망 속에 들어오지 못하는 전 세계 농민들의 권리를 선언하는 것이기도 하다. 그렇기 때문에 전문가들과 수년에 걸쳐서 논의하고 국가의 의무를 함께 명시하는 것이다. "제5조" 자연자원에 대한 권리를 살펴보자.

1. 농민과 농촌지역민은 적절한 삶의 조건을 누리기 위해 필요한 그들 공동체적 자연자원에 접근하고 이를 사용할 권리가 있다. 이들은 자신의 공동체에서 공정하고 공평하게 자원관리에 참여하고 개발과 보존을 통해 혜택을 누릴 권리를 가진다.

2. 국가는 농민과 농촌지역민이 전통적으로 보유하거나 사용하고 있는 천연자원을 다음 때만 사용이 허용되도록 조처를 해야 한다.
   ① 농민과 농촌지역민이 개인 및 공동으로 참여한 가운데, 기술적 역량을 보유한 독립된 기관단체가 절차에 따라 사회환경 영향 평가를 수행한 경우.
   ② 본 선언문 2조 3항에 부합하여, 성실하게(신의성실의 원칙) 협의한 경우.
   ③ 개발로 인한 혜택을 공정하고 공평하게 공유하려는 방안이 천연자원을 개발하는 측과 농민 및 농촌지역민의 상호 동의하에 마련된 경우.

농민은 적절한 삶의 조건을 누리기 위해 공동체적 자연자원에 접근하고 사용할 권리를 가진다고 명시하고, 국가의 의무는 농민들의 삶의 조건과 의사 그리고 개발의 혜택의 조건도 농민과 농촌지역민의 참여와 의사를 존중하여 결정하고 시행할 수 있다고 적시한다. 각 조의 국가의 의무가 대부분 그러하다. 국가는 농민을 위시한 국민을 위해 의무를 다해야 할 의무를 지닌다. 이러한 농민권리선언은 농민헌법적 성격을 가지고 있다.

문제는 여기에서 충돌이 있다는 것이다. 이 UN 농민권리선언이 UN 이사회에 안건으로 부쳐졌을 때, 한국 대표단은 기권을 행사했다. 그 이유는 "제19조" 종자에 대한 권리가 국내법과 충돌한다는 것이었다.[21] 우리가 타자에 대한 책임과 윤리를 말하고 타자의 고통 소리에 응답하고자 하는 것은 '마음의 힘'[22]이다. 그러나 국가는 마음의 힘으로 움직이는 것이 아니라 '법의 힘'[23]으로 움직여지는 거대한 집합이다. 데리다의 말을 옮겨본다.

> 법은 정의가 아니다. 법은 계산의 요소며, 법이 존재한다는 것은 정당하지만, 정의는 계산 불가능한 것이며, 정의는 우리가 계산 불가능한 것과 함께 계산할 것을 요구한다.

---

21 "제3위원회 통과 소식을 전하는 비아 캄페시나 동남아시아 국제조정위원인 김정열은 '강경화 외교부 장관이 국회에서 챙겨보겠다고 했으나, 이번에도 우리 정부는 기권을 했다'면서 '결국 종자권이 국내법과 상충된다는 논리를 고집하는 것인데, 국내 종자법은 농민이 종자를 판매할 수 없도록 하고 농민권리선언은 농민에게 종자를 판매할 수 있는 권리를 주고 있다. 농민과 농촌, 식량을 지키기 위해 필요한 게 어떤 법인가' 반문했다." 「한국농정신문」 2018. 11. 24., https://www.ikpnews.net/news/articleView.html?idxno=35906

22 파커 J. 파머/김찬호 옮김, 『비통한 자들을 위한 정치학』 (글항아리, 2018), 57.

23 자크 데리다/진태원 옮김, 『법의 힘』 (문학과지성사, 2016), 37.

데리다는 그의 책24에서 법에서 정의(경제적 정의를 넘어서는 의미로서의 정의)로 나아갈 것을 요구하며 법의 의미가 쇠퇴하여 약자를 보호하는 것이 아니라 기득권을 지키기 위한 법으로 변질되었음을 지적한다. 이것이 레비나스가 얘기하는 '부르주아의 평화'25에 기여하는 법의 힘인 것이다. 그래서 레비나스는 국가의 그러한 한계를 알고 아나키적(anarchie) 휴머니즘으로 나아갈 것을 주장한다.26

앞서 우리는 농민과 농촌, 농업의 공적인 존재와 공적인 영역이라고 말했다. 이러한 공적인 공간이 쇠퇴하게 된 가장 큰 이유는 자본주의를 중심으로 한 경제적 이익이 마구 파헤쳐 버린 우리의 자연자원과 개인들의 삶의 고유한 영역들일 것이다. 파커 파머는 "공적인 삶을 갱신하는 한 가지 열쇠는 그것이 요구하는 환대의 공간을 물리적으로 회복하는 것이다"27라고 말하면서 건강한 공적인 삶은 민주주의의 정치적 가치를 증진시키는 것만큼이나 사적인 경제적 가치도 증진시킨다고 주장한다.28

이러한 변화가 가능하기 위해서는 사회적 감성의 체계를 물질적 사회구조와 구별하여 '감정의 구조'(structure of feeling) 내지는 '마음의 레짐'(regime of the heart)이라 부를 수 있는 사회적 감정의 구조가 복원되어야만 한다.29

---

24 앞의 책.
25 김도형, 『레비나스와 정치적인 것』, 122.
26 앞의 책, 123.
27 파커 J. 파머, 『비통한 자들을 위한 정치학』, 182.
28 앞의 책, 183.
29 홍정호, "타자로서의 난민과 환대의 선교," 『민중신학, 고통의 시대를 읽다』 (분도출판사, 2018), 236; 레이먼드 윌리엄스, 『마음의 사회학』 재인용.

UN 농민권리선언은 이러한 전 세계 농민(소농)들의 공적 공간을 회복하고, 국가가 당연히 보호하고 책임져야 할 농민들의 삶을 향해 법에서 정의로 나아갈 것을 선험적으로 선언하는 것이다. 이는 전 세계 '농민헌법'으로서 최상위법의 권위를 갖는다고 할 수 있다.

VI. 타자들의 연대

파농은 국가는 매우 분주하게 움직이지만 시민들을 주변화시키고 있으며, 엘리트들은 정부를 차지하고 가난한 사람들은 추방되었다고 역설한다.[30] 농민들은 토지를 잃고 토지를 소유하지 못한 농업노동자가 되었으며, 근대 농업 기술이 도입되면서 전통적인 농업 형태들은 사라졌다. 그래서 토착 농민들이 할 수 있는 일이 거의 없어졌다는 것이다.[31] 그러한 연고로 파농은 농민을 진정한 혁명 계급으로 간주했다.[32] 그래서 지식인이 이끌면 농민들은 뒤따를 것이라는 생각은 파농에게는 받아들일 수 없는 것이었다.[33] 그는 원주민의 자부심을 재건하는 데 지식인들과 토착 부르주아들의 역할을 인정했지만 농민과 노동 계급도 중요한 역할을 한다고 하면서, 대중운동과의 연대와 지역 지식과 협력을 주장했다.[34]

---

30 프라모드 K. 네이어/하상복 옮김, 『프란츠 파농 새로운 인간』 (앨피, 2015), 205.
31 앞의 책, 205.
32 앞의 책, 203.
33 앞의 책, 200.
34 앞의 책, 197-200.

확언컨대 전 세계 가장 많은 인구가 농민(소농)이며, 가장 많은 토지가 농사에 직간접적으로 사용되고 있을 것이다. 그러나 식민 시대 이후에는 신자유주의의 흐름에 따라 거대 초국적 자본이 국경을 넘나들며 농민들의 삶과 농촌의 공적인 공간들을 경제적 이익을 위해 침탈했으며, 농촌과 농민의 삶은 식민 시대보다도 못한 삶의 나락으로 떨어져 버렸다. 파농이 언급한 것처럼 이제 농민이 할 수 있는 것이라곤 아무것도 남아 있지 않을지도 모른다. 제3세계의 농민과 농촌은 자본의 볼모가 되어 악순환이 반복되고 있을 뿐이다. 그가 제안하는 것은 연대와 협력이다. "전 세계의 노동자들이여 단결하라"고 외친 마르크스와 엥겔스의 '공산당 선언'처럼 이제 "전 세계의 농민들이여, 단결하라"고 외칠 때가 된 것이다.

이 연대의 장(場)에 있는 전 세계 농민들을 위한 많은 단체와 협회 가운데 UN 농민권리선언과 관련한 '비아 캄페시나'[35]와 '아시아기독교

---

35 1993년 5월 16일 지구 반대쪽 벨기에 몽스에서는 국제 농민운동 조직 '비아 캄페시나'(농민의 길)가 창립되었다. 신자유주의를 반대하는 농민들의 저항은 한국만의 상황은 아니었다. 한국의 농민운동이 그러했듯이 세계 곳곳에서 농민들이 격렬하게 투쟁했다. 국경을 넘나드는 자본에 맞선 세계 농민들의 연대와 단결은 필연적이었다. 그렇게 만들어진 비아 캄페시나는 현재 82개국의 182개 농민 조직, 2억 명의 회원이 가입돼 있고, 한국에서는 전국농민회총연맹과 전국여성농민회총연합이 2004년부터 가입해 활동하고 있다.
비아 캄페시나는 세계에서 가장 정치적으로 유의미한 국제 농민운동 조직이라고 평가받는다. 신자유주의 농업 모델의 세계화와 그것을 지속적으로 확장시키는 방식 ― 국제기구, 정부, 초국적 기업 등에 대한 투쟁을 20년 넘게 멈추지 않고 치열하게 벌이고 있으며, 저항을 넘어 '식량주권'이라는 대안 속에서 새로운 농업 모델을 제시하고 있다. 또 그것을 위한 실천을 풀뿌리 지역 농민 대중조직 속에서 실현하고 있기 때문이다.
비아 캄페시나의 역할과 활동 그리고 기여를 생각할 때 가장 핵심적인 단어는 '연결'이다. 비아 캄페시나를 통해 국제 차원의 운동과 지역 차원의 운동이 연결된다. 또한 국제적 차원의 의제와 지역적 차원의 의제가 연결된다. 비아 캄페시나를 통해 남성과 여성 그리고 세계 소농들이 연결된다. 또한 농민과 어업인, 목축인, 임업인, 이주민, 원주민 등 농촌에서 소외 받는 이들이 연결된다. 더불어 지금보다 더 정의롭고 더 평등한 세상을 만들려고

생명농업포럼'(Asia Life Giving Agriculture Forum)[36]의 활동에 주목해 보고자 한다.

비아 캄페시나는 2000년 북수마트라인 메단에서 개최한 농민권리에 대한 워크숍을 시작으로 농민권리에 대한 일련의 토론 과정을 통해 2002년에 '농민권리헌장'을 공식 선포했다. 이후에도 2004년부터 비아 캄페시나는 전 세계 농민의 권리 침해에 대한 보고서를 만들어 유엔 인권협의회에 제출하기도 했다. 이런 과정을 통해 이번에 열린 국제농민인권대회는 농민권리선언을 UN의 농민 권리헌장으로 채택하도록 하기 위해 열렸다. 또한 농민권리를 실현하기 위해 지역적, 국제적 차원의 전략을 세우고, 실천 계획의 질적인 발전을 위한 방안을 논의하는 자리였다.[37]

이렇듯 비아 캄페시나는 UN 농민권리선언을 견인해 낸 일등 공신 협의체이며 전 세계 농민 연대 기구체라고 할 수 있다. 또한 지속적으로 세계화에 맞서서 소농들의 연대와 투쟁을 이끄는 연대 조직체이다. 이러한 연대와 투쟁의 결실로서 2018년 12월 18일 UN 총회에서 UN 농민권리선언이 채택되었다. 비단 그 선언이 각국의 현실적인 장벽에 가로막혀 올곧게 다 지켜질 수 없는 한계가 있을지라도, 선언적

노력하는 사람들이 연결된다. 이 연결을 통해 서로를 강화하며 서로의 꿈을 향해 한 발자국씩 앞으로 내딛는 활동을 하는 곳이 바로 '비아 캄페시나'다.

36 아시아기독교생명농업포럼은 2005년 강원도 원주에서 세계교회협의회(WCC) 주최로 개최된 '세계생명농업포럼'을 준비하며 결성된 한국 측 준비위원회가 해산하지 않고 1차 아시아생명농업포럼을 2008년 충남 홍성에서 개최한 것이 시발이 되었으며, 3년에 한 번씩 2024년 현재 총 6회의 아시아기독교생명농업포럼을 주최했다.

37 「농정신문」 2008. 7. 15.

으로 헌법적인 위치에서 앞으로 하위법들을 해석해 줄 수 있으리라는 기대를 해본다.

다음으로 아시아기독교생명농업포럼의 아시아적 연대 활동이 있다. 아시아기독교생명농업포럼은 아시아교회협의회(CCA)와 함께 아시아 각국의 교회협의회(NCC)와의 협력 구조 아래 3년에 한 번씩 모여 농촌 공동체의 재건과 농민의 삶 그리고 생명 농업을 기반한 농촌 교회의 역할에 대해서 함께 논의하며 대안을 모색한다. 또한 '탈GMO 기독교연대'의 출범을 주도했으며, 식품 안전과 식량주권에 대해서 주도적으로 아시아 연대 활동을 계속하고 있다.

물론 이 밖에도 무수히 많은 농민 단체와 개인들이 국내외에서 연대 활동을 이어가고 있다. 국내에서는 각 농민 단체와 기독교농촌목회자연합회(교단별로 '농목'이라고 지칭) 등의 활동을 통해 끊임없이 희망의 대안을 찾고 있다.

VII. 나가는 말

우리는 날마다 다양한 음식과 먹거리들을 통해서 삶을 유지하고 영위한다. 그러나 그러한 먹거리 생산자인 농민의 삶과 농업의 환경이 얼마나 폭력적인 구조 속에서 놓여 있는지를 간과하고 있다. 우리는 날마다 죄악을 먹고 사는 악마적인 삶을 살아가고 있는지도 모른다. 공적인 삶의 공간이 회복되어야 하는 이유가 바로 여기에 있다. '삶의 향유'는 근원적인 생명에 대한 교감을 중시하는 존재론적인 삶의 방식이라고 레비나스는 말한다.[38] 우리의 현대인 삶은 그러한 방식에서 너무나 멀리 떨어져 살아왔다. 이제 희망을 말하기엔 세계는 암울하기만 하다. 그럼에도 불구하고 우리는 아직 타자에 대한 책임과 연대의 고리를 놓을 수 없으며, 그것이 결국에는 우리의 삶과 연결된 하나의 세계라는 것을 깨닫게 될 때, 고통의 목소리에 응답하는 마음의 힘으로 이끌어지는 나와 타자의 구분이 의미 없는 참 세상으로 한 걸음 더 다가갈 수 있을 것이다.

UN 농민권리선언은 초국적 기업들에게 빼앗긴 농민들의 권리를 농민들에게 돌려주기 위한 선언이다. 그 근본에는 토지에 대한 권리, 종자에 대한 권리, 수자원에 대한 권리가 근간을 이루고 있다. 토지는 다국적 기업들에게 플랜테이션 단작을 위해 빼앗겨 농민들은 농업노동자 전락했으며, 종자는 종자 기업들에게 돈을 주고 매해 사야 하는 악순환이 계속되고 있다. 더욱이 다국적 종자 기업들은 유전자를 조작해서 거대한 수입을 올리는 반면, 농민들은 유전자 조작 작물에 맞춤형 농약과 제초제를 구입해야만 농사가 가능하다. 종자와 농자재의 독점 그리고 농산물의 독점 수매에 이르기까지 그들의 횡포는 농민과 농촌 공동체, 급기야 소비자들의 건강을 위협하기에 이르렀다. 농민들과 시민들의 저항으로 미미하지만 몇몇 국가에서는 다국적 기업들의 횡포를 막기 위한 법안 마련의 초기 단계에 접어들었을 뿐이다.

농민들의 권리선언은 그들만을 위한 권리선언이 아니라 우리 모두의 풍요로운 삶의 향유를 선포하는 것이고, 끝끝내 싸워서 물리쳐야 할 저 거대자본의 악마와 맞서 싸워야 하는 고통의 목소리에 귀 기울이는 정의의 문제인 것이다.

---

38 윤대선,『레비나스의 타자철학』(문예출판사, 2013), 104.

선교신학

교회 공동체 안에서 철학적 신학의 단절의 문제*

김태웅

(목사, 충주 은혜교회)

I. 서론

예장통합 교단은 지난 108회기 총회에서 농어촌교회발전위원회를 특별위원회로 허락하고 7월 12일 "2024년 예장통합 농어촌교회 및 목회자 실태조사"(이하 실태조사) 보고서를 발간하게 되었다. 해당 분야의 전문가들로 구성된 연구진들이 사회과학적 방법론에 입각해 수행한 실태조사 용역보고서는 앞으로의 활용 방안과 그 확장성으로 인하여 주목받고 있다. 이를 즈음해 본 연구는 아직도 교회에 만연한 철학과 신학의 미진한 관계를 정리해 보고자 한다. 일각에서는 '교단 정책을

이 글은 2024년 11월 26일 (화) 비대면으로 열린 제47차 농신학 세미나에서 발표한 것이다.

마련하는 데 과학적 도구가 과연 필요한가?', '믿음으로 기도하며 진행하는 곳이 교회 아닌가?' 하는 의구심이 있는 것도 사실이기 때문이다. 본 논고는 그래서 지금까지의 신학 전통 가운데 이 문제를 다룬 바 있는 이들의 문제 제기를 살펴보고자 한다. 반론과 재반론의 방식으로 과학과 신학의 관계를 조명해 본다면 시대정신에 부합하는 자리매김이 도출될 수 있을 것으로 기대한다.

대개 과학은 대학(universitat)이라는 제도 안에서 이루어지는 지적 활동이다. 반면 신학은 대학에만 제한되지 않고 대학 외 신학교(seminary)에서도 가르치고 배울 수 있는 하나의 지적 활동이다. 그러니 "과학과 신학이 어떤 관계에 있는가"라는 질문은 이 두 지적 활동, 즉 과학이라고 부르는 지적 활동과 신학이라고 부르는 지적 활동이 만일 관계가 있다면 어떤 관계가 있는가, 그 두 개가 서로 "'대립하는 관계'인가 서로 '상보적 관계'인가", 아니면 "포함하는 관계인가 배제하는 관계인가", 아니면 "상위' 관계인가 하위' 관계인가" 하는 여러 질문이 가능할 것이다.

II. 본론: 문제 제기

1. 교회 공동체 안에서 철학적 신학의 단절의 문제

1) 역사적 원인

중세 12세기경 볼로냐대학(universitat)은 학생과 교수의 조합이라는 말을 시작으로 '대학'이라는 제도가 마련되면서 옥스퍼드, 케임브리지, 파리대학, 루뱅대학(1425년) 등이 설립되는데, 중세 대학에는 세 학부(faculty), 즉 신학, 법학, 의학이 있어야 대학이라는 이름을 가질 수 있었다. 그중 신학은 과학(분과 학문의 약어)의 여왕(Regina Scientia)이라 불렸다. 칸트의 방식을 따르면 세 학부는 질병과 연관되는데, 영혼의 질병을 다루는 신학, 사회의 질병을 다루는 법학, 몸의 질병을 다루는 의학이 그것이다.

칸트는 『이성의 한계 내에서의 종교』(1793)[1]에서 두 종류의 신학자를 나눈다. 하나는 '철학 신학자'이고, 하나는 '성경 신학자'이다. 성경 신학자는 교회와 연관해서 신학을 하는 사람들, 성경을 토대로 교회와 연관해서 신학을 하는 사람들을 말한다. 신학부의 신학 교수들의 경우이다. 반면 칸트 자신과 같이 철학적 관점에서 신학을 하는 사람을 철학적 신학자라고 불렀다. 후에 이 문제에 대해서 체계적으로 관심을 가진 사람이 베를린대학 설립에 주도적 역할을 한 슐라이어마허다. 베를린대학은 연구 중심의 대학인데, 미국에서 이를 그대로 본받아서 만든 대학이 존스홉킨스대학이다.

슐라이어마허는 신학을 '실증과학'(positive science)이라 부른다. 실증과학이란 어떤 사변적이고 이론적인 과학이라기보다 실천적이고

---

1 인간의 이성은 순수이성, 실천이성, 판단이성으로 분화된다. 그의 3대 비판서는 각각 이 세 종류의 분화된 이성을 그 논의 대상으로 한다. 물론 이 이성들은 기계적이고 배타적으로 분리되는 것이 아니라 유기적으로 인간 주체와 그 정신의 다양한 측면을 구성한다. 이 연장선상에서 종교의 문제를 다룬다. 계시가 아니라 이성의 관점에서 종교에 접근한다는 것이요, 그 이성이란 구체적으로 인식이성, 실천이성 및 판단이성과 구분되는 또 다른 이성이라는 것이 그 다른 하나이다. 이 이성은 '신앙이성'이라고 할 수 있을 것이다. 그런 의미에서 이 책은 '제4비판서'의 성격을 띤다.

실증적인 과학이라고 하면서 신학을 세 분야로 나눈다. 신학 안에 이렇게 실증적 과학철학의 면모는 한국에 들어온 4분과 도식2으로 말미암아 사라지고 만다. 4분과에서 항상 제일 먼저 내세우는 건 주석신학이다. 두 번째가 역사신학, 세 번째가 조직신학, 네 번째가 실천신학이다.

2) 실천적 신학으로서의 통계학

그러나 슐라이어마허는 이런 방식으로 나누지 않았다. 우선 그에게 신학은 실증과학이다. 이때 실증주의라는 용례보다는 칸트나 헤겔처럼 '역사적으로 구체화 된'이란 뜻이다. 예를 들어 기독교를 실증종교라고 말할 때는 하나의 이념 혹은 사상으로서 종교가 아니라 실제 역사적인 현상들로 나타나고, 역사적으로 발전된 그리고 하나의 제도(institution)가 형성되고, 거기의 구성원들이 존재하고, 기록들(documents)이 남아 있는 실체가 있다는 의미에서 실증종교라 부르는 것이다.

과학은 혼자서 어떤 문제를 생각할 수 있는 데 반해 신학은 언제나 제도와 연관되고, 공동체와 연관되고 또 일종의 역사적 흐름 속에 있는 어떤 지적 활동이라고 슐라이어마허는 정의한다. 이것을 토대로 그는 신학을 세 분야로 나눈다. 첫 번째가 '철학적 신학', 두 번째가 '역사적 신학', 세 번째가 '실천적 신학'이다. '철학적 신학' 안에는 논쟁학과 변증학이 들어간다. 물론 여기에는 철학적 윤리학, 철학적

---

2 Karl Rudolph Hagenbach, *Theological Encyclophedia and Methodology* (New York: philips&hunt, 1884), 136.

해석학이 전제된다. 이 철학신학을 토대로 해서 그다음에 나오는 것이 '역사적 신학'인데, 역사신학에는 구약과 신약의 성경신학이 있고 교회사 그리고 이에 바탕한 조직신학, 즉 교의학(dogmatics)이 들어간다. 그다음 '실천적 신학'에는 설교학이나 목회학이 있고 특별히 통계학(statistics)이 들어가 있다. 그것은 그 시대에 교회가 어떤 상황에 있는가를 살피는 것이다.[3] 통계학은 발현된 하나님 나라의 실체적 상황들을 교회 공동체의 입장에서 살피며 해당 시대에 교회 공동체에 새롭게 주어지는 사명에 반응하기 위한 학문이다.

그렇다면 금번 "실태조사"를 통해 현재 우리의 현재 상황을 살피는 것은 슐라이어마허의 '철학신학' 전통에 있는 것이라 볼 수 있다. 당시 서구 유럽에서 교회와 그리고 교인들의 상황을 문제의 전면에 내세운 것은 그의 철학을 관통하는 '주체'와 '대상'의 이론적 문제에서 '교회 공동체'를 전면에 내세운 새로운 기획이었다. 교회 공동체가 신학의 주체이자 대상인 이것은 바빙크가 카이퍼와 근본적으로 다른 것과 궤를 같이한다.[4] 전통적인 신학에서 주체는 하나님으로부터 배우

---

3 Friedrich Schleiermacher, *Brief Outline of Theology as a Field of Study* (New York: The Edwin Melen Press, 1990), 185. "교회통계학은 교회의 현재 상태에 대한 지식을 제공하기 위해 설계된 19세기 초의 학문이다. 교리와 삶의 급진적인 분리는 허용될 수 없다."
4 여기서 중요한 신학의 왕관은 실천신학이다. 바빙크가 1883년에 깜판신학교 교수로 취임하면서 했던 취임 연설에서도 이것을 강조하는데, 다 슐라이어마허에게서 온 것이다. 바빙크와 카이퍼의 신학에는 성격적인 차이가 있다. 카이퍼는 야전사령관(field marshal)이다. 실제 전투장에서 전체를 지휘하는 장군의 모습이고 상대방을 적대시해야 하는데, 바빙크는 전혀 그런 면이 없다. 바빙크는 조정자(conciliator) 역할의 신학 방식을 보인다. 평화적이고 화해적인 방식이다. 한국의 바빙크 연구자는 싸움꾼이 되어야 하는 것처럼 생각하는데, 실제 바빙크를 읽어보면 싸움꾼이 아니다. 차근차근 비판하지만 인정할 것은 인정하고 받아들이면서, 문제를 꼬집지만 나중에 좋은 것은 써먹는다. 한국의 보수주의 개혁과 신학자들과는 전혀 다른 모습이다. 다시 돌아가면 슐라이어마허가 학문으로서의 신학(Theologie als Wissenschaft)이 도대체 어떤 성격이 있느냐고 따지는데, 거기서 슐라이어마허에서 시작된,

고 하나님을 이야기하고 하나님께로 인도한다는, 그래서 신학의 주체와 대상 신학의 목적은 오직 하나님이라고 이야기하는 토마스 아퀴나스와 달리 슐라이어마허는 신학의 주체와 대상으로서의 '교회 공동체'를 전면에 내세운다.

3) 문제 제기

이상의 3분과 형식이 미국에 영향을 미치고 하겐 바허(Karl Rudolph Hagenbach)에 와서 앞서 살펴본 4분과 형식으로 바뀌게 된다. 그리고 이 신학 사조가 한국에 들어온다. 즉, 과학과 신학의 관계를 이야기할 때 신학이 어떤 학문인가 하는 학문성의 문제, 주체와 방법의 문제, 신학에서 분류 문제 그리고 성경신학과 교의신학 등의 분과별 상호 관계 문제를 다루는 것은 '철학적 작업'이라는 것을 놓치게 된다. 신학교에서 철학적 작업이 무시된 것은 예전처럼 신학교에서 철학이 하는 역할이 대폭 줄었기 때문이기도 하고 직업의 전문화에 따른 결과이기도 하다. 직업이 전문화되면서 성경신학, 교회사, 조직신학, 실천신학이 강화되고 '신학 자체가 뭘 하고자 하는 것인지'를 스스로 반성하는 것이 실상 대폭 줄어들거나 아예 없어져 버리게 되었다. 분과 학문들 사이의 통전성을 놓치게 된 것이다. 신학의 학문성에 대한, 신학 분과 간의 상호 관계에 대한 문제는 통계적(후에는 사회인문과

나중에 결국 아브라함 카이퍼도 1895년부터 쓰기 시작하는데 그것이 신학백과사전이다. 신학백과사전은 a, b, c부터 해서 항목을 백과사전식으로 나열한 게 아니라 신학을 분류하고, 그 신학의 개별 분과 사이에 어떤 상호 관계가 있는지를 논의한다. 이것이 현재 한국 신학 교육에는 없는 분야다.

학적) 문제다. 아브라함 카이퍼는 이것을 매년 신입생들에게 가르쳤다.

　금번 "실태조사"에서 사용된 사회 조사 방법에는 전통 통계학이 이룬 눈부신 성과의 기초 단계의 기술이 적용되었다. 지금은 바야흐로 통계학이 꽃피는 시대이다. 사회에서 일어나는 거의 모든 복잡다단한 상황들이 정밀한 오차값 안에서 예견되고 있다. 통계는 앞으로 누적된 연구 횟수만큼 더욱 입체적인 전망을 제공할 것이고, 정책은 그에 입각하여 수립될 것이다. "실태조사"는 제대로 된 교단 정책을 수립하기 위해서 반드시 거쳐야 했던 쾌거라고 할 수 있다. 이것은 교단 산하 농어촌교회 2,895교회 중 1,835교회가 자발적으로 응답해 준 사례에서 읽을 수 있듯이, 새로운 시대정신에 대한 응답이라고 볼 수 있다.

　① 정확한 실태조사는 시범 사업을 가능하게 한다. ② 정책협의회는 사실을 취합한 조사 자료에 입각해 실행위원들이 구성한 구체적인 시범 사업 설명회가 되어야 한다. ③ 그 후 공모 기간을 거쳐 사업자를 선정하고 1년 후 그 결과를 보고받아야 한다. ④ 만약 긍정적이라면 수정·보완하여 보편 사업으로 확정하고 시행할 것을 전국 노회에 지시하여야 한다. 교회학교 학생회의 안건 토의 수준을 못 벗어나고 있는 것이 현재까지의 교단 정책협의회의 실정이다. 그러나 일회적인 통계조사로는 입체적인 변화 곡선을 만들 수 없다. 제109회기의 특별위원회로 연장된 농어촌교회발전위원회에 구체적 정책의 도출을 위한 정기적이고 세부적인 통계 조사가 요청되는 대목이다.

2. 철학적 용례(Terminology)의 문제

1) 철학과 신학의 근본 동인

성경에 철학이라는 말은 나오지만, 신학이라는 말은 나오지 않는다. 왜 성경에 신학이라는 말은 쓰이지 않는가? 헤르만 도이어베르트는 그의 저서 『신앙에서 철학으로』에서 창조와 타락과 구속이 기독교적 사고를 움직이는 근본 동인이라 한다. 현실 이해를 철학적으로 물을 때 철학 전통에서 희랍 철학의 근본 동인은 '형상과 질료'라 할 수 있다. 중세 철학에서는 '은총과 자연'이라 할 수 있다. 근대 철학의 그것은 '자유와 자연'이라 할 수 있다. 현대 철학의 근본 동인은 '주체와 해체'이다. 이와 같은 모티브에 의해서 철학을 해 왔다고 도식적으로 나눌 수 있다. 그런데 기독교적인 사유를 부추기는 모티브는 하나님의 창조와 인간의 타락과 그리고 성령 안에서 그리스도를 통한 구속, 그래서 '창조와 타락과 구속'이라고 하는 이것이 기독교적 사고를 움직이는 근본 동인(ground motives)이라 한다. 신학이 학문의 여왕이던 시기까지 포함해서 신학은 철학과의 대화를 통해 이어져 왔다. 중세까지는 신학이 철학을 이끌었다면, 근대부터는 오히려 철학이 앞서나가면서 신학은 그 영향을 받아왔다(해방신학, 과정신학, 생태신학 등). 현대에 신학은 학문의 여왕의 자리로 복권될 수 있을까?

2) 성경과 교부들의 사례

그러면 철학이라는 단어는 성경 어디에 나오는가? 골로새서 2장

8절에 보면 "누가 철학과 헛된 속임수로 너희를 노략할까 조심하라" 하신다. '이것이 사람의 유전과 세상의 초등 학문'[5]을 좇는 것이기 때문이다. 그다음 사도행전 17장에 보면 에피큐리언들하고 스토아 철학자들을 언급할 때 '철학자'(필로소포스)라는 말이 나온다. 바울서신에도 당시 스토아철학에 사용하는 예를 들어서 아파테이아라고 하는 개념이 등장한다. 당시 제일 유행하던 철학은 세 학파였다. 아카데미 학파, 즉 플라톤 전통의 하나와 스토아 학파 그리고 에피쿠로스 학파이다. 스토아 학파는 우주를 하나의 전체로 보고 인간을 그중에 한 부분으로 파악하며, 에피쿠로스 학파도 유물론적이다. 다 물질로부터 설명하지만, 스토아 철학은 전체론적이고, 에피큐리안은 일종의 개별주의 정도다. 에피큐리안들은 하나님의 존재는 인정하지만 우리하고는 별 관계 없는 그들끼리 살아가는 신들이고, 우리는 우리끼리 서로 즐겁게 살아가면 된다고 생각했던 사람들이었다. 그러니까 당시 복음은 철학에 대한 하나의 대안이었다.

초대교회의 유스티누스와 같이 맥이 닿아 있는 다른 알렉산드리아의 클레멘스나 오리게네스나 후에 카파도키아의 교부들, 즉 니사의 그레고리, 나세안수스, 그레고리 바실리우스, 마그누스라 등은 기독교 신앙이야말로 '참된 철학'이라고 말했다. 아우구스티누스도 마찬가지다. 그가 쓴『신국론』(神國論) 8장과 11장에서 철학을 정의할 때 철학은

---

5 원소설(four elements), 불 물 공기 흙이다. 이것을 아시아 전통에서는 지, 수, 화, 풍(地, 水, 火, 風)이라고 했다. 서양 사람들이 말하는 네 가지 원소로 자연이 어떻게 돌아가고, 인간이 어떻게 돌아가는지 설명하는, 그것에 따른 철학을 말한다. 언급한 본문 뒤에 보면 단서를 하나 붙여놓았다. 그리스도를 따르지 않는 걸 조심하라(καὶ οὐ κατὰ Χριστόν). 그러나 철학 자체를 배제하라는 말은 아니다. 그러니까 사람들의 전통과 사람들이 이야기하는 어떤 기초적인 것들을 따르면서 그리스도를 따르지 않는 그런 헛된 철학을 조심하라는 것이다.

지혜 사랑이다. 필로소피아라는 말 자체가 지혜를 사랑함이다. 그런데 누가 지혜냐, 무엇이 지혜냐 하면 하나님이 참된 지혜다. 하나님이 지혜 자체가 아니냐 하면서, 아우구스티누스는 "참된 철학자(참되게 지혜를 사랑하는 자)는 곧 하나님을 사랑하는 사람이다"라고 기술한다. 하지만 신학이라는 말은 아우구스티누스만 해도 별로 사용하지 않는다.

희랍에서 '신학하는 사람들'(Theologia)은 누구를 가리켰을까? 소크라테스를 죽인 사람이 누구인가? 소크라테스를 종교재판에 기소한 사람은 세 부류인데, 제일 먼저 '시인'들이다. 시인들은 희랍의 신학자들이다. 왜냐하면 신들을 노래하는 사람이기 때문이다. 테올로기아는 신들을 노래하는 사람들이다. 이것을 '신화 신학'이라고 한다. 그렇기 때문에 초기 기독교 신앙을 퍼뜨린 사람들, 기독교 신앙을 가진 사람들이 철학이라는 말은 적극적으로 긍정적 의미로 사용했지만, 신학이라는 말은 사용할 수 없었다. 왜냐하면 그것은 신화를 이야기하는 것이므로 "우리가 이야기하는 건 신화가 아니다"라고 말해야 했기 때문이다. 마치 한국 선교 초기에 징, 꽹과리가 그 상징적 의미로 인해 쓰일 수 없었던 것처럼, 당시의 신학이란 용어도 사용되기에 부적절했던 것이다.

두 번째는 '도시의 신학'(테올로기아 키빌리타스), 정치신학이다. 도시와 권력의 안녕을 위해 신에게 제사를 지내는 것이다. 도시의 안정과 평화를 위해 제사를 지낸 제사장들의 신학이다. 그리스 또는 로마 도시 제관들의 신학이다. 이것도 초기 교회에 신학이란 용어를 적극적으로 사용하는 것을 막았다.

세 번째는 철학자들의 신학이다. 플라톤, 아리스토텔레스, 스토아 철학자들이나 그들의 신앙을 일컬어서 '이성적 신학'(rational theologie)

이라고 한다. 인간의 자연 본성에 근거한 신학이다. 이것은 기독교 전통, 특히 아우구스티누스 같은 경우 받아들인다. 아우구스티누스 신학은 항상 두 원리에 의해서 움직인다. '계시' 하나님께서 주신 성경 계시와 인간의 '이성', 늘 이 두 가지 원리를 병용했다. 이것이 아우구스티누스의 신학이고 철학이며, 이를 가장 두드러지게 나타내는 것이 『삼위일체론』(Trinitat)이다. 아우구스티누스의 신학적, 철학적 능력이 가장 잘 드러난 책으로 15권으로 되어 있으며, 1권부터 7권까지는 하나님의 삼위일체성을 논의하고, 8권에서 새로운 분기점을 거쳐서, 9권부터 15권까지 하나님의 형상으로 지음 받은 인간에 대한 문제를 다룬다. 신론과 인간론이 계시와 이성을 토대로 하나님의 삼위일체성과 하나님의 삼위일체성을 품부 받은 하나님의 형상(Imago Dei)으로서의 인간에 대한 통합적인 논의라고 말한다. 그렇다면 아우구스티누스는 신학자인가, 철학자인가? 둘 다이다.

이 전통, 즉 신학자인지, 철학자인지를 구별하는 것이 별로 의미가 없는 방식의 활동이 카파도기아의 교부들 그리고 후에 안셀무스와 토마스 아퀴나스, 종교개혁 시대까지 이어진 것이다. 칼빈 역시 신학이라는 말을 사용하지 않는다. 그가『기독교강요』에서 신학을 논의하는가? 그는 '거룩한 가르침'(Sacra Doctrina)를 말할 뿐이다. 그리고 기독교철학(Philosophie Chrestienne, philosophia Christiana)이라는 말을 쓴다.[6] 토마스 아퀴나스도 마찬가지다. 그의 『신학대전』(Summa Theolgie)을 보면 신학이라는 말이 열네 번 나온다. 또한 그도 자주 쓰는 말은

---

6 존 칼빈/김문제 역,『기독교강요 3권』(서울:세종문화사), 317. "기독교철학은 성령이 이성에게 자기를 내어주고 그 이성의 명령대로 따르게 하는 것, 그래서 그리스도와 함께 죽고 함께 살아나서 살아가는 것"(7장 1절).

'거룩한 가르침'일 뿐이다.

3) 문제 제기

2)에서는 1)과 같이 용례(terminology)에서 역사적인 단절이 존재함을 확인할 수 있었다. 교회는 세상으로부터 "너희 속에 있는 소망에 관한 이유를 묻는 자에게는 대답할 것을 항상 준비하되 온유와 두려움으로"(벧전 3:15) 준비하는 곳이다. 세상의 좋은 것들은 실상 교회의 가르침에서 왔다. 지금은 세상이 차용하여 이용하고 있지만, 곧 좌절하고 말 것이다. 그때 기쁨을 유지하는 교회에 그 소망의 이유를 물으러 반드시 올 것인데, 과연 우리는 우리만 아는 교회의 언어7가 아닌 세상의 언어, 과학의 언어, 철학의 언어, 일상의 언어로 복음을 설명할 준비가 되어 있는가?

칼빈은 '직업소명설'에서 하나님의 소명이 'vocation'이라면 직업은 'avocation'이라 하여 세상의 직업 하나하나에도 하나님의 부름이 있다고 보았다. 그가 농부라면 농부의 언어로 하나님을 설명할 수 있을 것이다. 그가 어부라면 어부의 언어로, 목수라면 목수의 언어로, 의사라면 의사의 언어로 복음과 신앙을 설명할 수 있을 것이다. 하나님의 나라가 확장되는 일은 말씀이신 예수님이 이들의 언어로 육화(incarnation)되는 일이라고 할 때, 교회는 성도들의 삶의 전 영역에서, 그들의 일상에서 복음이 풍성하게 번역되도록 격려하고 있는가? 그런

---

7 15년 전 일반대학원생이 묻기를 "목사님! 교회 가면 '역사하여 주시옵소서!' 하던데, 역사가 뭐예요?" 하였다. 우리는 교회의 언어로 기도할 수 있고 충분히 은혜를 누리지만, 세상이 물어올 때 그들의 언어로 들려주기 위한 번역 작업이 필요한 대목이다.

의미에서 "실태조사"는 사회과학적 통계학의 언어가 복음을 위한 일에 어떻게 사용될 수 있는지를 보여 준 실례라고 할 수 있다. 학문의 여왕으로서의 신학의 위상은 복권될 수 있을 것인가? 세상의 학문의 빈자리는 동기(motive)이다. 분과 학문의 동기를 찾도록 제공할 수 있다면 군림하는 여왕이 아닌 봉사하는 여왕으로서의 자리매김이 가능하지 않을까의 문제 제기가 가능할 것이다.

III. 본론: 답변의 가능성

1. 역사성 문제에 대한 답변

사랑은 철저하게 실천적이고 제대로 된 삶을 살아가는 것이다. 말하자면 '삶의 예술'(Art of Living)인데, 살아가려면 무엇을 알아야 하는가? 인간이 어떤 존재인지, 우리가 살고 있는 세계가 어떤지를 플라톤, 아리스토텔레스, 스토아 철학 전통을 통해 물어야 한다. 앞서 말한 것처럼 우리는 어떤 신학 사조에 붙잡히지 않기 위해서라도 철학을 해야 한다. 근대 이후 신학은 철저하게 철학과 함께 혹은 철학 뒤에 등장하는 방식으로 이어져 왔기 때문이다. 서양에서는 '존재'와 '인식' 그리고 '윤리'의 삼분법 전통이 있다. 고대 철학에서는 부르는 방식이 조금 달랐다. '피지카', '로지카', '에티카'가 그것이다. 아우구스티누스는 『신국론』 11권에서 이 도식을 그대로 삼위일체에 적용해 성부, 성자, 성령으로, 살아계신 아버지의 존재를 두고, 아들은 로고스로 인식하고, 성령을 연관시켜 설명한다. 즉, 고대 희랍 로마 전통의 철학의 삼분법을 여기에 적용한 것이다.

1) 단절이 갖는 애매한 속성

기독교 신학이 형성되는 과정에서 철학을 배제하기보다는 오히려 적극적으로 철학적인 사유의 틀을 가지고 삼위일체 하나님을 이야기하고, 인간을 이야기하고, 확장해서 인간 사회인 우리의 삶을 이야기하는 방식으로 사용했다. 하지만 '적대적인 방식'으로 언급한 경우도 있다. 터툴리아누스는 "아카데미아와 교회가 무슨 연관이 있느냐, 예루살렘과 아테네가 무슨 상관이 있느냐"라고 말했는데, 그의 글을 읽어보면 그만큼 논리적인 사람이 없다. 그의 직업은 변호사였다. 변호사가 비논리적인 것을 가지고 어떻게 변호할 수 있겠는가? 논리적인, 철학적인 것에 대해서 드러내놓고 거부하지만, 그는 사실 굉장히 철학적이다.

우리는 철학에 빠지지 않기 위해서 철학을 알아야 한다. 20세기의 칼 바르트도 마찬가지다. 바르트도 드러내놓고 철학을 배격하지만, 그만큼 철학적인 사람도 없다. 바르트를 읽어보면 그가 얼마나 사변적인지를 하나님의 속성을 논의하는 방식에서 알 수 있다. 그러므로 드러내놓고 말하는 것과 실제로 사용하는 것은 분명히 구별할 수 있어야 한다.

칼빈의 경우로 돌아가서, 그는 기독교 철학이라는 말을 쓰지만 신학이라는 말을 적극적으로 사용하지 않았다. 신학을 적극적으로 사용한 사람은 오히려 루터다. 그는 '십자가의 신학', '영광의 신학' 등 신학이라는 말을 많이 사용한다. 그러나 루터가 사용하는 신학은 학문적 개념이 아니라 수도자의 철저한 자기반성과 연관된다. 1539년에 그때까지 쓴 독일어 문헌들을 묶어서 전집을 낼 때 시편 119편으로 서문을 썼는데, 거기서 보면 우선 말씀을 읽고, 그 말씀을 가지고 기도하고, 묵상(고전적 의미로 입안에서 계속 중얼대는 것)하고, 실제 구체적 삶에서 씨름한다. 그래서 그는 다음과 같이 말한다. "마귀가 나를 신학자로 만들었다." 이것은 사실 중세 '거룩한 독서'(Lectio Divina) 전통과 연결된다. 두 번째가 '묵상'(Meditatio), 세 번째가 '기도'(Oratio), 네 번째가 '관상'(Contemplatio)이다. 루터는 순서를 바꿔 읽고, 기도하고, 읽은 말씀을 스스로 깨닫게 묵상하고, 이를 토대로 관상한다. 어떤 신비적 연합을 구하기보다는 실제 구체적인 일상적 삶에서 말씀을 가지고 씨름하며 살아가는 것이 신학자를 만든다고 본 것이다. 그래서 루터의 다른 저서에서 보면 "신학자가 된다는 것은 지옥에 내려가기까지 자기를 죽이는 것이다"라고도 한다.

그러므로 이는 신학을 연구하고 조직하는 것이 아니라, 루터가 아우구스티누스수도회에 들어가 수도사로 고행하면서 살았던 것처럼, 그런 삶을 신학자의 삶이라고 이해한 것이다. 루터는 철학에 대해서도 굉장히 애매(ambiguous)[8]하다. 그는 누구보다도 철학을 좋아했으면서도 또 철학을 미워했다. 아리스토텔레스 철학을 바탕으로 개신교 신학을 발전시키고 가톨릭에 대항해서 변호하는 데 사용한다.[9] 후에 경건주의 운동이 다시 일어나고 또 경건주의에 대한 저항운동으로서

---

8 애매는 모호가 아니다. 애매(曖昧, ambiguous)는 우리말 '배'의 경우(먹는 배, 몸의 배)처럼 이중적으로 해석될 여지가 있는 것이 애매이고, 모호(模糊, vagueness)는 비 오는 날 어디가 하늘이고 어디가 물인지, 수평선 경계의 희미함을 모호라고 한다.
9 진리는 얼마든지 '애매'하다. 기준이 분명하면 다른 성질의 것들과도 얼마든지 공생(共生)할 수 있다. 섞일 수 없기 때문이다.

합리주의적 신학이 일어난다. 그리고 계몽의 시대를 거치면서 커다란 변화가 일어나게 되는데, 아마 가장 큰 변화를 일으킨 사람 중의 하나가 칸트일 것이다.

유럽 철학 그리고 영국에 큰 역할을 한 사람은 로크다. 18세기 로크의 기독교 신앙의 합리성에 관한 논의를 보면 그 이전의 신학과 그 이후의 신학을 완전히 구별하는 방식이 일어난다. 그런데 한국 개신교는 이것들을 다 거치지 않고 미국에서 일어난 부흥 운동, 대각성 운동 언저리에서 생겼기 때문에, 유럽 대륙에서 있었던 신학과 철학 사이의 갈등과 고민과는 사실상 거리가 있으며, 신학교육에서 철학의 위치를 아는 경우는 아주 미미하다. 그런데 미국은 그렇지 않다. 하버드 나 예일이나 칼빈대학에도 '철학 신학'이라는 분야가 있고 암스테르담 학파 사람들은 같은 개혁 전통에 있으면서도 토마스 아퀴나스를 철저 하게 은총과 자연의 이분법을 보고 배격하는 분위기인데, 여기에 있었던 알빈 플란팅아나 월터스토프가 아주 적극적으로 토마스 아퀴나 스를 가르쳤다. 그래서 대학(college)이나 신학교(seminary) 모두 중세 철학, 조금 더 넓히면 스콜라적 전통에 대해서 그렇게 부정적인 입장은 아니었다. 오히려 기독교 신앙을 합리적으로 전개하고 옹호하는 하나 의 수단으로 보았기 때문이다. '철학 신학'이라는 분야가 신학교에 계속 남아 있을 수 있었던 것은 철학과 신학이 서로 대립적 관계에 있다기보다는 오히려 철학이 신학과 관련해서 그 선(善) 기능을 할 수 있기 때문이다. 세상의 학문(scientia)은 지혜(sapientia)가 전제되어 야 하고, 복음의 지혜(sapientia)는 학문(scientia)을 위해 존재한다.

2) 단절이 갖는 애매한 속성은 계승을 촉진한다

이제 우리는 처음 질문에 대한 답을 구할 수 있게 되었다. 그 두 개가 서로 "'대립하는 관계'인가 '상보적 관계'인가", "포함하는 관계인가 배제하는 관계"인가, "상위 관계인가 하위 관계"인가 하는 질문이었다. 기독교 철학과 기독교 신학은 서로 대립적인 관계보다는 상호보완적인 관계라고 할 수 있다. 러셀의 『나는 왜 기독교인이 아닌가?』, 니체의 『도덕의 계보』, 프로이트의 『환상의 미래』, 맑스의 『자본론』 같은 반(反)기독교 철학도 마찬가지다. 이런 저작들은 기독교를 반성하는 수단으로 삼을 수 있다. 사순절에 우리가 스스로 반성하고 회개하는 독서로 사용할 수 있을 것이다. 물론 여기에서 필요한 것은 비판적 글 읽기다. 이들의 주장을 맥락에 따라 읽을 수 있는 인문학적 역사적 소양이 필요함은 물론이고, 철학적 신학의 단절의 문제에 대해 더욱 정교한 논리의 핀셋을 이용해 접근해야 한다. 자칫 목욕물을 버리려다가 아이까지 버리는 우를 범하지 말아야 한다.

이것을 우리는 '언런'(unlearn)이라 할 수 있다. 무비판적으로 좋은 것인 줄 알고 수용했던 덮개를 한겹 한겹 걷어내 버리는 작업은 교회의 사랑을 극대화시키기 위한 엔진 보링 작업과도 같다. 폭발적인 성령님의 역사(役事)가 보링한 엔진처럼 출력이 나와주어야 하는 곳이 교회다. 앞서 언급한 경우처럼 신학의 게토(ghetto)화된 언어가 아니라 일반과 소통할 수 있는 공동의 언어 없이 신학적 언어만 계속 사용하면, 교회에서는 통할지 몰라도 일반 사회나 문화에서는 통하지 않기 때문이다.

그래서 중요한 것이 이중 언어 구사이다. 하지만 그것이 쉬운 일은 아니다. 마치 영어와 한국어를 둘 다 모국어처럼 사용하는 것이 거의 불가능한 것처럼, 어릴 때부터 두 나라에 살지 않으면서 두 언어를 구사하기 위해서는 많은 노력이 필요하다. 그러나 애초에 그리스도의 신부가 되는 일은 쉬운 일이 아니다. 성경 단어를 한마디도 안 쓰면서 성경의 생각을 일반언어로 표현할 수 있어야 한다. 물론 그에 앞서 예수가 그리스도가 되신 경험이 있어야 한다. 오히려 그전의 단절은 우리로 잇기 위해 말할 수 없는 열정을 이 작업을 위해 쏟게 하신다. 단절이 갖는 애매한 속성은 우리로 계승을 촉진하는 것이다.

2. 용례의 문제에 대한 답변

1) 거인의 어깨에 올라타라

물론 오늘날도 철학의 주류는 반기독교적이다. 19세기 중후반부터 발생하여 150년 이상 이 흐름이 이어지고 있는데, 20세기 후반에 와서는 '프랑스 현상학의 신학적 전회' 또는 '현대 유럽 철학의 종교적 전회'와 같은 말들을 쓴다. 미국 쪽에도 플란팅가, 월터스도프, 윌리엄 오스톤 같은 기독교 철학자 모임(*Faith & Philosophy*를 발행)이 있다. 약 1,500명의 젊은 사람들이 기독교 신앙을 토대로 실천하려고 노력하고 있다. 물론 전체로 보면 소수이다. 중세하고는 형편이 다르다. 성경을 인용한다고 기독교 철학이 되는 건 아니다. 철학은 철학으로 해야 한다. 그래서 미셸 앙리(가톨릭)나 장 뤽 마리옹(개신교) 등 대표적인 기독교 철학자들, 약해져 있는 상황에도 복음으로 더 가까이 다가가려 하는 자들을 유럽 대륙의 (종교)철학자라 부른다. 미국에서는 분석적 종교철학을 대표로 한다. 월터스토프와 플란팅가 등이 주도적 역할을 했고, 2세대, 3세대로 내려간 상황이다. 17세기나 18세기의 고민들을 해결하고자 했던 이들의 성과는 사실 이미 우리에게 '거인의 어깨'를 내어주고 있는 셈이다. 거인들의 어깨에 올라타 고금의 정신사적 지형도를 한눈에 살피며 작금의 교회의 좌표를 찍어보는 일은 결코 한담이 될 수 없다. 정확한 좌표가 나오지 않으면 부평초처럼 역사의 언저리를 떠다니며 시간을 소진할 수밖에 없기 때문이다.

그런 의미에서 "실태조사" 89쪽의 "둘째, 지역적(협의회, 광역) 접근, 전문협의회 차원에서 추진해야 할 정책의 첫 번째 제안인 통합 교단 농어촌교회 지도(map) 제작"은 교단의 상임 부서인 농어촌선교부와 특별위원회인 총회농어촌교회발전위원회의 효과적인 활동을 위한 첫 작업으로 적당하다고 여겨진다. 정확한 교단의 현재 좌표를 찍어보는 일은 현재의 시공간 안에서 운동을 가능하게 하는 첫걸음이기 때문이다.

2) 지도를 가지고 하나님 나라를 침노하라

요즘은 민중신학에서 바울이 다시 조명받고 있다. 예를 들어 지젝이나 바디우나 등은 대부분 막시스트 출신이다. 막시스트 출신이면서 바울에 관심을 기울이는 것은 '개별적인 데서 출발하면서도 언제나 보편성으로 나아가는' 기독교적 보편주의, 즉 계급을 초월하고 남자와 여자의 구별을 초월하고 헬라 사람과 유대인의 단절을 초월하는 방식으로 보편적인 공동체를 지향하는 철학적 사유를 바울에게 확인할 수 있기 때문이다. 한편 고대 로마 철학에서 고대 근동과 이스라엘과 지중해 연안의 지중해 철학이 밀접한 연관이 있다는 고고학적 발견으로 과거보다 많은 연관성이 드러난 상황이다. 그간의 연구 성과로 철학과 신앙 또는 성경과 고대 그리스, 로마 철학이 무관하다고 이야기할 사람은 아무도 없게 되었다.

이 현대주의는 영어식으로 표현하면 윤리신학자일 텐데, 이때 쓰는 '윤리'라는 말은 우리가 하는 좁은 의미의 윤리(ethic)보다는 '삶의 신학자'들이라 할 수 있다. 카이퍼야 워낙 싸움꾼이라 그들과 항상 적대적 관계에 있지만, 바빙크 같은 경우는 그들과 우호적인 관계에서 신학을 했다. 즉, 19세기 후반~20세기 네덜란드의 개혁(reformed) 사상은 한편으로 모더니즘에 대한 반대이면서, 다른 한편 윤리적인 해결 방법에도 동의하지 않는, 거기에 대한 제3의 길을 찾아 나선 것이라고 할 수 있다. 프로테스탄트 개신교 전통주의, 개신교 스콜라주의에 뿌리를 박으면서도 카이퍼나 바빙크 같은 경우 여성 문제, 전쟁 문제, 노동 문제 등 여러 사회 문제의 대안을 찾으려고 적극적으로 노력했고, 여기에서 나온 것이 네오 칼비니즘 운동이다. 이제 신학적 뿌리는 프로테스탄트 스콜라티시즘에 뿌리를 두면서도 당대 현실적 문제들을 실험하면서, 한편으로는 이 사람들과 척을 지고 또 한편으로는 저 사람하고도 쉽지 않은 길을 걸어갔다. 교류가 곧 삶인 치열한 삶을 산 것이다.

이들은 삶과 교류를 두 개로 이분화하는 것에 대해서 동의하지 못했다. 이 관점에서 보면 한국 신학의 지형도가 드러난다. 우리는 현실 문제에 무관심한 교회를 개혁주의라고 알고 있다. 신학교도 마찬가지다. 우리는 사회적 문제나 문화적인 문제에 대해서 아주 소극적이고 괜히 가까이 가면 큰일 난다고 하며 분절해 왔다. 이것이 한국 신학에 철학을 매개로 한 노력이 좀 더 필요하다고 보이는 지점이다. 우리 신학의 지점 혹은 나의 지점이 좌표상 확인되었으니, 이제는 파고드는(digging) 기쁨(고전 9:26, "달음질하기를 향방 없는 것 같이 아니하고 싸우기를 허공을 치는 것 같이 아니하며")만이 남아 있다. 허무와 존재(사랑) 사이를 일정한 함수를 가지고 적분해 들어가는 일은 끝없는 언런(unlearn)의 행복이다. 예수를 더 알기 원한다는 것은 보편성에 더 많이 노출되기 원한다는 뜻이다. 철학이 사용하는 언어는 일종의 보편언어(common language)이며 삶이 교류되기 원할 때 유용하다.

IV. 결론

앞에서 우리는 용례(terminology)에서 역사적인 단절이 존재함을 확인할 수 있었다. 용례의 단절이 가져오는 사상사적 매장은 불시험과도 같다. 그러나 "너희를 연단하려고 오는 불시험을 이상한 일 당하는 것 같이 이상히 여기지 말라"(벧전 4:12)고 하신다. 쉬운 일은 아니다. 루터의 예처럼 어떤 용례란 인격이 가지는 독특함과 역사가 부여하는 보편성을 가지고 대화하며 교류하는 가운데 발생되는 쓰임새라고 할 수 있다. 하이데거는 언어를 '존재의 집'이라고 하였다. 인간은 언어의 집을 지어, 거기에서 잠을 자고 쉬며 일상을 살기도 하지만, 탈출을 꿈꾸기도 한다. 부딪히고 깨지고 튕겨 나가기도 하며, 집으로 돌아오는 오디세우스에게는 마음의 고향이기도 하다.

지도를 가지고 나의 위치를 확인하고 보물을 찾으러 떠나는 일은 여간 흥분되는 일이 아니다. "세례 요한의 때부터 지금까지 천국은 침노를 당하나니 침노하는 자는 빼앗느니라"(마 11:12)고 하신다. 세례 요한의 천국은 "그는 흥하여야 하겠고 나는 쇠하여야 하는"(요 3:30) 천국이다. 나는 쇠해도 좋은, 아니 내가 쇠해야 하는, 어느 가수의 노래처럼 "그대 앞에만 서면 나는 왜 작아지는가", 그분만 커지기를 바라는 사랑에 빠진 사람이 천국에 사는 사람이다. 천국은 어디 다른 곳에 있는 것이 아니다. 그분만 사랑하며 그 사랑으로 점점 더 쇠하여 가는 내부의 점입가경의 세계로 파고드는 것이다. 외부에서 기쁨을 찾는 것이 아니라 교단의 이름처럼 0과 1, 즉 허무와 존재의 자연수 사이를 적분(integral)해 들어가는 것이다. 이렇게 좌표가 찍힌 농어촌교회는 방향을 갖게 된다.

사랑으로 인하여 쇠하여 가기까지 자기 안을 파고드는 세례 요한은 충만한 기쁨의 사람이다. 프란체스코 전통은 학문(scientia)과 지혜(sapientia)를 구별한다. 희랍어로 하면 영에 대한 지식(gnosis)과 지혜(sophia)이다. 지식과 지혜가 구별된다. 이 지혜는 항상 실천적 사고와 연관되어 있다. 우리가 이해할 때도 "그 사람 참 지혜롭게 산다"라는 말은 실천적으로 지혜롭단 말이지 많은 지식을 가졌다는 말은 아니다. 하나님을 아는 지식은 실천적이다. 그래서 토마스 아퀴나스가 이론적이라 할 때 그것은 우리가 말하는 이론주의와는 다른 것이다. '신학적'이라는 말은 관조적 삶을 말한다. 이것이 여기서 이론이라는 말이 가지고 있는 의미이다. 농촌에서 서로를 참아주며 하나님 나라를 일구는 목회자들은 이미 이론적이며 실천적인 삶을 살고 있다. 신학은 다시 학문의 여왕의 자리를 되찾을 수 있을까? 신학이 한층 성숙해 성도들의 언어를 조명하며 그들의 성과와 소통하는 가운데 학문의 여왕의 모습은 이미 일상 가운데 구현되고 있다.

설교학

씨 뿌리는 농부 비유에 착안한 농(農)신학적 설교현상학 연구 (1)*

안성국

(목사, 익산 평안교회)

I. 서론

예배학과 설교학을 중심으로 실천신학을 공부한 필자가 농신학적 주제를 계발하는 것은 매우 난해한 과제다. 물론 이것은 새로운 영역을 섭렵해 가는 개척자들의 숙명이기에 변명할 여지가 없을 터이다. 필자가 여러 신학 분야의 기본적인 신학적 수업을 받은 후에 학위논문의 주제로 택하여 매우 심도 있게 진행한 연구는 종말론적 희망의 설교신학에 대한 논고였다. 이는 학위 취득을 위한 연구가 아닌 실제로

---

* 이 글은 2025년 4월 28일 (월) 비대면으로 진행된 제51차 농신학 월례 세미나에서 발표한 것이다. 본 발제는 총 2편으로 구성되어 있으며 1편에서는 설교현상학의 개연성을 탐색하고, 2편에서는 씨뿌리는 비유에 대한 연구와 이를 설교현상학에 적용하는 내용으로 기획되었다.

필자가 짧지 않은 신학적 숙고 안에서 깊이 관심하였던 내용이었다. 때문에 논문을 작성하는 고된 연구와 집필 작업이 즐거울 수밖에 없었고, 그 주제에 대한 선명한 자부심과 전문성을 얻게 되었다. 특히 필자의 "EHB 설교신학"(Eschatological Hope Based-Homiletics)은 위르겐 몰트만(Jürgen Moltmann) 박사의 종말론적 희망의 신학에 대한 설교학적 성과였다.

지난번 발제에서는 소위 '농부의 설교론'를 개진했는데, 이는 마태복음 13장의 씨 뿌리는 농부 비유에서 착안한 새로운 설교 형태론을 제안하는 것이었다. 당시 필자는 새로운 설교 형태론을 제안하기 위해 교회사 가운데 발전해 온 설교 형태론의 흐름을 간략하게 소개하였는데, 전통적 설교의 형태와 새로운 패러다임의 설교 형태를 구분하여 소개하였다. 다음으로 현대 새로운 패러다임의 설교들의 다양하고 유익한 성찰을 도입하여 새로운 농신학적 설교 형태를 개발하였다. 한편 당시 발제를 수행하며 몇 가지 한계를 발견하게 되었는데, 오랫동안 매우 전문적으로 발전해 온 설교 형태론을 단 한 번의 발제로 설명한다는 것이 무리가 있다는 점이었다. 또한 설교 형태론은 단순히 설교를 기술적으로(technically) 잘 수행하기 위한 학문이라기보다 각 특정한 상황에 따른 신학적 발전과 통찰의 생산물로서, 이는 철저하게 설교신학을 배경으로 삼아야 함을 절히 여긴 것이었다. 발제 후에도 씨 뿌리는 농부의 비유는 설교학자인 필자에게 아직 못다 한 이야기가 많이 남아 있다는 표정을 끊임임이 보여 주었다. 이번 발제를 감사히 여기는 것은 바로 이전의 우(愚)를 만회할 기회를 얻었기 때문이다.

본 발제의 독특한 특징과 성과는 씨 뿌리는 비유를 설교신학이 품어 내기 위해 '설교현상학'(說敎現象學)이라는 새로운 설교학적 차원

(dimension)[1]을 제안함에 있다. 또한 농부의 씨 뿌리는 비유라는 고유한 내용은 농신학적 설교론을 펼쳐낼 수 있는 훌륭한 자리를 내어주었다. 물론 현상학이라는 학문이 신학이 아닌 철학에 대한 내용으로 필자에게는 그리 수월한 분야가 아니지만, 본 발제가 시도하는 바는 현상학으로부터 모티브를 채용하여 설교현상학을 탐색하는 것이기에 부족한 내용들은 너그러이 양해해 주기를 부탁드린다. 이제 호기심과 흥미로움의 안경을 쓰고 씨 뿌리는 비유가 선사하는 농신학적 설교학의 세계로 성큼 한 걸음을 내디뎌 보자.

II. 설교신학의 존재론적 설명들

1. 설교 이해

현재까지 이르는 종래의 설교신학은 존재론적 개념 설명에 탁월한 업적을 이루었다. 예컨대 설교가 무엇인지에 대한 존재론적 정의와 개념을 설명하고, 설교를 수행하는 설교자의 존재론적 의미와 위치를 설명하고 또한 설교를 수용하는 청중의 존재론적 자리와 중요성을 설명하였다. 물론 이러한 업적들은 여러 설교학자 간의 논의와 주장들을 통해 발전해 온 것이다. 한국교회 설교학의 선구자 정장복은 그의 저서 『설교학개론』에서 설교학자들의 다양한 설교의 정의를 소개하였

---

1 "차원," 『국립국어원 표준국어대사전』, https://stdict.korean.go.kr : 사물을 보거나 생각하는 처지. 또는 어떤 생각이나 의견 따위를 이루는 사상이나 학식의 수준.

는데, 그중에서 주목할 만한 내용을 간추리면 다음과 같다.[2]

- 설교는 행위의 변화를 일으키려는 명백한 목표를 가지고 한 사람이 다수의 사람에게 성경의 진리를 전달함이다. _ 다니엘 바우만(Daniel Baumann)
- '인격을 통한 진리'가 우리의 진정한 설교에 대한 묘사이다. _ 필립 브룩스 (Phillip Brooks)
- 설교는 비기독교 세계를 향한 공식적인 선포이다. _ 찰스 헤럴드 다드(C. H. Dodd)
- 교회의 근본적이고 우선적인 기능은 설교의 기능이다. 왜냐하면 설교는 교회를 말씀의 모든 의미 안에서 세우는 바로 그것이기 때문이다. _ 에밀 브루너(Emil Brunner)
- 설교는 말씀으로 화신이 되어 그의 회중 가운데를 걷고 있는 그리스도 자신이다. _ 디트리히 본회퍼(Dietrich Bonhoeffer)
- 복음을 전한다는 것은 사람들이 그 복음을 향해 결단하거나 혹은 저항하도록 그들 앞에 복음을 설명하는 것을 의미한다. _ 폴 틸리히(Paul Tillich)
- 설교는 하나님에 대한 말이라기보다 하나님에 의해서 되어진 말이다. _ 장자크 폰 알멘(J. J. Von Allmen)
- 하나님의 말씀을 설교하는 것은 바로 하나님의 말씀이다. _ "제2 스위스 신앙고백"

한편 생전 '성언운반일념'(聖言運搬一念)의 사상을 늘 주창했던 정장복은 다음과 같이 설교를 정의하였다. "설교란 택함 받은 설교자가

2 정장복, 『설교학개론』(서울: 예배와 설교 아카데미, 2001), 71-75.

당대의 커뮤니케이션을 통하여 회중에게 하나님의 말씀인 성경의 진리를 선포하고, 해석하고, 이 진리를 회중의 삶에 적용함이다. 이것은 반드시 성령님의 감화하심에 의해 이루어져야 한다."[3] 정장복의 정의는 설교가 거룩한 하나님의 말씀을 담아내는 은혜의 통로임을 지적하며, 이를 수행하기 위해서는 설교자의 적극적인 연구와 노력, 예컨대 해석, 적용 그리고 커뮤니케이션을 위한 숙고가 반드시 선행되어야 함을 강조한다. 특히 일련의 모든 과정이 성령의 계시의 범주임을 밝힌다.

이 같은 설교의 정의들은 주체성이라는 관점에서 크게 두 가지 종류로 구분될 수 있다. 첫째는 설교를 인간의 행위에 더 주안점을 두는 관점이고, 둘째는 하나님의 신적 행위에 더 비중을 두는 관점이다. 이는 설교에 대한 자유주의적 이해와 복음주의적 이해로 또는 진보주의적 이해와 보수주의적 이해로, 이성 중심의 이해와 성령 중심의 이해로 여길 수도 있겠다. 놀랍게도 신정통주의자 칼 바르트(Karl Barth)에게서는 이 두 가지 경향이 동시에 보인다. 다음의 정의는 1932년과 1933년 본(Bonn)대학교에서 시행한 바르트의 강의 내용의 일부이다.[4]

- 설교란, 설교를 위탁받은 거룩한 교회에 의해 부름 받은 자를 통해 성서 본문을 현대인들에게 해석해 주는 자유로운 연설 가운데 행해지는 봉사 속에서 하나님 때문에 선포되는 하나님의 말씀 자체이다.

---

3 앞의 책, 70.
4 정인교, 『설교학 총론』 (서울: 대한기독교서회, 2008), 65 재인용.

- 설교란, 교회에 명령되어진 이 일로 부름 받은 자를 통해 하나님 말씀 자체에 다음과 같이 봉사하도록 하는 시도이다. 성서 본문을 현대인들에게 그들을 향한 것으로 자유로운 연설 가운데 그들이 하나님 자신으로부터 들어야 하는 것에 대한 설포로 해석하는 것이다.

만약 설교를 인간의 행위로 이해하면, 더 다양하고 구체적인 교훈들을 들려줄 수 있겠고, 이를 위해 부단히 성서 본문을 연구하는 자세를 견지하게 할 것이겠지만, 설교는 그 고유한 거룩성을 상실하고 설교자의 지혜와 가르침에 국한되는 약점을 지니게 된다. 반면 설교를 하나님의 행위, 성령의 주도적 행위로 이해하면, 더 신성한 영향력을 가지게 될 것이고, 이를 수용하는 청중들에게 비교할 수 없는 강력한 동기부여가 될 것이지만, 영적 기도에 치중하여 본문 연구에 나태해질 우려가 있고, 더욱이 설교자 자신이 자칫 우상화될 수 있는 치명적 위험성을 내포하게 된다. 그러므로 양극단을 지양하며 각 소중한 장점은 취하되 양자의 단점을 극복할 대안을 고민하는 것이 현명하다고 사료된다.

2. 성서 이해

하나님의 말씀의 원형은 '말'(voice)이었다. 말은 소리 언어요, 들리는 것이다. 그렇게 들리는 하나님의 말씀을 먼저 들은 선지자들이 이를 전달하는 방법 또한 말이었다. 초대교회의 성서의 기원에 대해 우리는 추정하기를, 원래 글이 아닌 말이 먼저 존재했다. 예수와 그의 가르침에 대한 '증언'(witness)은 말소리임이 분명하다.

이런 말이 '글'과 '문서'로 된 사연을 알기 위해 우리는 소리 미디어로서 말이 가지는 한계를 생각해 볼 수 있다. 예컨대 예언자들의 선포 혹은 왕의 찬양이나 기도, 서기관과 랍비들의 가르침 등으로 전해지던 하나님의 말씀은 특수한 상황과 시간이라는 제한적 요소에 갇혀 있을 수밖에 없다. 그 메시지를 정확하게 입력하거나 저장 또한 동일하게 다른 시간대나 공간대로 이송하여 오차 없이 재생하는 것은 거의 불가능하다. 게다가 하나님 말씀 전승 공동체에 위기가 찾아옴으로 '말'로써 선포되던 하나님의 메시지들은 문자 미디어인 '글'에 의해 안전장치를 마련하게 된 것이다.[5]

커뮤니케이션의 관점에서 볼 때 글을 발명한 사건만큼이나 인류사에 큰 혁명을 가져온 사건은 '인쇄술'이다. 글을 손으로 쓰는 것과 인쇄하는 것은 전혀 다른 작업이다. 구텐베르크 혁명으로 기독교는 하나님의 말씀인 성서와 다양한 교리서와 신앙 서적 등을 대량 생산하여 보급하는 데 큰 도움을 받았다. 특히나 종교개혁 당시 개신교 성직자들에게 인쇄는 "학문이 더 이상 사제의 독점물이 아니며, 무식과 미신을 극복할 수 있게 하고, 세상을 암흑의 세계에서 벗어나게 할 하나님의 도구"라고 여겼다. 하지만 인쇄 문화가 융성하면 융성할수록 생생한 하나님의 육성은 글 안에 갇히게 되었다.

구술 문화와 문자 문화에 대해 해박한 지식을 제공해 준 월터 옹(Walter J. Ong)은 성서의 기록에 대해 우리에게 매우 중요한 사실을 가르쳐준다. 성서의 기록은 단순히 쓰기를 위한 문학 작품이 아니라는 점이다. 그는 성서의 기록이 문자 미디어의 형태를 띠고 있으나 '구술성에 입각한 사고 형태'를 취하고 있다고 말한다. 이는 성서는 들리는

---

5 안성국, 『The Sign, 신의 흔적을 담다』 (서울: 박문사, 2016), 232.

말(음성)을 문자화한 것이고 또한 문자화한 이유도 다시 말로 들리게 하기 위해서다. 월터 옹의 생각은 정확하다. 성서는 단순히 읽히기를 위해 만들어진 글이나 책이 아니다. 선포되었던 하나님의 말씀을 글로 기록한 것이고, 이것은 다시 하나님의 말씀으로 해방되어 선포될 뚜렷한 목적을 가지고 생성된 문서이다.[6]

성서는 고대의 남다른 지식을 전해준다. 성서는 이스라엘의 역사와 문화를 가르쳐준다. 성서를 통해 우리는 아름다운 시를 감상할 수도 있다. 훌륭한 고백들에 감동할 수도 있다. 성서를 통해 초대교회 열심과 열정을 확인할 수도 있다. 그리고 또한 정말 귀하고 유용한 교훈들을 얻을 수도 있다. 하지만 이 모든 것을 다 얻고서도 '하나님 말씀'을 듣지 못한다면 우리는 성서를 제대고 읽고 있는 것이 아니다. 이 모든 것을 얻는 데 실패했더라도 거기서 생생한 그분의 말씀 한마디를 듣는 것, 우리의 삶과 실존을 향한 그의 분명한 목소리를 듣는 것, 그것이 하나님께서 오늘 우리의 손에 성서를 허락하신 이유다. 그리고 먼저 들은 자(先知者)는 들은 말씀을 들은 대로 선포하게 되는데, 그것이 바로 설교다.

이를 먼저 잘 설명한 사람이 종교개혁자 루터였다. 그는 설교를 "기록된 말씀을 통해 하나님이 인간에게 말을 거는 말씀(anredendes Wort)이며, 이는 곧 말해지는 말씀이다(mündliches Wort)"라고 생각했다.[7] 이 같은 이해를 이어받아 칼 바르트는 이를 말씀의 신학(Theologie des Wortes Gottes)으로 더욱 발전시켰는데, 그 주요한 논지는 하나님의

---

6 Walter J. Ong, *Orality and Literacy*, 이기우 역, 『구술문화와 문자문화』, 153.
7 정인교, 『설교학 총론』, 37-38.

말씀에 대한 삼중적 형태로서 '선포된 말씀', '기록된 말씀', '계시된 말씀'이다.[8] 물론 이 같은 견지에서 설교는 곧 선포된 말씀이며, 선포되는 말씀이다.

> 하나님의 선포된 말씀은 우리가 교회의 선포에서 받아들인 성서를 통해서만 알 수 있거나 혹은 성서에 근거를 둔 교회의 선포를 통해서 알 수 있다. 하나님의 기록된 말씀은 우리가 단지 선포를 성취시키는 계시로 말미암아 알거나 혹은 계시에 의하여 성취된 선포로 말미암아 알게 된다. 우리가 하나님의 선포된 말씀을 알려면 단지 우리가 성서에 증거된 계시나 혹은 계시를 증거하는 성서를 알아야 한다.[9]

> 성경은… 자체상 스스로 하나님의 일어난 계시가 아니다. 오히려 성경은 구체적인 수단이며 이 수단을 통해서 교회는 하나님의 일어난 계시를 기억하게 되고 장차 올 계시를 기다리도록 부르심을 받고, 이에 따라 선포하도록 요구받고 능력 받고 인도받는다.[10]

3. 설교자와 청중 이해

설교의 수려한 정의들과 설교의 텍스트로서의 성서의 깊은 면모를 살펴보았으니 이제 조금 더 세련된 논의를 진행해 보자. 실재적으로

---

8 Otto Weber, *Karl Barths Kirchliche Dogmatik*, 김광식 역,『칼 바르트의 교회교의학』(서울: 대한기독교출판사, 1994), 21-23.
9 앞의 책, 21에서 재인용.
10 앞의 책, 23에서 재인용.

설교가 수행하는 과업은 무엇인가? 설교에 기대되는 정체성과 설교자로부터 시행된 설교가 청중들의 실존에 작용하는 기능과 역할은 무엇인가? 이를 가늠해 보기 위해서는 앞서 거론한 설교의 정의와 성서이해와 더불어 설교자와 청중에 대한 숙고가 필요하다.

전통적 복음주의 신학자로 알려진 존 스토트(John R.W. Stott)는 자신의 저서를 통해 교회 공동체에 요구되는 설교자 상(像)을 제시했다. 그런데 그는 설교자 상을 주장하기에 앞서 오해된 설교자 상을 먼저지적하였는데, 선지자, 사도, 말쟁이 등이다. 즉, 현대 교회의 설교자는 선지자가 아니다. 왜냐하면 하나님으로부터 직접적 계시의 말씀을받는 것이 아니라 오직 성서를 통해서 하나님의 말씀을 만나기 때문이다. 또한 스토트는 교회의 사도성을 인정하지만, 설교자가 초대교회의특정한 목적과 사명을 부여받은 '아포스텔레인'(apostellein)과 일치하지 않는다고 설명한다. 이어서 바람직한 설교자 상을 다섯 가지로묘사했는데, 그것은 청지기, 반포자, 증인, 아버지, 종 등이다.[11],

한편 현대 설교학자인 토마스 롱(Thomas G. Long)은 설교자에 대한이미지를 크게 네 가지로 분류하여 설교학의 흐름과 각 모델의 특징을설명하고 있는데, 그것은 말씀의 전령 모델(herald), 목양자 모델(pastor), 이야기 전달자 모델(storyteller) 그리고 증언자로서의 모델(witness)이다.[12]

이러한 설교자 모델이나 설교자 상에 대한 생각들은 이에 상응하는설교의 기능과 청중에 대한 이해를 달리하게 한다. 예컨대 청지기나반포자의 상을 자신의 모델로 삼으면, 그는 전적으로 자신의 설교를

---

11 John R. W. Stott, *The Preacher's Portrait*, 문창수 역, 『설교자 상 다섯 가지』 (서울: 개혁주의신행협회, 2007).
12 Thomas G. Long, 『증언으로서의 설교』, 62-76.

자신이 전해야 하는 계시의 메시지임에 치중하게 된다. 또한 청중에 대하여 반포된 메시지를 수동적으로 받아들이고 수용해야 하는 존재로 해석하게 된다. 그러므로 종국적으로 설교는 가장 위엄 있는 단어를 조합하여 설교의 권위를 가장 잘 드러내는 것을 지향하게 된다. 반면 설교자를 이야기 전달자(storyteller)로 이해하면, 설교는 그 청취자인 청중과의 커뮤니케이션에 상당한 관심을 할애하게 되며 이야기를 통한 설교가 구성해 내는 말씀 사건의 경험에로의 초대와 참여에 집중하게 된다.

III. 설교현상학

1. 현상학(現象學, phenomenology)

1) 개요

현상학은 우리의 경험과 의식을 탐구하는 철학으로서 에드문트 후설(Edmund Hussserl)에 의해 창시되었고 이후 하이데거, 메를로퐁티, 사르뜨르 등에 영향을 준 사조다. 후설은 전통적으로 확립된 실재와 관념, 본질과 존재에 대한 철학적 지식체계를 보류하고 "사물 자체에로"(zu den Sachen selbst)를 모토로 하여 '경험과 의식의 구조들'(the structures of experience and consciousness)을 연구의 대상으로 삼았다. 인간의 주관적 경험이 어떻게 형성되고, 그것이 세계와 현실에 어떤 관계성을 가지는지에 주목하였다. 이로써 그는 철학을 통해 객관적 진리를 더욱 엄밀하게 나타내려는 동시에 철학이 수학이나 과학과 같은 보편 학문이 되어야 함을 주장하였다.

그러므로 현상학의 주제를 정리해 보자면, 첫째, 인간이 자신의 경험을 어떻게 이해하고 해석하는지를 연구하고, 둘째, 우리의 의식이 세계와 어떤 관계를 맺는지를 연구하며, 셋째, 우리의 의식이 어떻게 구성되는지를 연구하는 것 등으로 요약할 수 있겠다.[13]

2) 주요 개념

(1) 현상(Phenomenon)

국어사전에서 "현상"(現象)의 의미를 살펴보면 두 가지가 등장하는데, 첫째는 인간이 지각할 수 있는, 사물의 모양과 상태 현상과 둘째는 본질이나 객체의 외면에 나타나는 상이다.[14] 현상학에서 지칭하는 현상은 상기 사전의 두 번째 의미에 상응한다. 이를 조금 더 명료하게 정의하자면 '의식에 나타나는 지각되는 어떤 것'을 뜻한다.

(2) 자연적 태도(Natural attitude)

후설이 자신의 현상학을 설명하기 위해 규정한 개념으로서, 우리가 지각하는 세계가 그대로 우리의 의식 밖에 존재한다고 생각하는 보통 사람들의 믿음의 태도를 가리킨다. 사물이 우리와는 상관없이 외부 세계에 존재하며, 사물에 관한 일반적인 지식과 정보가 상당히 믿을

---

13 https://infje.tistory.com/entry/현상학 Phenomenology-삶의-경험과-의식에-
    대한-철학적-탐구.
14 "현상," 『국립국어원 표준국어대사전』.

만하다는 신념을 지칭한다.

하지만 동일한 세계를 살고 있는 우리의 의식과 지각이 각자 다르다는 것이 문제가 된다. 그렇다면 어떤 의식이 진짜이고 더 진실한 것인가? 칸트는 현상계와 실재계를 구분한 뒤 우리 마음 밖의 것을 실재계, 마음속에 인식되는 것을 현상계라고 설명하여 이 문제를 해결하려 했다. 이에 한 걸음 더 나아가 현상학적 관점에서 보면 세계는 본질적으로 현상적이며, 현상적인 세계 이면에 감추어진 실제 세계에 관해 묻는 것은 무의미하다.[15] 왜냐하면 실제 세계에 대한 판단 자체가 우리의 의식에 의해서 지각되는 한, 그것은 현상학적이기 때문이다.

(3) 현상학적 환원(Phenomenological reduction)과 에포케

후설의 독창적인 현상학적 방법론은 '에포케'라고 불리는 '현상학적 환원'이다. '에포케'는 고대 그리스의 회의론자 피론(Python)에 의해 창시된 것으로 절대적이고 보편적인 진리의 기준은 존재하지 않는다는 전제하에서 판단의 과도한 치우침을 막기 위해 논리의 전개를 중지하고 멈춘다는 의미다. 의식을 결정하는 것처럼 보이는 모든 선입견과 법칙들, 기존의 관점들과 습관적 이해들을 배제하고 순수하게 의식 그 자체를 기술하고 분석하기 위한 수단으로서 현상학적 '에포케'(Epoche, 판단중지, 잠시 멈춤)를 실행했다. 간단하게 말하자면 이런저런 생각은 멈추고 있는 그대로 보고 받아들이는 것이다.

예를 들어 지금은 과거의 유물로 사라져 버린 요강을 생각해 보자.

---

15 희망철학연구소, 『세상을 바꾼 철학자들』 (파주: 도서출판 동녘, 2015), 258-259.

한국 문화권에 살던 사람들은 경험적으로 이를 변을 담는 데 요긴하게 쓰는 것이라고 인식한다. 그런데 과연 그것이 정녕 그것의 본질인가 하는 철학적 질문에 대해서는 어떠한가? 방안의 펑퍼짐한 푸른색 도자기 그릇에 대하여 우리의 문화적 인습을 '에포케'하고, 이를 처음 접한 현대인의 순수한 시각을 전제한다면 변기 외에도 세수하는 도구나 물을 담아 나르는 항아리, 심지어는 특별한 도자기 장식품으로 파악할 수 있다.

후설은 이렇듯 순수하게 의식을 탐구하기 위한 방법론과 기본 개념들을 고안하였고, 실재(實在) 자체가 아니라 실재가 주관에게 드러나는 의식 현상을 탐구하는 이러한 관점의 전환을 '현상학적 환원'이라 명명했다. 후설은 인식의 문제를 해결하는 데 불필요한 모든 물음을 괄호로 묶어 배제하는 현상학적 환원을 통해 절대적인 인식의 기준과 자명한 진리의 기준을 얻고자 했다.

(4) 지향성(Intentionality)

전통적인 철학에서 판단의 의식과 판단의 대상은 구분된다. 판단하는 것은 행위의 주체로서 '의식'이고, 판단되는 것은 행위의 객체로서 '대상'이다. 그렇다면 판단의 대상은 어디에 존재하는가? 의식의 안인가, 의식의 밖인가? 전통적 설명에 의하면 사물적 대상은 의식의 밖에 존재하며, 관념적 대상은 의식의 안에 있다. 하지만 현상학적 관점에서 이는 자명하지 않다. 왜냐하면 우리는 오직 현상적인 세계의 관계 속에서 존재할 뿐이며, 우리가 판단 대상으로 삼는 그 어떤 존재도 우리의 의식을 초월해서 독립적으로 존재한다는 것을 확신할 수 없고 또한 그것을 인식할 수도 없기 때문이다. 그것이 바로 자연적 태도의 한계다.

마찬가지로 우리의 의식은 의식의 대상과 분리되어 있지 않으며 그것이 사물이든, 이상이나 관념이나 이미지이든 현상을 통한 관계성 속에서 수행된다. 후설에 따르면 이 같은 대상과의 관계성 속에 존재하는 의식의 근본 구조를 '지향성'이라고 정의한다. 의식은 오로지 '그 무엇에 관한 의식'으로서만 존재할 수 있으며 형이상학적 실체와 같은 홀로 존재하는 의식이란 존재하지 않고, 그것이 의식인 이상 항상 지각의 대상과의 관계 속에서만 존재함을 주장하는 것이다.[16] 즉, 의식은 반드시 대상을 지향한다.

후설은 의식의 지향성을 현상학이 해명해야 할 핵심적인 과제로 여겼으며, 이에 따라 그는 지향적 의식이 어떻게 구성되어 있으며 어떻게 발생하는가를 고찰했다. 이러한 지향성의 원리를 통해 현상학은 존재론과 연결되었다. 이러한 후설의 현상학은 의식의 법칙에 의해 의식의 대상인 존재에 대한 인식이 깊이 의존한다는 측면에서 일종의 관념론이라는 평가를 받는다.

(5) 삶의 세계(Lifeworld)

삶의 세계는 우리가 일상에서 경험하는 주관적이고 의미 있는 세계로 과학적, 수학적, 물리적 설명으로 환원될 수 없는 살아있는 인간 경험의 세계를 뜻한다. 후설은 당시 유럽의 자연과학을 절대시하는 과학만능주의적 세계관에 위기감을 갖는다. 물론 그가 자연과학의 발전과 업적을 부정하거나 무시한 것은 아니었다. 하지만 인간의

---

16 희망철학연구소, 『세상을 바꾼 철학자들』, 263.

인식 자체가 자연과학에 의해서만 정당하다고 여겨지며 반면 자연과학의 범주를 벗어나는 것은 그릇된 방법론이고 무가치한 것이라는 생각에 제동을 건 것이다. 후설의 주장은 과학주의의 세계관 또한 세계를 인식하는 하나의 방식에 불과하며 그것만으로 우리의 세계를 완전하게 설명할 수 없고, 그러므로 다양한 방식으로 세계를 판단할 수 있으며 또한 그렇게 판단해야 한다는 것이다. 그 보편적이며 엄밀한 학문의 대안으로서 후설은 현상학을 주창한 것이다.

여기에서 등장하는 중요한 개념이 바로 '삶의 세계'다. 그것은 과학적이며 학문적 이해가 수립되기 전 우리가 경험하는 세계로, 우리는 삶의 세계에서 순수하게 감각적이며 감정적으로 사물들을 대면하게 된다. 이후 우리는 사물들을 논리화하고 개념화하는 작업이 이뤄진다. 그리고 그때부터는 수학과 물리학 그리고 여러 과학적 법칙이 동원되어 사물들은 그 같은 방식으로 인식된다. 이러한 결과로 삶의 세계의 살아있는 다양성은 은폐되고 오직 과학적 학문들에 의해 해석된 세계만이 참되거나 유의미한 것으로 인정받는 아이러니를 직면하게 된다.[17] 후설의 현상학은 이때 이러한 자연적 태도를 판단중지하고 현상학적 환원을 통해 새로운 경험의 세계로 여행하는 방법을 우리에게 선물한다.

예를 들어 얼마 전 필자는 아내로부터 어느 사모님 이야기를 들었다. 그 사모님은 자신의 남편 목사님이 세상에서 가장 잘생기고 능력 있고 사랑스러운 남편이라고 늘 자랑하는데, 그 주장에 아내는 전혀 동의하지 않는다고 했다. 참다못한 아내는 그래서 결국 그 목사님이

---

17 후설은 수학화된 자연과학의 시초를 갈릴레이로 지목하면서, 그가 자연의 위대한 법칙을 발견함과 동시에 생활세계의 다양성을 은폐했다고 하여 갈릴레이를 '발견의 천재인 동시에 은폐의 천재'라고 평하였다.

가장 잘 생기지 않았고, 가장 능력 있는 분도 아니고, 가장 사랑받을 남편이 아님을 열심히 설명해 주었다고 했다. 물론 객관적인 설명과 여러 실제적인 사례를 들어가면서 말이다. 한 시간을 넘게 설명했으나 결국 실패했다는 아내의 말에 필자는 진심으로 안심하게 되었다. 그리고 그 같은 과학적 설명을 절대 하지 말 것을 당부하였는데, 우리는 객관적 실재를 인지하고, 객관적 사실을 경험하며, 객관적 진리에 의미를 부여하는 삶을 사는 것이 아닌 주관적 경험이 경험되는 세계, 객관적 사건과 실재조차도 다시금 주관적 경험으로 의식하는 현상학적 세계에 살고 있기 때문이다. 이것이 곧 삶의 세계가 선물하는 생생한 축복과 기쁨이 아니고 무엇이겠는가.

2. 설교현상학

이제 새로운 시도를 해 볼 차례가 되었다. 우리는 앞서 전통적 설교학의 존재론적 설명을 고찰하였고, 이후 기존 존재론적 설명들을 중지하고 순수한 의식의 경험 자체에 집중하는 현상학을 살펴보았다. 필자는 이제 현상학의 관점에서 설교 사역을 살펴보려 한다. 특히 이 작업은 인식의 주체인 설교자와 청중의 의식 안에서 과연 어떤 일이 일어나고 있는지를 가늠하려 할 것이며 최대한 기존의 여러 사상과 신학적 전제들을 잠시 중지하고 발생하는 현상 자체와 그 의식의 흐름에 주목할 것이다. 이를 설교현상학이라고 명명하기로 한다.

필자는 본 장에서 설교를 특정한 하나의 사건(the event)으로 상정한다. 종래의 전통적 이해는 설교를 선포, 전달, 설명, 교훈, 가르침으로 설명하였으나, 설교현상학에서는 설교를 경험으로 인식될 수 있는 시간과 공간을 점유하는 하나의 '사건'으로 이해하고자 한다. 그리하여 설교가 시행될 때 그 시간과 장소에서 어떠한 현상이 일어나는지를 주목하고자 한다. 앞서 습득한 현상학의 방법론에 따라 여러 가지 존재론적 설명과 여러 신학적 법칙을 판단중지하고 설교의 청중들이 설교 사건을 어떻게 인식하는지 또 설교 사건 가운데 설교자와 청중의 의식 안에서 어떤 현상이 발생하는지에 주목할 것이다. 이른바 이 작업은 설교의 현상학적 환원이라 할 것이다.

부가하여 우리가 또한 중요하게 상정해야 할 관점은 인식의 '지향성'으로, 이는 의식의 대상의 문제에 대한 것이다. 설교를 사건으로 이해한다면, 무엇에 관한 사건인가? 설교 사건에서 발생하는 의식의 경험은 무엇을 그 대상으로 삼고 있는가? 필자는 핵심적인 본질적 측면에서 설교를 하나님의 말씀으로 규정하며, 따라서 설교는 곧 하나님의 말씀을 그 의식의 대상으로 삼는 '말씀 사건'으로 명시한다. 설교는 곧 말씀을 지향하는 현상의 경험이다.

설교 사건을 말씀 사건으로 상정하는 상기의 전제와 방법론으로 이제 설교 현장에서 발생하는 현상들을 살펴볼 것인데, 크게 네 가지 과정으로 구분하여 기술하고자 한다. 설교 사건이 발생하는 과정에 따라 말씀의 발견, 말씀의 선포, 말씀의 수용, 말씀의 실천으로 나누어 살펴보도록 하겠다. 말씀의 발견과 선포는 설교자를 중심으로 발생하는 현상이며, 말씀의 수용과 실천은 청중을 중심으로 발생하는 현상이다.

설교 사건 안에서 말씀에 관한 현상학적 시사점들을 탐색할 때 필자는 이 작업을 두 가지로 구분하여 진행하고자 하는데, 그것은 설교에 대한 확연히 다른 해석에 기인한 것이다. 즉, 앞서 설교의 정의를 살펴보며 언급한 대로 설교를 사람의 행위로 볼 것인가 혹은 하나님의 행위로 볼 것인가의 구분이다. 이러한 구분이 필연적인 이유는 두 가지 상이한 해석으로 인해 발생하는 현상 자체가 절대적으로 달라지기 때문이다. 이후 사람의 행위 중심에 대한 내용과 하나님의 행위 중심의 내용을 서술한다.

1) 말씀의 발견

설교를 하나의 사건으로 이해할 때 그 사건이 발생하는 시작점은 어디일까? 그것은 설교가 선포되는 강단이 아니라 말씀이 발견되는 지점이다. 왜냐하면 설교자의 선포는 갑자기 돌발적으로 발생하는 것이 아니라 이미 선포가 준비되는 상당한 시간적 공간을 반드시 동반하고 있기 때문이다.

(1) 사람의 행위 중심

설교를 준비하는 설교자는 성서 안에 담긴 신앙적 교훈과 지혜를 발견하는 데 집중한다. 본문에 대한 문법적, 문학적, 문화적 이해 등 여러 가지 이해를 시도하며 이를 위해 다양한 자료들을 참조한다. 설교자 자신의 이해와 해석을 중시하기에 그만큼 심도 있는 연구를 시행한다. 설교는 곧 성서를 기반으로 한 연설이기 때문에 더욱 인상적인 교훈을 발견하는 만큼 설교가 영향력을 발휘할 것이라고 생각하며 그 역량과 책임이 설교자에 달려 있다고 믿는다.

알맞은 메시지, 곧 본문의 교훈과 지혜를 발굴한 설교자는 효과적인 전달 방법을 채택하는데, 가용한 설교 형태들 중에서 메시지의 성격,

청중의 선호도, 설교자의 숙련 정도 등을 고려하여 선택한다. 아울러 설교가 시행되는 분위기를 예측하는데, 설득, 감동, 흥미, 비장감 등을 조성하는 자료들과 이를 돕는´세부적인 장치와 방법들을 준비한다. 이후 설교자는 수집된 자료들과 선택한 형태를 기반으로 설교문을 작성한다. 이때 설교자의 의식을 지배하는 전망은 청중들로부터 얻게 될 인정과 칭찬, 청중의 신앙적 성숙, 그들에게 작동할 설교의 선한 영향력 등이다. 설교자의 기도의 내용은 성서를 잘 이해하는 것, 중요하고 분명한 신앙적 교훈을 발견하는 것, 세련된 설교 형태를 효과적으로 활용하는 것, 청중의 공감을 불러일으키는 영향력 있고 감동적인 설교문을 작성하는 것 등이다.

(2) 하나님의 행위 중심

설교자는 성서에 담겨 있는 계시된 말씀의 발견에 집중한다. 본문 안에서 이해하려는 것은 역사적 사실이나 문학적 의미 등이 아니라 하나님의 의도, 생각, 계획 등이다. 이것은 시간적으로 성서 시대뿐 아니라 현재에도 계시되는 것으로 여긴다. 그러므로 설교자의 메시지 연구는 본문을 통해 들려오는 하나님의 음성에 집중하며 순전한 말씀의 발견을 위한 묵상을 수반한다. 본문 안에서 확실하고 강력한 음성을 듣는 것이 설교의 성패를 좌우한다고 믿는다.

말씀을 발견한 후에 설교자는 설교문을 준비한다. 적절한 설교 형태를 채택할 때 고려할 점은 본문의 말씀이 더욱 선명하게 드러나고 표현될 형태를 찾는 것이다. 설교자의 고민은 하나님의 뜻과 의지이기에 설교의 언어와 문장들이 그것을 담지하도록 노력한다. 설교자의 청중에 대한 기대치는 하나님의 말씀을 듣는 초월적 경험들로, 설교

안에서 영적 임재를 통한 치유, 격려, 은혜를 경험하는 것 등이다. 이를 위해 설교자가 기도하는 내용은 성서 안에서 순전한 하나님의 말씀을 듣고, 그 말씀이 잘 녹아든 설교문을 작성하고, 이러한 준비의 과정을 자신의 의도보다 성령의 직접적인 인도하심 가운데 진행되기를 기도한다.

2) 말씀의 선포

구체적인 설교 사건의 현장은 하나님의 말씀이 선포되는 순간이다. 바로 그 시간, 바로 그 장소에서 어떤 일이 벌어지는가? 특별히 설교자의 의식 안에서 설교자는 무엇을 경험하는가? 여러 가지 설교학 이론과 설명을 묶어두고 실제적 현상에 집중해 보자.

(1) 사람의 행위 중심

설교자는 각 설교의 전환점마다 점검표를 가지고 있다. 서론부나 도입부는 효과적이었는가, 본론부의 설명과 묘사를 청중들이 잘 이해하고 있는가, 의도한 대로 잘 진행되고 있는가, 결론은 자연스럽게 마무리되고 있는가 등이다. 이러한 평가는 청중의 반응을 살피는 것으로 가능하다. 청중이 집중하여 설교를 듣고 있는지를 살피고, 이에 부가되는 피드백들, 예컨대 아멘 소리, 박수, 무관심, 행동, 표정 등을 지속적으로 살핀다.

청중이 좋은 반응을 보이거나 좋은 반응이라고 판단될 때 설교자는 용기를 얻거나 더욱 흥분하여 톤이 강해지거나 뿌듯함과 자부심을 경험한다. 반면 청중이 나쁜 반응을 보이거나 혹은 나쁜 반응이라고 판단될 때 설교자는 실망하거나 분위기 전환을 위해 시도하거나 자괴감이나 자책감을 경험한다. 한편 설교 진행의 위기를 직면했을 때 '잘할 수 있어'라고 스스로 용기를 내는 것이 중요하다. 이러한 인식들은 설교 후 부끄러움, 반성, 열심을 위한 동기부여 혹은 자신감, 유쾌함, 보람, 목회적 역동성 등으로 이어진다.

(2) 하나님의 행위 중심

설교자는 하나님 말씀의 순전한 선포에 집중한다. 성령의 인도하심에 의존한다. 하나님이 친히 이끄시고 도와주실 것을 신뢰한다. 설교자가 예민하게 관찰하는 것은 청중의 영적 반응인데, 청중이 말씀 사건에 어떻게 참여하고 있는지, 어떤 영적인 경험을 하고 있는지를 살피는 것이다. 이는 청중의 언어적 행위뿐 아니라 비언어적 행위들로 확인할 수 있겠지만 단지 거기에 제한되지 않는 것은, 설교자 자신도 성령의 강력한 임재하심의 한복판에 서 있기 때문이다. 말씀의 선포는 필수적으로 설교자의 충만한 말씀의 은혜를 수반한다. 말씀으로부터 오는 강력한 은혜의 체험이 설교자를 강력하게 붙들었을 때 설교자는 마치 춤을 추듯 자유롭게 설교하게 되며 그 충만한 은혜의 일부가 청중에게로 흘러간다.

말씀 선포에 만족한 설교자는 하나님께 감사하거나 더 담대하게 설교하거나 기쁨과 행복감을 경험한다. 반면 그렇지 못한 설교자는 하나님께 죄송해지거나 스스로 부끄러움을 느껴 회개를 통해 다시금 회복을 시도한다. 설교자는 하나님의 섭리하심을 위해 더욱 겸손하게 기도하며 설교의 위기의 순간에 더욱 성령님의 도움을 요청하게 된다. 설교는 설교자의 행위를 초월하여 성령님의 행위이기 때문이다.

3) 말씀의 수용

　앞서 말씀의 발견과 선포가 설교자에 관련한 설교 사건의 과정이었
다면, 말씀의 수용은 청중들의 의식 안에서 일어나는 현상이다. 설교자
의 인식에서와 마찬가지로 청중의 인식 안에서도 설교를 하나님의
주도적 행위로 이해하는 것과 사람의 행위로 이해하는 것은 전혀
다른 현상과 경험을 만들어 낸다.

(1) 사람의 행위 중심

　청중은 설교를 통해 지혜와 지식의 말씀을 기대하는데, 자신의
삶에 영향력을 행사할 수 있는 것들이다. 자시의 신앙적 삶이나 윤리적
실천을 위한 교훈과 가르침을 갈망한다. 설교자의 설교에 주목하며
설교의 내용을 이해하거나 분석한다. 청중은 설교의 네 가지 차원에서
영향을 받는데, 첫째는 설교자의 열정과 설교의 감성적 내용이며,
둘째는 설교자의 지성과 설교의 이성적, 논리적 내용이며, 셋째는
설교자의 호소력과 설교의 윤리적 내용이며, 넷째는 설교자의 재치와
설교의 흥미와 유머의 내용이다.

　감성적 설교에 공감한 청중은 희로애락과 같은 감정을 경험하며,
이성적 설교에 동의하는 청중은 새로운 지식으로 만족한다. 윤리적
설교를 듣는 청중은 새로운 변화와 도전을 결단하며, 위트 있는 설교에
매료된 청중은 한바탕 웃음의 잔치를 즐긴다. 물론 청중 스스로의
기대감에 미치지 못했을 때는 흥미와 집중력을 잃게 되는데, 설교
시간의 지루함을 견뎌내기 힘들어 잡담이나 해찰, 주보 오타 찾기,
무심코 성경 넘기기를 비롯하여 심지어는 편안한 잠에까지 이른다.

청중의 설교에 대한 평가는 설교자에 대한 평가와 거의 일치하며 설교 잘하는 설교자와 설교 못하는 설교자로 구분 짓는 것을 서슴지 않는다. 혹여 자신의 비밀스러운 사생활이 설교에 포함되었다고 인식할 때는 설교자를 찾아가 항의하곤 하는데, 그때의 언사는 "목사님, 저 들으라고 설교하셨죠?"와 대동소이하다.

(2) 하나님의 행위 중심

청중은 설교자의 설교로부터 하나님의 말씀을 청종하려 집중한다. 설교의 구체적인 내용으로 성서 해석, 적용, 삶의 이야기, 경험담 등을 듣고 있으나 그곳으로부터 자신에게로 향한 하나님의 메시지를 발견하기를 갈망한다. 여러 설교의 내용 중에서 특별히 자신의 삶에 깊이 연관된 내용이 등장했을 때, 그 순간 설교의 내용에 경도되며 그 내용으로부터 실존적 접촉점들을 상기시킨다.

청중이 기대하는 것은 설교자의 선견지명이 아니라 자신을 향해 들리는 살아있는 하나님의 말씀이므로 청중의 태도는 동의와 공감을 넘어서는 순종의 자세다. 때때로 설교의 내용이 자신의 경험과 중첩되어 영적인 갈등과 모순이 발생하기도 하지만, 곧 전향적 결과로 진행된다. 성령의 임재를 강하게 경험한 청중은 감격, 애통, 회개, 감사, 결단, 탄식, 기쁨 등을 느끼곤 한다.

설교에 대한 평가는 설교자에 대한 평가라기보다 청중 자신에 대한 평가에 근접하며, 설교를 통해 영적인 경험에 다다르지 못했을 때면 "은혜받지 못했다"라는 말과 함께 스스로 말씀을 들을 준비가 부족했음을 돌아보고 기도와 말씀 읽기로 설교에 집중한다. 한편 자신의 실존적 내용이 깊이 연관된 설교를 들을 때면 설교자를 찾아와

"목사님, 오늘 설교는 저 들으라고 하셨습니다"라고 고백한다.

4) 말씀의 실천

설교 사건의 최종 목적지는 바로 말씀이 개화하여 열매를 맺는 단계로 곧 실천의 단계다. 정보의 습득, 지식과 지혜의 각인, 은혜의 체험, 실존적 결단은 어디까지나 수용의 단계이며 삶의 자리에서 설교 사건을 통해 경험한 내용을 실천하고 구체적으로 시행하는 것이 설교의 목표다. 모든 설교는 변화와 변혁을 지향하며 이를 전제하지 않는 설교는 진정한 설교라고 할 수 없다. 이론적이며 현학적이고 이상적인 설교가 가능하겠으나, 현상학적 지적처럼 우리는 삶의 세계를 통해 경험하며 사는 존재들이므로 결국 하나님의 말씀은 설교를 통해 우리의 삶 한복판에 심기고 만개하여 열매 맺는다.

(1) 사람의 행위 중심

설교를 통해 성서 안에서 발견할 수 있는 탁월한 삶의 지혜들과 교훈들을 듣고 깨달았으니 청중은 듣고 배운 대로 실천에 옮긴다. 특히나 그리스도인으로서 마땅한 품성과 삶의 면모를 갖추려고 노력하는데, 이는 설교를 통해서 습득한 내용들이다. 말씀의 실천에 대한 모델은 모범적 신앙인들의 모습을 따라 사는 것으로 성서나 기독교 역사 속에서 넉넉하게 발견할 수 있다.

"어떻게 살 것인가?"에 대한 정답란은 구체적인 실천의 항목으로 채워진다. 기도, 찬양, 말씀 등 신앙적 실천으로 귀결될 수 있다. 믿음, 소망, 사랑, 경건, 성결과 같은 더 깊은 믿음의 덕목들로 영글어갈 수도 있다. 소외된 자들 편에 서고, 불의의 세력에 대해 정의를 시행하고 예수의 영성과 품성을 훈련하는 등 더욱 분명한 형태를 갖출 수도 있다. 봉사활동에 참여하고, 가난한 이웃을 돕고, 부조리한 관리들의 부패를 알리고, 여론을 형성하여 필요한 정책을 제안하는 등 확연하게 현실적인 행동으로 발전할 수도 있다.

이러한 실천들의 공통점은 자신의 결단과 의지가 반드시 수반되어야 한다는 점이다. 말과 생각만에 머무르지 않고 더 애착과 열심을 가지고 말씀으로부터 얻은 지혜가 손에 잡히고 눈에 보이는 결과로 나타나도록 더 철저하게 고민하고 계획하여 시행하는 것이다. 물론 자신의 결의대로 이루지 못하고 실패할 수도 있겠지만 자신감을 가지고 다시 도전하면 된다. 그것이 말씀을 실천하며 사는 삶이다.

(2) 하나님의 행위 중심

설교를 통해 듣게 된 내용을 하나님의 말씀으로 여기므로 마땅히 순종하게 된다. 청중의 순전한 관심은 말씀의 출발자인 하나님의 안목과 평가다. 설교의 실천은 그를 기쁘시게 하는 것, 그에게 인정받고 칭찬받는 것, 그의 영광이 되는 것을 추구한다. 이는 윤리적 실천, 율법적 실천의 범주를 벗어나 복음적 실천에 이른다. 영적인 가치를 중시하나 단지 이는 정신과 마음의 영역에 머무르지 않고 그로부터 땅의 변화, 현재의 변화, 세계의 변화로 확장된다.

말씀을 실천하는 청중에게 중시되는 것은 자신의 계획과 의지보다 하나님의 계획과 의지다. 그러므로 기도를 통해 늘 영적으로 하나님과 소통하기를 시도하며, 성령의 인도하심과 도우심을 의지한다. 자신의 결함과 단점을 발견하지만 크게 염려하지 않는 것은 말씀을 실천하려고 고군분투할 때 말씀의 주인이신 하나님이 도와주시고 함께하심을 신뢰하기 때문이다. 그러므로 말씀이 생활화되는 실천의 현장에서도 가장 중요한 것은 하나님의 의지이며, 청중은 이를 판단하기 위해 지속적으로 기도를 선행시킨다. 말씀이 땅에 심기어 열매 맺는 것은 인간의 행위에 갇혀 있지 않는, 곧 하나님의 행위다.[18]

---

18 이 글의 다음 편에서는 씨뿌리는 비유에 대한 복음서 본문의 연구와 이를 구체적으로 설교 현상학에 적용하는 내용으로 이어집니다.

서구 경제 사상과의 대화

마르크스주의 이해와 농(農)신학*

박득훈

(목사, 사회선교사, 기독교경제윤리 Ph.D.)

작년 12월 농신학연구회 월례 모임에 이어 올해 제5회 공개 심포지엄 자리에서 다시 마르크스주의와 농신학을 연결시켜 성찰해 볼 수 있는 기회가 생겨 감사하다. 마르크스주의가 철 지난 이념 체계 혹은 역사적 유물로 간주된 지 꽤 오래되었다. 물론 한국을 비롯해 세계 곳곳엔 여전히 마르크스주의에 기초해 자본주의 체제에 저항하고자 하는 그룹들이 존재한다. 하지만 그들을 통해 혁명이 일어날 것 같은 조짐은 보이지 않는다. 이런 상황에서 마르크스주의를 소환해 농신학과 연결시켜 보려는 시도 자체가 나에겐 매우 반갑지 않을 수 없다.

---

* 이 글은 2024년 12월 26일(목) 비대면으로 진행된 제48차 농신학 월례 세미나에서 발표한 후 「농촌과목회」 105 (2025 봄): 176-207에 실린 것을 부분적으로 수정·보완한 것이다.

이번 공개 심포지엄 발제자로 초청받은 후 지난 월례 모임 때보다는 한국 농신학에 대해 더 깊이 이해하기 위해 나름 노력했다. 하지만 그 이해가 여전히 많이 모자란다는 점에 대해 너그러운 양해를 구하지 않을 수 없다. 그럼에도 다시 용기를 낸 것은 마르크스주의를 제대로 파악하면 근대 자본주의 사회라는 냉엄한 현실에서 농신학 운동을 강화시켜 나가는 데 도움이 될 수 있을 것이라는 확신이 깊어졌기 때문이다.

하지만 농신학 관련 글을 읽으면서 이런 필자의 생각에 동의하는 것이 그리 쉽지 않을 것이라는 짐작을 어렴풋이 할 수 있었다. 마르크스주의 역시 자본주의와 별다를 바 없이 '진보'라는 이름으로 산업생산의 끊임없는 증가를 강조함으로써 농업을 수단화하고 생태계를 파괴하는 데 일조했다고 보는 흐름이 직간접적으로 읽히기 때문이다.[1] 그러나 이는 구 현실사회주의 국가들에 대한 비판적 평가로는 볼 수 있을지언정, 카를 마르크스와 프리드리히 엥겔스의 사상과 이론 자체와는 상당히 거리가 먼 비판이다. 그들은 유물론적 생태학과 그에 기초한 도농(都農) 갈등·모순의 극복에 대한 깊은 이해를 갖고 있었기 때문이다. 그래서 필자는 이 짧은 글에서 그들의 핵심적인 논지를 소개하면서, 특히 그들이 주장한 유물론적 생태학에 주목하려고 한다. 이를 통해 마르크스주의와 농신학의 가장 직접적이고 뚜렷한 연결고리를 발견할 수 있다고 판단한다. 물론 이는 마르크스주의에 대한 무비판적 수용을

---

1 예컨대 김환석, "신(新)유물론과 라투르의 지구정치신학,"「농촌과목회」, 104 (2024 겨울), 173. "… [라투르는] 근대성을 역사의 '진보'로서 추구한 자본주의와 사회주의 양자는 모두 이런 '근대적 헌법'에서 벗어난 것이 아니기 때문에, 근대주의 우파와 좌파 버전을 대표할 뿐 근대주의가 지닌 근본적인 모순과 한계를 벗어나지 못했다고 보았다."

뜻하는 게 아니라 거기에서 아주 소중한 도움을 얻을 수 있다는 것을
의미함을 밝혀둔다.

I. 마르크스주의가 여전히 유효한 사회과학적 이유

글이 진행되면서 분명해지겠지만 필자는 농신학이 추구하는 새로
운 세상은 일단 지배적인 자본주의 체제가 해체되고 포스트 자본주의
사회로 전환된 후에야 본격적으로 실현될 수 있다고 본다. 이는 자본주
의에 대한 예리하고 깊이 있는 분석과 평가 없이는 불가능한 일임은
당연하다. 그런 점에서 마르크스주의가 여전히 유효한 사회과학이라
고 생각한다. 이를 설득력 있게 주장한 책으로 영국 문학이론가인
테리 이글턴의 『왜 마르크스가 옳았는가』를 들 수 있다.[2] 마르크스의
과학적 분석과 주장이 당대에 옳았다면 지금도 옳다는 취지의 제목이
다. 결코 사상 박물관에나 전시해 둘만한 유물이 아니란 주장이다.
그런 주장의 가장 근본적인 근거는 자본주의엔 본질적 반복성이 있다
는 데 있다.

마르크스는 자본주의의 궁극적인 한계가 자본 그 자체이며 자본의 끊임없는
재생산이 자본주의의 넘어설 수 없는 경계선이라고 논평한 바 있다. 그러므
로 모든 역사적 체제 가운데 가장 역동적인 이 체제에는 이상하게 정태적이
고 반복적인 데가 있는 것이다. 체제의 근저에 깔린 논리가 사뭇 고정적이라

---

2 테리 이글턴/황정아 옮김, 『왜 마르크스가 옳았는가』 (길, 2012).

는 사실 때문에 그에 대한 마르크스주의 비판이 대체로 여전히 타당할 수 있다. … 자본주의는 자신의 현재를 주어진 틀에 따라 재생산하는 것 말고는 어떤 다른 미래도 발명할 수가 없다. 물론 이 재생산에 더 많은 선택이라는 게 따라 나오기야 하겠지만….[3]

이글턴은 자본주의의 변하지 않는 특징으로 부와 권력의 엄청난 불평등, 제국주의적 전쟁, 강화된 착취, 점점 더 억압적인 국가를 든다.[4] 여기에 한 가지 더 첨부하자면 자본주의는 예나 지금이나 이윤 획득을 위해서 자연까지 약탈한다. 그 양태가 다양화되고 강도가 심화되었을 뿐이다. 자본주의 정치경제 체제하에서 생태계가 신음하고 신음하다 마침내 기후위기로 폭발하고 있는 것은 전혀 이상하지 않다.

그럼에도 많은 이들이 마르크스주의를 버린 이유는 무엇일까? 이글턴은 새로운 자본주의에 대한 환상이 아니라 그것을 바꿀 가능성에 대한 환멸이 결정적이었다는 점에 주목하면서 다음과 같이 역설한다.

마르크스주의가 주변부로 밀려졌지만 그렇게 된 이유는 그것이 맞선 사회 질서가 더 온건하고 자애로워지기는커녕 예전보다 한층 더 무자비하고 극단적인 것이 되었기 때문이었다. 그리고 그로 인해 사회 질서에 대한 마르크스주의적 비판은 더더욱 적실해졌다. 전 지구적 규모에서 자본은 전보다 더

---

3 앞의 책, 20-21.
4 물론 20세기 중반 이후의 현대 자본주의 국가의 억압 형태는 초기 산업자본주의 시대 국가의 경우와는 다르다. 후자의 경우 억압은 노골적이었던 반면, 전자의 경우 국가는 다양한 사회 장치를 활용해 노동자 스스로 자신을 억압하고 착취하게 만든다. 이를 좀 더 자세히 확인하려면 자크 비데/배세진 옮김, 『마르크스와 함께 푸코를』(생각의힘, 2021)을 참조하라.

집중되고 약탈적이며 노동계급은 사실상 양적으로 늘어났다.[5]

더 무서워지고 강력해진 자본주의에 직면해 대중들이 정치적인 무력감에 짓눌리게 되었다는 것이다. 이는 마르크스주의 문학비평가이자 문화이론가인 프레데릭 제임슨이 인용한 누군가의 발언에 잘 표현되어 있다. "자본주의의 종말을 상상하는 것보다 세상의 종말을 상상하는 것이 더 쉽다."[6] 대안은 없다는 절망감이 보편화되었다는 뜻이다. 게다가 자본주의는 각 개인을 '자기 자신을 경영하는 주체'로 만들어 자본주의 체제 내에서의 성공을 향해 자발적으로 노력하도록 끊임없이 자극하고 유혹한다.[7] 말하자면 자유를 억압하는 것이 아니라 자유를 이용해 착취하는 것이다.[8] 하지만 막상 그렇게 착취당하는 각 개인은 '나만큼은 그래도 성공할 수 있을 거야'라는 '무의식적 환상'에 이끌린다. 이런 현상을 마크 피셔는 『자본주의 리얼리즘』이란 책을 통해 명쾌하게 분석해 주었다.[9]

슬픈 건 그렇게 자발적 예속의 길을 걸어가는 노동계급은 사실상 양적으로 늘어났다는 점이다. 그럼에도 사람들은 노동계급이 사라지고 있다고 믿기에 노동착취에 주목한 마르크스주의가 더 이상 유효하

---

5 이글턴, 『왜 마르크스가 옳았는가』, 18.

6 Frederic Jameson, "Future City," *New Left Review* 21 May/June 2003, https://newleftreview.org/issues/ii21/articles/fredric-jameson-future-city (2025. 4. 30. 검색).

7 프레데리크 로르동/현동균 번역 · 역주, 『자본주의와 자발적 예속: 스피노자와 마르크스의 욕망과 정념의 사회학』(진인진, 2024). 저자는 스피노자의 정념 철학에 기대어 자본이 어떻게 자신의 욕망을 노동자들 스스로의 욕망으로 생성해 내는지 정밀하게 분석해 준다.

8 한병철/전대호 옮김, 『오늘날 혁명은 왜 불가능한가』(김영사, 2024), 10-11.

9 마크 피셔/박진철 옮김, 『자본주의 리얼리즘: 대안은 없는가』(리시올, 2018/2024).

지 않다고 착각한다. 그러나 이글턴이 명료하게 지적했듯이 여기엔 두 가지 결정적인 오류가 있다.

첫째, 계급 관계를 태도의 문제로 오해한다. 즉, 그룹 회장이 티셔츠나 청바지 차림으로 직원들과 편하게 대화를 나누는 것을 보며 계급 문제가 사라졌다고 착각한다. 그러나 계급 문제는 "어떻게 느끼는가의 문제가 아니라 무엇을 하는가의 문제"다.[10] 즉, "가장 중요한 것은 자본주의 생산양식에서 노동계급이 점유하는 자리다."[11] 물론 노동자도 주식, 부동산, 디지털 화폐(대표적으로 비트코인) 매매를 통한 재테크에 참여할 수 있다. 하지만 임금노동에서 온전히 자유롭지 않는 한 그는 여전히 노동계급에 속한다. 생계를 넉넉히 유지해 갈 만한 생산수단, 즉 자본을 소유하지 못하고 있기 때문이다.[12] 노동계급에 속하는 한 그는 자본주의 체제에 필요하면서도 동시에 그로부터 배제되는 경험을 하지 않을 수 없다. "노동계급은 제 기능을 다하면서도 박탈당하고… 시민사회의 불가결한 일부이지만 동시에 아무것도 아닌 존재로 취급받는다."[13] 자본은 전보다 더 소수의 손에 집중되어 있으며 궁핍하고 박탈 당한 계층들은 시시각각 늘어나고 있다는 점에서 노동계급은

---

10 이글턴, 『왜 마르크스가 옳았는가』, 151-152.

11 앞의 책, 155. 이런 관점에서 볼 때 노동계급이 실내 욕실이나 컬러 텔레비전, 더 나아가 자동차와 집을 소유한다고 해서, 화려한 백화점을 드나들 수 있다고 해서 노동자들의 계급성이 본질적으로 사라지는 것은 아니다.

12 칼 마르크스/김수행 옮김, 『자본론』 I (상) (비봉출판사, 2015), 223. "… 화폐 소유자는 상품시장에서 자유로운 노동자를 발견하지 않으면 안 된다. 여기에서 자유롭다는 것은 이중적인 의미를 가진다. 즉, 노동자는 자유인으로서 자기의 노동력을 자신의 상품으로 처분할 수 있다는 의미와 다른 한편으로는 그는 노동력 외에는 상품으로 판매할 다른 어떤 것도 전혀 가지고 있지 않으며, 자기 노동력의 실현에 필요한 모든 물건으로부터 자유롭다는 의미다."

13 이글턴, 『왜 마르크스가 옳았는가』, 156.

전 지구적 차원에서 증가하고 있다.

둘째 오류는 노동계급을 소위 **블루칼라 노동계급**에 국한시켜 생각하는 것이다. 그러나 애초부터 프롤레타리아트(무산 노동자 계급)는 블루칼라 남성 노동계급(예컨대 커다란 망치를 능숙하게 다루는 근육질 남성)을 뜻하지 않았다. 프롤레타리아트는 불어에서 왔는데, 라틴어 *proletarius*(형용사)에서 유래되었다. *proletarius*는 *proles*(자손)와 *arius*(~에 속하는)의 합성어로 '자손 밖에는 국가에 기여할 것이 없는 가장 낮은 시민계급에 속하는 사람'을 의미했다. 고대 사회에선 하층 계급 여성, 즉 너무 가난해서 자궁 말고는 어떤 무엇으로도 국가에 봉사할 수 없는 여성을 뜻했다.

마르크스 당시에도 임금노동자의 최대 집단은 산업노동계급이 아니라 가내 하인 계급(대부분 여성)이었다. 영국이 세계의 공장이었을 때도 제조업 노동자 수는 가내 하인 계급, 농업노동자보다 적었다. 그래서 마르크스는 프롤레타리아트를 생산직 노동자와 동일시하지 않았다. 다양한 상업노동자를 산업노동자와 같은 층위에 놓았다. 즉, 마르크스에게 있어서 "노동계급은 노동력을 자본에 팔 수밖에 없고 자본의 억압적 규율 아래 신음하며 자신의 노동조건에 대한 통제력이 거의 없거나 아예 없는 사람들 모두를 포함했다."[14]

물론 오늘날의 계급 구조가 마르크스 당시보다 더 세분화된 것은 사실이다. 이글턴은 크게 네 부류로 나눈다. ① 상층부 지배 그룹(자본가 그룹과 자본의 다양한 대행자들), ② 다양한 중간 계급, ③ 정식 노동계급, ④ 엄청나게 빠른 속도로 늘어나는 세계의 엄청난 슬럼 인구.[15] 두

---

14 앞의 책, 160.

번째 그룹은 노동자와 자본가 사이의 계급이지만, 새로운 정보기술의 확산으로 그중 다수가 프롤레타리아트화(자산 없는 경제적 불안정이라는 조건)의 과정을 겪고 있다. 네 번째 그룹에 속하는 이들은 마르크스가 노동계급의 일부로 본 당대의 '유동적' 실업자 내지 일용직 노동자와 매우 흡사한 조건에 처해 있다. "노동계급의 사망은 한참 과장된 주장"이라고 잘라 말한 이글턴에 적극 동의하지 않을 수 없다. 그렇기에 마르크스주의는 여전히 유효하다.[16]

II. 그리스도인들의 마르크스주의에 대한 오해 풀기

사회과학적으로 마르크스주의가 아무리 유효하다 해도, 그리스도인들은 여전히 마르크스주의를 적극 참조하는 데 머뭇거리게 된다. 두 가지 오해 때문이다.

1. 자본주의 정신의 기초는 개신교 윤리?

그리스도인들에게 흔히 통용되는 것이 막스 베버 신화다. 막스

---

15 앞의 책, 163-164.

16 이와 관련해 오늘의 한국 사회는 더 이상 민중신학의 현장일 수 없다거나(안재학), 역사의 주체로서의 민중은 이제 농인으로 대체되었다는(한경호) 농신학의 상황분석은 좀 더 정밀하게 재고될 필요가 있다고 본다. 안재학, "민중 메시야론에서 농민의 위치: 씨 뿌리는 자의 비유와 포도원 품꾼과 소작인 그리고 부유한 농부의 비유를 중심으로," 『농신학: 살림과 평화의 길』 제3집 (한국농신학연구회, 2023), 160-161; 한경호, "농신학과 민중신학의 대화," 「농촌과목회」 102 (2024 여름): 158-162.

베버가 『개신교 윤리와 자본주의 정신』을 통해 자본주의 정신은 개신교 윤리를 모태로 삼아 비로소 발흥했음을 사회과학적으로 밝혀냈다는 것이다.[17] 그러나 이는 막스 베버의 연구에 대한 전형적인 왜곡이다.

베버는 마르크스가 자본주의의 등장을 유물론적으로 해석하는 것에 대해 반박할 의도가 없음을 분명히 했다. 다만 자본주의가 성립되는 데는 새로운 정신이 꼭 필요한 요소 중에 하나였음을 강조하고자 했다.[18] 나아가 자본주의의 정신과 개신교 윤리 사이에 '결합하기 쉬운 유사점'(elective affinity)이 존재한다는 것을 밝히고자 했다.[19] 베버는 둘 사이에 기계적 인과관계가 성립된다는 것을 입증하려는 의도가 없다는 것을 분명히 밝히고 있다:

> 자본주의 정신은⋯ 종교개혁의 어떤 영향의 결과가 아니면 형성될 수 없었다거나 경제 체제로서의 자본주의는 종교개혁이 창조해 냈다는 식의 어리석고 공론(空論)적인 명제를 주장하려는 의도는 없다. ⋯ 그와는 달리 과연 종교적인 힘이 그[자본주의] 정신이 질적으로 형성되고 양적으로 세상에 팽창되어 가는 데 역할을 하였는지 그리고 그랬다면 그 역할이 어느 정도인지, 더 나아가서는 자본주의 문화의 어떤 구체적인 양상이 그 종교적인 힘으로

---

17 Max Weber, *The Protestant Ethic and the Spirit of Capitalism* (Unwin Hyman, 1930/89; 막스 베버/김덕영 역, 『프로테스탄티즘의 윤리와 자본주의의 정신』 (길, 2010).

18 Max Weber, *Economy and Society: An Outline of Interpretative Sociology* (Bedminster Press, 1968), 91. "문화와 역사의 생성 요인을 일방적인 유물론의 입장에서 해석하던 것을 일방적인 유심론의 입장에서 해석하는 것으로 대치하려는 것이 우리의 목표가 아니다." David Lee and Howard Newby, *The Problem of Sociology* (Unwin Hyman, 1983/89), 183에서 재인용.

19 Lee and Newby, *The Problem of Sociology*, 184.

부터 유래됐다고 볼 수 있는가를 규명하고 싶은 것뿐이다.[20]

즉, 막스 베버는 개신교(사실은 17세기 영국 상인들 중심의 청교도 신앙)
윤리가 자본주의 발전을 위해 필요했던 정신이 형성되고 확산되는
데 어느 정도 역할을 한 것을 입증하려고 했던 것이지 근본적인 원천이
었다고 주장하고 싶었던 것은 아니었다. 영국의 기독인 경제사학자인
리처드 토니가 잘 밝힌 것처럼 "자본주의 정신은 사실 역사만큼 오래된
것으로서 흔히 말해지듯 청교도 신조의 결과가 아니다."[21] 다만 후기
청교도 신조 안에는 자본주의 정신을 북돋우며 강화하는 역할을 하는
강장제가 담겨 있었던 것이다. 한편 토니는 "강렬한 개인주의나 엄격한
기독교사회주의 둘 다 칼빈의 교리로부터 도출될 수 있다"는 점을
분명히 했다.[22] 그렇기 때문에 토니는 자본주의가 생성되어 가는 과정
에서 초기 종교개혁자들의 가르침 중 사회주의적 요소인 엄격한 경제
적 제재(制裁)와 훈련의 요소는 상실되고 개인주의적 요소인 경제적인
미덕, 즉 근면, 절제 등만이 강조되게 된 점을 안타까워했다.[23] 종교개혁
역사를 제대로 이해한 그리스도인들은 자본주의와 개신교를 친형제처
럼 일치시키려는 오류를 더 이상 범해서는 안 된다. 사회주의적 지향성
을 갖는 것이 곧 기독교 신앙과 윤리를 배신하는 것이라는 강박에서
벗어날 필요가 있다.

---

20 Weber, *The Protestant Ethic and the Spirit of Capitalism*, 91.
21 Richard H. Tawney, *Religion and the Rise of Capitalism* (Penguin Books, 1922/
   90), 225.
22 앞의 책, 121.
23 앞의 책, 227-251.

2. 마르크스주의 근본 바탕은 무신론?

그리스도인들이 마르크스주의에 거부감을 갖는 또 하나의 이유는 그것의 근본 바탕이 기독교에 적대적인 무신론이라는 확신 때문이다. 그 확신엔 그럴만한 근거가 있어 보이는 게 사실이다. 하지만 거기에도 오해가 일정하게 담겨 있다.

우선 카를 마르크스는 역사적 유물론을[24] 주장함으로써 역사 발전의 과정을 하나님을 제외한 채 소위 생산양식과 생산력 간의 조화와 갈등이라는 관점에서 설명하려고 했다. 기독교인들은 당연히 역사적 유물론으로 역사 발전의 총체적 과정을 다 설명할 수 있다는 주장에 동의할 수 없다. 하지만 역사적 유물론이 그리스도인의 역사 이해에 큰 도움을 줄 수 있다는 점을 놓쳐선 안 된다. 하나님을 부정하고 물질적 탐욕을 따르는 사람들이 펼쳐 온 세계 역사의 발전 과정은 유물론적 역사관으로 성찰할 때 명료하게 이해되는 부분들이 많기 때문이다. 게다가 인간을 인격적으로 대하시는 하나님은 구속 역사를 진행해 가실 때 그런 부분까지도 안고 가시면서 신비롭게 자신의 뜻을 펼쳐 가신다는 점을 잊어선 안 된다.

다른 한편 자본주의 국가가 종교의 자유를 존중한다는 점에서 그리스도인들은 자본주의에 더 우호적이어야 한다는 주장도 다시 생각해 볼 필요가 있다. 폴 마샬이 잘 지적한 것처럼 그 종교의 자유는 어디까지나 영혼의 구원에 국한되어 있다.[25] 그 자유는 공적이고 정치

---

24 아래에 이어지는 마르크스주의의 핵심 논지에서 역사적 유물론에 대해 좀 더 구체적으로 다루게 될 것이다.

25 폴 마샬/진응희 옮김, 『정의로운 정치: 기독교 정치사상과 현실 정치』(IVP, 1997),

적인 영역까지 확대되지 않는다. 이러한 종교적 자유의 허상을 보면서 스탠리 하우어워스는 "왜 종교의 자유가 교묘한 유혹인가"라는 질문을 던진다.[26] 자본주의는 경제적인 영역에서 하나님보다 맘몬을 섬길 것을 때로는 유혹하고 때로는 위협한다. 이 유혹과 위협에 넘어가면, 허경회가 잘 지적했듯이, 모든 신앙적 언어는 사실 껍데기만 남게 된다.[27] 노골적인 무신론보다 껍데기뿐인 유신론이 사실은 참 그리스도인들에게 더 무섭고 힘겨운 상대다.[28]

둘째, 마르크스 자신이 종교를 '곤궁한 피조물의 한숨'(the sigh of the oppressed), '무정한 세계의 감정'(the heart of a heartless world), '정신 없는 상태의 정신'(the soul of soulless conditions)이요 '인민의 아편'(the opium of the people)이라고 맹렬하게 비판했다.[29] 여기서 종교라 함은 물론 기독교를 뜻한다. 그러나 이러한 비판을 찬찬히 들여다보면 그 비판의 대상이 참 기독교 신앙이 아니라 자본주의를 정당화해 온 당대의 기독교, 특히 영국 국교인 성공회였음을 알 수 있다.『자본론』 I (상) 제1독어판 "서문"(1867)에 등장하는 한 대목에 주목해 보자.

예컨대 영국 국교는 자기의 신앙조항 39개 중 38개를 침해하는 것은 용서할

176-191.

26 Stanley Hauerwas, *After Christendom?: How the Church is to behave if freedom, justice, and a Christian nation are bad ideas* (Abingdon Press, 1991), 92.

27 허경회,『새로운 밀레니엄은 없다』(오롬시스템, 1999), 360.

28 이를 잘 분석해 준 책으로 외르크 리거/정준화 옮김,『예수 대 카이사르: 문명 붕괴 시대에 예수 바로 찾기』(한국기독교연구소, 2025).

29 카를 마르크스,『헤겔 법철학의 비판을 위하여: 서설』; https://www.marxists.org/korean/marx/critique-hegel/introduction.htm(2025. 4. 30. 검색).

지언정 자기 수입의 1/39을 침해하는 것은 결코 용서하지 않을 것이다. 오늘날에는 무신론 그 자체는 기존 소유관계에 대한 비판에 비하면 작은 죄다.[30]

마르크스는 『자본론』을 영국 런던에 체류하면서 집필하였다. 그의 눈에 비친 영국 국교는 경제적 풍요와 배타적 재산권에 매몰되어 있었다. 이는 영국 국교의 기독교 신앙이 자본주의와 밀착되어 그 체제를 정당화하는 수단으로 전락했음을 보여 주는 것이었다.

영국의 복음주의 신학자인 앤드류 커크는 마르크스, 니체 그리고 프로이트를 분석하면서 매우 도전적인 결론을 내린 바 있다. 그들은 물론 예언자들과는 다른 정황에서 활동했고 다른 목적과 동기를 가지고 있었지만, 예레미야처럼 "뽑으며 파괴하며 파멸하며 넘어뜨리며 건설하며 심는"(렘 1:10) 사명을 감당했다는 것이다. 그들의 종교 비판과 선지자들의 우상 숭배 비판이 서로 맞닿아 있다는 점에 주목한다. "종교가 왜곡되고 조작된 하나님 상(像)을 반영한다면 우리는 무신론자가 되어야 한다"며 그런 상황하에선 오히려 "어떤 점에서 무신론자가 종교 애호가보다 진정한 하나님에게 가까울 수도 있지 않는가?"라고 반문한다.[31] 그리스도인은 무신론자들의 종교 비판을 무조건 배격할 것이 아니라 오히려 그들의 비판의 정당성을 잘 가려내서 자신을 새롭게 할 필요가 있다.

셋째, 1950~1953년의 한국전쟁을 전후로 해서 상당수의 기독교인

---

30 카를 마르크스/김수행 옮김, 『자본론』 I (상), 7. 영국 국교(성공회)의 신앙 조항 39개는 영국 국교의 근간이 되는 신학적 선언서다.

31 J. Andrew Kirk, *Loosing the Chains: Religion as opium and liberation* (Hodder & Stoughton, 1992), 32-50.

이 마르크스주의를 신봉하는 공산당원들에게 핍박을 받고 심지어 살해를 당하는 비극을 겪었다. 그로 말미암은 트라우마는 정말 깊은 것이다. 더구나 전쟁은 결론을 내지 못한 채 지금까지도 냉전 상태를 이어가고 있다. 이런 상황에서 용서와 화해를 꾀하는 것은 하늘의 별 따기처럼 어렵다는 것을 우리 모두는 잘 알고 있다. 더 우리를 가슴 아프게 하는 것은 공산당의 핍박을 피해 월남한 그리스도인을 중심으로 형성된 기독교 주류 세력의 적대적 반공 이념이 너무 강고하다는 점이다. 급기야는 작년 윤석열의 계엄 선포를 기점으로 극우 기독교의 형태로 폭발하고 말았다. 이들이 폭력적 언어와 행위를 부끄러워하기는커녕 오히려 당당한 것도 실은 트라우마 때문이다.

하지만 그럴수록 그리스도인들은 기독교 복음의 핵심이 화해와 용서 그리고 평화라는 점을 깊이 성찰할 필요가 있다. 그리스도의 은혜를 힘입어 어떻게 해서든지 과거의 쓰라린 아픔을 딛고 일어나 증오심과 적대감을 극복해 나가야 한다. 북한 대중들도 한국군과 미군으로부터 받은 깊은 상처가 있다는 점을 마음에 새긴다면[32] 그 과정이 한결 수월할 수 있을 테다. 용서와 화해의 정신이 우리 마음에 뿌리를 내릴 때 "어린아이를 목욕시켰으면, 목욕물만 버리고 아이는 버리지 말라"는 격언에 귀를 기울일 수 있게 된다. 북한 공산주의 지배 세력에 대한 혐오와 적대 때문에 마르크스주의가 갖고 있는 훌륭한 성찰을 통째로 배격하는 것은 목욕물과 함께 아이까지 버리는 것임을 인정할 수 있게 된다. 우리처럼 비극적인 내전 경험이 없었던 서구 사회에선 무거운 괴리감이나 자기 검열 없이 기독교사회주의를

---

32 김동춘, 『대한민국은 왜?: 1945-2015』 (사계절, 2015), 119-129.

주창할 수 있다는 것이 이해되기 시작한다. 이글턴처럼 그리스도인이면서 동시에 마르크스주의가 옳았다고 주장하는 이들에 대해서도 마음을 열 수 있게 된다. 그럼 이제 마르크스주의에 대해 마음을 열고 그 핵심 논지가 무엇인지 알아보자.

III. 마르크스주의의 핵심 논지

마르크스주의 3대 저작으로 보통 칼 마르크스의 『자본론』과[33] 『프랑스 혁명사』 3부작("1848년에서 1850년까지 프랑스에서의 계급투쟁", "루이 보나빠르트의 브뤼메르 18일", "프랑스 내전")[34] 그리고 프리드리히 엥겔스의 『반(反)뒤링론』(정식 제목은 "오이겐 뒤링 씨의 과학의 변혁")을[35] 든다. 『자본론』에선 자본주의에 대한 정치경제학적 분석과 비판을, '프랑스 혁명사 3부작'에선 역사적 유물론과 정치철학을 배울 수 있다. 엥겔스의 『반뒤링론』은 마르크스주의의 전 분야에 걸친 총괄적 해설서라고 볼 수 있다. 많은 이들은 이 책을 사회주의 입문서로 간주한다. 이

---

33 카를 마르크스/김수행 옮김, 『자본론』 I (상), I (하), II, III (상), III (하) (비봉출판사, 2015).

34 칼 맑스, "1848년에서 1850년까지 프랑스에서의 계급투쟁," 『칼 맑스 · 프리드리히 엥겔스 저작 선집』 2권 (박종철 출판사, 1992/2010), 1-114; "루이 보나빠르트의 브뤼메르 18일," 앞의 책, 277-393; "프랑스 내전," 『칼 맑스 · 프리드리히 엥겔스 저작 선집』 4권 (박종철 출판사, 1995/2007), 1-94. "프랑스 내전" 단행본으론 칼 맑스/최갑수 해제, 안효상 옮김, 『프랑스 내전』 (박종철 출판사, 2003/2011). 3부작 전체 단행본으론 칼 마르크스/임지현 · 이종훈 옮김, 『프랑스 혁명사 3부작』 (소나무, 2017). (이하에서 저작 선집은 『맑스 · 엥겔스 저작 선집』으로 표기한다.)

35 엥겔스, "오이겐 뒤링 씨의 과학의 변혁," 『맑스 · 엥겔스 저작 선집』 5권, 1-358.

책의 요지를 엥겔스가 쉽게 정리한 것이『공상에서 과학으로: 사회주의의 발전』이다. 이제 3대 저작의 핵심 논지를 살펴보자. 필요한 경우 농신학과의 대화도 시도할 것이다.

1. 역사적 유물론

엥겔스는 마르크스의 장례식에서 마르크스가 남긴 과학적 업적을 두 가지로 명료하게 밝혔다. 첫째, 세계사를 전체적으로 파악할 수 있는 역사의 발전 법칙을 발견한 것이다.

> 다윈이 유기적 자연의 발전 법칙을 발견했듯이, 맑스는 인간 역사의 발전 법칙을 발견했습니다: 그것은 지금까지 이데올로기의 웃자람 아래 가려졌던 다음과 같은 단순한 사실들입니다. 인간들은 정치, 과학, 예술, 종교 등등을 추구할 수 있기 전에, 무엇보다도 먼저 먹고 마시고 거주하고 입어야 한다는 사실; 그러므로 직접적인 물질적 생활 수단의 생산이 그리고 따라서 주어진 민족에 의해 또는 주어진 시대 동안에 획득한 경제적 발전 정도가, 해당 민족들의 국가 제도들, 법 관념들, 예술 그리고 심지어 종교적 표상들이 발전해 온 기초를 이루므로, 그 기초로부터 그런 것들이 설명되어야 한다는—지금까지 그랬듯이 그 반대이어서는 안 된다는— 사실.[36]

이것이 바로 앞서 언급한 역사적 유물론의 핵심이다. '프랑스 혁명사 3부작'은 바로 이러한 역사적 유물론의 관점에서 프랑스 혁명을

---

36 엥겔스, "칼 맑스의 장례,"『맑스 · 엥겔스 저작 선집』5권, 506-507.

분석한 역작이다. 마르크스는 역사적 유물론을 "정치경제학의 비판을 위하여" 서문에서 간결하게 정의한다. "인간들의 의식이 그들의 존재를 규정하는 것이 아니라 거꾸로 그들의 사회적 존재가 그들의 의식을 규정한다."[37]

물론 이 논지는 오랫동안 논란의 대상이 되어 왔다. 혹자는 그렇지 않은 예를 들면서 또 하나의 관념적 결정론이라고 비판한다. 그러나 엥겔스와 더불어 마르크스 자신도 그런 예외를 모르는 바가 아니었다. 아니, 그 두 사람이야말로 대표적 예외인 셈이다. 그들은 엘리트라는 사회적 존재였지만, 그들의 의식은 철저히 노동자들 편이었으니 말이다. 마르크스가 말하고자 하는 바는 모든 시대를 관통하는 전체적 경향성이었다. 특히 한 사회를 지배하는 법률적 및 정치적 상부 구조 그리고 그것을 정당화하는 사회적 의식은 그 사회를 지배하는 생산관계와 그에 따른 경제적 구조라는 실재적 토대 위에 세워지기 마련이다.[38] 예컨대 윤석열이 임기 동안 틈만 나면 가진 자가 자유롭게 돈을 벌 수 있게 해주는 정치체제인 자유민주주의를 그렇게 확신 있게 주장해 온 것은 우리 사회를 실질적으로 지배하는 경제적 구조가 자본이 노동을 지배하는 생산관계에 의해 형성되어 있기 때문이다. 물론 이에 대항하는 사회적 의식과 운동이 없다는 게 아니라 소수에 국한될 수밖에 없다는 뜻이다. 그 소수가 대중적 지지기반을 얻어가며 상부 구조에 균열을 일으킬 수 있는 결정적 계기는 경제적 불안과 공황으로 말미암아 기존의 경제적 구조에 심각한 위기가 닥쳐올 때다.

---

37 칼 맑스, "정치경제학의 비판을 위하여: 서문," 『맑스·엥겔스 저작 선집』 2권, 478.
38 앞의 글, 477.

1) 인간은 역사 발전의 주체

그렇다고 이런 혁명적 의식의 확산과 운동이 그런 구조적 위기 상황에 의해 자동적으로 발생한다는 뜻이 아니다. 마르크스는 "루이 보나빠르트의 브뤼메르 18일"의 글머리에서 분명하게 말한다. "인간은 자기 자신의 역사를 만든다. 그러나 무(無)에서 만드는 것이 아니다. 자신이 선택한 조건에서 역사를 만드는 것이 아니라 자신이 마주한 가까운 조건들 속에서 그것을 만들어 나간다."[39] 조건에 제약을 받긴 하지만, 역사를 만들어 가는 주체는 어디까지나 인간 자신임을 분명히 한다. 마르크스는 "프랑스에서의 계급투쟁"에서 "혁명은 역사의 기관차"라고까지 단언한다.[40] 엥겔스가 마르크스의 장례식에서 칭송했듯이 그는 '그 무엇이기에 앞서 혁명가'였기에 '현대 프롤레타리아트의 해방에 기여하는 것'이 '그의 삶의 진정한 소명'이었으며 '투쟁은 그의 본령'이었다.[41] 1차 세계대전이 시작될 때 위대한 아일랜드 마르크스주의자 제임스 코널리가 한 말 역시 마음에 깊이 새겨둘 만하다. "유일하게 참된 예언자는 미래를 스스로 개척하는 사람이다."[42]

이 지점에서 리민수가 자신의 "농(農, No)의 신학: 신(神) 중심의 신(新)유물론적 기독교"론에[43] 입각해 한국 농신학의 인간 중심주의적

---

39 칼 맑스, "루이 보나빠르뜨의 브뤼메르 18일,"『맑스 · 엥겔스 저작 선집』 2권, 287(영문본을 필자가 번역함.)

40 칼 맑스, "프랑스에서의 계급투쟁,"『맑스 · 엥겔스 저작 선집』 2권, 88.

41 엥겔스, "칼 맑스의 장례," 507.

42 알렉스 캘리니코스/이수현 옮김,『재난의 21세기』(책갈피, 2024), 337에서 재인용.

43 리민수, "농(農, No)의 신학: 신(神)중심의 신(新)유물론적 기독교,"『농신학: 살림과 평화의 길』 제4집 (동연, 2024), 63-123.

경향에 대한 비판한 내용을[44] 지면상 아주 간략하게 다루고자 한다. 그는 농인의 대(對)자연 우월성을 어떤 모양으로든지 인정하면 결국 자연을 억압하고 착취하는 탐욕으로 회귀하려는 세상의 힘을 막을 수 없다고 강변한다. 그래서 농신학의 출발점은 시점(視点, 인간, 그리스도)이 아닌 지점(地点, 자연, 하느님)이어야 한다고 주장한다. 이는 인간도 자연의 일부라는 것을 인정하는 차원을 넘어 신이 최초의 농인에게 부여했다는 자연 관리 · 감독권을 포기하고 "인간은 자연과 동등한 그리고 자연에 종속된 하나의 피조물에 불과하다"는 선언에서 시작된다. 즉, 자연이 인간의 손에 달린 게 아니라 인간이 자연의 손에 달렸다는 것이다. 오늘의 생태계 파괴 상태에서 인간이 생태계를 위해 적극적으로 할 수 있는 것은 아무것도 없으며, 다만 자연과의 관계를 단절함으로써 자연이 스스로 회복해 나갈 수 있게 해야 한다는 것이다. 이는 구체적으로 탈성장 · 탈소비 경제를 의미한다.

　뒤에서 다시 다루겠지만 필자는 그의 인간 중심주의에 대한 우려와 비판에 깊이 공감한다. 하지만 그의 주장을 가만히 살펴보면 현생 인류의 미래는 결국 지금 인간이 어떤 선택을 하느냐에 달려 있다는 역설을 발견하게 된다. 현생 인류를 보존하기 원한다면 오늘 인간은 자연과의 관계를 단절하며 탈성장 · 탈소비 경제를 추구하기로 주체적으로 결단하고 실행에 옮겨야 한다. 바로 그 점에서 여전히 중요한 것은 신(新)유물론적 관점을 수용하는 새로운 인간의 탄생과 연대다. 인간은 자신이 마주한 가까운 조건들 속에서 자기 자신의 역사를

---

44 리민수, "한국 '농신학'의 성격, 한계 그리고 가능성," 「농촌과목회」 104 (2024 겨울): 144-167; "한국 '농신학'의 성격, 한계 그리고 가능성 (2)," 「농촌과목회」 105 (2025 봄): 167-175.

만들어 간다는 마르크스의 명제도 바로 그런 맥락에서 제시된 것이다. 마르크스와 엥겔스는 청년 시절 『공산당 선언』에서 이렇게 말했다; "이 싸움(계급투쟁)은 매번 사회 전반의 혁명적 개조로 끝이 나거나 투쟁 계급의 공멸로 끝이 났다."[45] 마찬가지로 현재의 생태계 위기 속에서 현생 인류가 사회를 전반적으로 개조해 살아남을지, 아니면 가이아의 복수로 함께 공멸할 지도 결국 인간의 손에 달려 있다. 그런 점에서 리민수의 인간 중심주의에 대한 비판은 변증법적으로 더 정교화될 필요가 있다.

2) 관념론적 운동에 대한 비판

마르크스의 역사적 유물론은 역사적 조건과는 무관하게 도덕적 가치 혹은 신학적 원리에만 의존해 자본주의 체제를 고쳐 써 보려는 관념론적 운동이 얼마나 비현실적인가를 잘 가르쳐 준다. 미국 진보적 복음주의 사회운동의 지도자로 잘 알려져 온 짐 월리스가 그 대표적 예라 할 수 있다. 그는 2007~2008년의 세계자본주의 위기 상황을 지켜보면서, 2010년에 『가치란 무엇인가』라는 책을 펴냈다.[46] 출판사는 그 책을 "다보스 세계경제포럼에서 시장자본주의가 처한 가치의 위기를 일깨운… 신학"이라 소개한다. 현재 시장자본주의 체제를 주도하는 가치를 새로운 가치로 바꾸기만 하면 기존 체제를 해체하지 않고도 새로운 경제를 만들어 갈 수 있다고 주장한다. "탐욕은 선이다"

---

45 카를 마르크스 · 프리드리히 엥겔스/권화연 옮김, 『공산당 선언』 (팽귄클래식 코리아, 2010), 228.
46 짐 월리스/박세혁 옮김, 『가치란 무엇인가: 새로운 경제를 위한 핵심 가치』 (IVP, 2011).

를 "그만하면 충분하다"로, "가장 중요한 것은 나"를 "우리는 한 배를 탔다"로, "나는 그것을 지금 원한다"를 "다음 세대를 위한 배려"로 바꿔나가자는 것이다. 이를 실현하기 위해 스무 가지 도덕 운동을 제안한다.

필자는 이 모든 것이 중요하다고 생각하고 그 나름의 의미가 있다고 생각한다. 마르크스와 엥겔스가 공저한 『공산당 선언』은 '각인의 자유로운 발전이 만인의 자유로운 발전의 조건이 되는 연합체'에 대한 희망을 선언한다.[47] 모든 인간의 자유로운 발전이야말로 도덕적 가치이자 원칙이 아니고 무엇이겠는가? 엥겔스는 만년에 『반-뒤링』에서 '현재의 변혁을 대표하는, 즉 미래를 대표하는 도덕 따라서 프롤레타리아트 도덕'의 가치를 일정하게 인정한 바 있다.[48]

그러나 월리스와 마르크스주의자들 사이에는 결정적 차이가 있다. 짐 월리스와는 달리 마르크스주의자들은 자본주의 체제가 해체되고 새로운 세상이 도래해야 비로소 프롤레타리아가 선호하는 도덕적 가치가 실현될 수 있다고 주장한다. 그 차이를 가져오는 것이 바로 역사적 유물론이다. 사실 월리스는 자신의 관념론적 접근 방식이 한계에 부딪힐 수밖에 없다는 것을 스스로 경험한다. 그는 다보스 세계경제포럼에서 세계적 엘리트 지배층에게 가치와 공동선의 중요성을 늘 강조했다. 2014 세계경제포럼 폐회사에서[49] 그는 몇 차례 대회에 참석할 때마다 지도층 인사들과 나눴던 대화를 소개한다.

---

47 마르크스 · 엥겔스, 『공산당 선언』, 255.
48 프리드리히 엥겔스, "오이겐 뒤링 씨의 과학변혁 (반-뒤링)," 『맑스 · 엥겔스 저작 선집』 5권, 104-106.
49 https://sojo.net/articles/leap-faith-confessions-davos(2024. 12. 20. 검색).

리더들은 저에게 자신들이 감명받았던 바에 대해 이야기합니다. 그럼 저는 묻죠. "사업 현장으로 돌아가 그것들을 어떻게 실행에 옮깁니까?" 너무나 자주 그들은 이렇게 답합니다. "할 수 없습니다."

하지만 그는 자신의 관념론적 접근의 한계를 인정하기보다는 오히려 더 관념론적으로 밀어붙인다. "바로 그 점이 변해야만 합니다. 대회를 마무리하면서 나는 여러분이 바로 이 점을 생각해 보길 바랍니다"라고 하면서 인간 존엄, 공공선, 청지기직을 위해 손해를 각오하고 용기 있게 믿음으로 도약하길 주문한다. 그는 마르크스가 맹렬하게 비판한 피에르 조제프 프루동의 현대판이라 할 만하다. 프루동은 자본주의 체제에 대한 예리한 사회과학적 분석을 도외시한 채 부르주아 도덕을 '영원한 정의' 운운하며 그에 기대어 자본주의를 비판하고 새로운 사회를 추구하려는 자기 기만적 모순에 빠져 있었다.

물론 극소수 지도자들은 윌리스의 도전에 응할지도 모른다. 하지만 그런 영웅적인 소수의 노력으로 자본주의 체제가 새로운 경제로 탈바꿈할 수 있을까? 마르크스는 『자본론』 I (상) 제1독어판 "서문"에서 자본가나 지주 개인에게 자본주의 계급 관계에 책임이 있다고 생각하지 않는다고 말한다. "또한 개인은 주관적으로는 아무리 이런 관계들을 초월하고 있다고 하더라도, 사회적으로 여전히 그것들의 산물이다"라고 못 박아 말한다.[50] 도덕적 가치에만 의존하는 관념론적 접근은 너무 비현실적일 뿐 아니라 어쩌면 너무 잔인한 것일지도 모른다.

---

50 마르크스, 『자본론』 I (상), 6, 7.

3) 역사적 유물론과 농신학

바로 이 지점에서 마르크스주의와 농신학 운동과의 또 하나의 연결고리를 찾을 수 있지 않을까 싶다. 농신학의 핵심적 주장 중 하나는 자기 욕망을 추구하는 '타락한 농인'의 삶을 청산하고 '땅의 생명을 살리고 땅에서 자라는 모든 생명체를 돌보는' '태초의 농인'으로 돌아가야 한다는 것이다.[51] 이러한 농인 영성 회복 운동이 지닌 신학적, 도덕적 그리고 역사적 당위성은 너무나 올곧고 선명하다. 이는 계속 주장되어야 마땅하다. 하지만 농신학 운동이 발 딛고 서 있는 역사적 조건은 척박하기 이를 데 없다는 것을 우리 모두 이미 잘 알고 있다. 그런데 혹여 이런 냉혹한 조건에 대한 치열한 사회과학적 분석과 성찰을 배제하고 농인 영성 회복의 당위성만 주장한다면, 관념론의 치명적 한계에 부딪히게 될 것이다. 그런 점에서 나는 농신학 운동을 추진하는 모든 분에게 역사적 유물론에 귀 기울여 줄 것을 부탁드리고 싶다. 농신학 운동은 자신을 실현하기 위해서라도 근본적으로 자본주의를 해체하고 새로운 경제 체제를 구성해 가려는 운동과 손을 굳게 잡아야 한다고 믿기 때문이다.

2. 자본주의 사회를 지배하는 특유한 운동법칙

엥겔스가 마르크스의 장례식에서 지목한 그의 두 번째 과학적 업적은 다음과 같다.

---

51 한경호, "농신학에 대하여," 이영재, 『농신학: 농의 눈으로 세상 읽기』 (동연, 2013), 557.

맑스는 오늘날의 자본주의적 생산 방식을 지배하는 그리고 이 생산 방식이 산출한 부르주아 사회를 지배하는 특유한 운동법칙 또한 발견했습니다. 잉여가치의 발견은 부르주아 경제학자들의 것이든 사회주의적 비판가의 것이든 간에 이전의 모든 연구들이 해결하려다 어둠 속에 길을 잃었던 그 문제에 돌연 빛을 던졌습니다.[52]

아담 스미스나 데이비드 리카도를 비롯해 마르크스 이전의 고전적 정치경제학자들 역시 노동에 의해 창출되는 잉여가치의 존재를 어렴풋이 알고 있었다. 그러나 그것이 자본주의 체제의 확산에 어떤 역할을 하고 있는지 알지 못했다. 하여 노동이 가치의 원천임에도 불구하고 어떻게 자본가들이 엄청난 이윤을 얻어 자본주의를 확산시켜 나갈 수 있게 되는지 이해할 수 없어 골머리를 앓았다. 나름의 대답들을 제시해 보았지만 모순투성이여서 자본주의 경제 현실을 과학적으로 설명할 수 없었다. 그들은 어둠 속에 길을 잃었던 것이다. 그 와중에 마르크스가 등장해 그 문제에 돌연 빛을 던졌다. 그는 깊고 예리한 사회과학적 연구와 성찰을 통해 마침내 잉여가치가 어떻게 창출되며, 그것이 어떻게 자본가 이윤의 원천이 되어 자본주의를 확산시켜 나가는지 그리고 그 확산이 어떻게 역설적으로 자본주의의 위기를 가져오는지 밝혀냈다. 말하자면 지배적인 자본주의 경제의 특유한 운동법칙을 발견한 것이다. 그 법칙은, 앞서 밝힌 것처럼, 오늘의 자본주의가 아무리 금융 경제 그리고 4차 산업 경제로 발전했더라도 그 근원적인 핵심에서 여전히 유효하다.

---

52 엥겔스, '칼 맑스의 장례', 507.

1) 삼위일체의 공식

그 운동법칙을 가장 체계적으로 설명한 것이 바로『자본론』이다.[53] 마르크스는 자신의 정치경제학을 지동설에 비유한다. 그는 자본주의 경제 현상을 눈에 보이는 데로 설명하고자 하지 않고, 과학적 탐구를 통해서만 발견할 수 있는 숨겨진 실재를 확실히 파악함으로써 현상을 설명하려고 했기 때문이다. 그렇기에 "우리를 현혹하는 사물의 겉모습만을 포착하는 일상적 경험으로 판단한다면, 과학적 진리는 언제나 역설이다"라고 말한다.[54] 자본주의 경제 현상을 눈에 보이는 대로만 이해하면 소위 '삼위일체의 공식'을 만들 수 있다.[55] 자본은 이자를 받고, 토지는 지대를 받고, 노동(기업가, 즉 경영 및 관리를 감당하는 자본가의 노동 포함)은 임금을 받는다는 면에서 서로 '구별되는 셋'이지만, 상호 평등하게 완벽한 조화를 이루며 동일한 생산 과정에 기여하고 보상을 받는다는 점에서 '연합된 하나'라는 것이다. 이는 확고한 '사실'처럼 보인다. 이는 마치 자연과학적 탐구와 무관한 이들에게 태양이 지구 주변을 도는 게 확실해 보이는 것과 같은 이치다. 참된 그리스도인에게 삼위일체 교리가 절대 진리인 것처럼, 이 '삼위일체 공식' 역시 자본주의 경제학자들에겐 의문의 여지가 없는 절대 진리다.

---

53 여러 입문서가 있는데, 가장 쉽고 간략하다는 점에서 조셉 추나라/차승일 옮김,『마르크스, 자본주의의 비밀을 밝히다: 알기 쉬운 요점 자본론』(책갈피, 2010)을 추천하고 싶다.
54 칼 맑스, "임금, 가격, 이윤,"『맑스 · 엥겔스 저작 선집』3권, 93-94.
55 자세한 설명을 보려면 마르크스,『자본론』III (하), 1033-1055.

2) 잉여가치의 비밀

엥겔스가 칭송한 마르크스의 두 번째 업적은 바로 그 삼위일체 공식의 허구성을 밝혀낸 것이다. 즉, 자본의 이자와 땅의 지대 그리고 기업가의 임금 모두가 노동이 형성한 잉여가치에서 나온다는 점을 과학적으로 설명했다. 그 비결은 마르크스가 소위 노동가치설(상품이 갖고 있는 '가치의 실체가 노동'이라는 이론)을 창안한 데 있지 않다. 그 이론은 아담 스미스와 데이비드 리카도와 같은 고전 경제학자들의 저술을 통해 배운 바다. 잉여가치의 비밀을 밝혀낼 수 있었던 것은 그가 처음으로 '노동' 자체와 구별되는 상품으로서의 '노동력'(노동할 수 있는 능력)을 발견했기 때문이다. 쉽게 말해 노동자가 받는 임금은 실제 노동의 대가가 아니라 자본가에게 계약조건에 따라 상품으로 팔린 노동력의 가치(혹은 가격)[56]라는 것이다. 노동력의 가치는 쉽게 말하면 '몸값'이다. 그건 노동을 실행하기 전에 노동시장에서 우리 몸에 이미 매겨지는 값이다. 만일 실제 노동에 따라 임금을 받아야 한다면 임금은 그때그때 달라져야 한다. 그럼에도 꼬박꼬박 일정한 임금을 받는 것은 그것이 내 노동력에 이미 매겨진 몸값이기 때문이다.

자본주의 사회에서 노동력의 가치는 여타 상품과 마찬가지로 그것을 생산하는 데 '사회적으로 필요한 노동시간', 즉 '주어진 사회의 정상적인 생산 조건과 그 사회에서 지배적인 평균적 노동 숙련도와

---

56 가치(혹은 가격)라고 표현한 것은 자본주의 시장경제하에선 개별 가치가 개별 가격과 일치한다는 보장이 없기 때문이다. 다만 모든 생산물의 총가치와 총가격만이 일치한다. 그 이유는 자본 간의 경쟁에 따른 자본의 이동에 의해 '평균이윤율'이 형성되고, 그에 따라 생산가격이 형성되기 때문이다. 그 과정을 마르크스는 『자본론』 III (상) 2편에서 상세히 설명한다.

노동 강도에 따라 드는 노동시간에 따라 결정된다.[57] 다만 노동력이란 상품의 경우 그 노동시간이란 노동력을 유지하는 데 필요한 모든 생활 수단(음식물, 의복, 냉난방, 주택, 교육 등)을 생산하는 데 사회적으로 필요한 노동시간을 뜻한다. 그러므로 노동력의 가치를 규정할 땐 다른 상품과는 달리 역사적, 도덕적(정신적) 요소가 포함된다. 하지만 일정한 시대, 나라에서 그 생활 수단의 평균적 범위는 주어져 있다.[58]

그런데 중요한 것은 노동력이라는 상품의 사용가치와 여타 상품의 사용가치에 결정적인 차이가 있다는 점이다. 여타 상품은 구매자가 사용하면서 그 가치가 줄어드는 반면, 노동력은 그 구매자인 자본이 사용하면 잉여가치를 생산해 낸다. 왜냐하면 노동자는 자신의 노동력 가치보다 더 많은 가치를 생산해 내기 때문이다. 마르크스는 노동력의 가치만큼의 가치를 생산하는 데 드는 노동을 필요노동, 그 이상의 가치를 생산하는 데 드는 노동을 잉여노동 혹은 부불(不佛)노동이라 부른다. 잉여노동이 생산하는 가치가 바로 잉여가치다. 그것이 바로 이윤의 원천이고, 자본가는 잉여가치에서 비롯된 이윤 중 일부를 지대(地代)로 지불한다. 따라서 상품을 그 가치대로 판매하는 데서 이윤과 지대가 생긴다. 만일 노동자가 잉여가치를 생산하지 못한다면, 자본가는 임금을 지불한 후 가져갈 것이 없기에 생산을 중단할 것이다.

---

57 마르크스, 『자본론』 I (상), 48.
58 앞의 책, 227-228.

3) 자본주의의 확산과 위기

잉여가치는 자본을 증식시켜 주기 때문에 자본주의의 동력이다. 개별 자본은 그럴듯한 말과 행동에도 불구하고 결국은 더 많은 잉여가치, 즉 더 많은 이윤을 획득하기 위해 경쟁적으로 생산에 집중할 수밖에 없다. 안 그러면 파산에 이른다. 이윤 창출의 극대화가 바로 자본주의의 생산의 궁극적인 목적일 수밖에 없다. 여기서 결정적인 모순과 병폐들이 발생하게 된다.

첫째, 자본주의를 발전시켜 나가는 동력이 동시에 자본주의를 위기와 공황으로 몰아가는 모순을 낳는다. 잉여가치(이윤)의 획득이 시장 경쟁을 통해 사후적으로 실현되는, 즉 무정부적 생산이 그 본질적인 특징이기 때문이다. 정확히 얼마만큼의 상품이 그 가치대로 판매될 수 있는지 예측할 수 없기 때문에 과잉생산을 하는 경향이 생긴다. 게다가 그 과잉은 잉여가치를 착취당한 수많은 노동자들의 절대적, 상대적 빈곤화로 인해 더 심화된다. 그들의 수요가 공급에 턱없이 모자라게 된다. 그것이 격화되면 위기와 공황을 겪게 된다.

거기에 또 한몫하는 것은 자본의 이윤율 저하 경향의 법칙이다.[59] 개별 자본 간의 경쟁은 각 자본으로 하여금 생산 단가를 낮추기 위한 노력을 경주하게 만든다. 그 과정에서 노동력을 줄이고 대신 값비싼 더 좋은 기계와 원자재를 경쟁적으로 구입하게 된다. 그러다 보면 생산에 투입된 노동력 가치 대비 기계와 원자재의 가치가 차지하는 비율이 전반적으로 높아진다. 그것을 마르크스는 자본의 유기적 구성

---

59 이에 대한 자세한 설명을 위해선 마르크스, 『자본론』 III 제3편.

이 높아진다고 규정한다. 그 결과 노동이 생산하는 잉여가치(이윤)는 줄고 투하자본량은 늘어나기 때문에 잉여가치(이윤)를 투하자본량으로 나눈 값인 이윤율이 저하된다. 물론 그 저하를 막는 다른 요인들도 있기 때문에, 마르크스는 이윤율 저하 경향의 법칙이라고 말한다. 그 법칙이 강하게 작동하면 자본은 파산 지경에 이르게 된다. 이는 자본주의의 모순적 위기와 공황에 크게 기여한다.[60] 공황이 발발하면 과잉 생산된 것들은 아예 폐기되거나 헐값에 팔리게 된다. 그러한 파괴적 과정을 거쳐 과잉생산이 해소됨과 동시에 가치와 가격의 불일치가 회복되어 자본주의 생산이 조금씩 정상화된다. 자본주의 경제에선 이런 순환의 과정이, 그동안의 역사가 명료하게 보여주듯이, 끊임없이 반복될 수밖에 없다. 그런 점에서 자본주의 체제하에서 "공황은 항상 기존 모순들의 일시적 폭력적 해결에 지나지 않으며, 교란된 균형을 순간적으로 회복시키는 강력한 폭발에 지나지 않는다."[61] 그러한 반복적 과정에서 자본주의에 내재된 한계들은 더욱 거대한 규모로 새로 설정될 뿐이다.[62] 이런 반복적인 과정을 통해 경제적 양극화는 갈수록 심화된다.

오늘 미국을 비롯한 서구 선진국들과 한국에서조차 파시즘 성향의 극우파가 극성을 부리고 있는 것은 바로 이런 병폐가 극에 달한 자본주의 말기 증상이다. 경쟁에서 밀린 다수의 사회적 약자들은 좌절, 무력감

---

60 자본주의 위기와 공황의 원인으로서의 과잉생산과 이윤율 저하 경향의 법칙의 세밀한 상관관계에 대해선 마르크스주의자들 사이에도 치열한 논쟁이 있기에 여기선 다루지 않는다. 더 깊이 연구하고 싶은 이들을 위해선 김성구, 『마르크스의 정치경제학과 공황론』(나름북스, 2018).

61 마르크스, 『자본론』 III (상), 311.

62 앞의 책, 312.

그리고 분노에 시달리고 있지만, 그 근본적 원인이 자본주의 체제란 것을 알 길이 없다. 이미 그 체제는 너무나 깊이 내재화되어 왔기 때문이다. 이에 자본주의 기득권 세력은 이주노동자들을 비롯한 거짓 적을 만들어 그들에게 분노를 시원하게 쏟아붓도록 외로운 대중을 선동하며 거짓 희망을 제시한다. 이런 식으로 대중의 지지를 획득하는 데 성공한 극우파들이 국가 권력을 장악해 가고 있는 게 오늘의 슬픈 현실이다. 지금이야말로 자본주의 병폐의 실상을 설득력 있게 대중들에게 보여 주어야 할 때다. 이것이 가능하려면 우선 예수님처럼 정말 그들 중 하나가 됨으로써 대중들의 신뢰를 얻는 사람들이 필요하다. 농신학의 중요한 사명 중 하나는 바로 그런 사람들을 양육하는 것이라고 생각한다.

둘째, 자본주의가 확산되어 가면서 기존의 도시와 농촌 사이의 대립이 갈수록 심각해진다. 이는 영국의 경우 두 번에 걸쳐 경작지 혹은 공유지에 울타리를 쳐 농민들로부터 땅을 빼앗은 엔클로저 운동을[63] 통한 자본주의 시조 축적에서[64] 이미 나타나기 시작했다. 거대한 토지가 대지주들의 소유로 전환되었고, 땅을 잃은 수많은 농민은 농촌을 떠나 도시로 가서 부랑아로 전락하거나 잔혹한 '부랑아 처벌법'을 피하고자 값싼 노동력을 제공하는 도시빈민으로 전락했다. 농촌에 남은 농민 대다수는 임금농업노동자로 전락했다. 또한 생산력이 점점 더 발전하면서 생산수단이 집중된 도시는 산업과 상업의 중심지가 되어 부를 축적하였고, 반면에 농촌은 낙후되었다. 그 과정에서 부르주

---

63 1차는 1450~1640년에, 훨씬 더 큰 규모의 2차는 1750~1860년에 진행되었다.
64 자세한 내용은 마르크스, 『자본론』 I (하), 제8편.

아지는 농촌을 도시의 지배에 복속시켰다.[65] 부가 축적된 대도시는 권력의 중심지가 되어 온갖 불의를 국내외적으로 양산하는 근거지가 되었다.

엥겔스는 이러한 도시와 농촌의 대립이 폐지될 때야 비로소 "역사적 과거를 통해 버려진, 사슬로부터의 인간의 해방"이 "완료될 것이라고 주장하는 것은 결코 유토피아가 아니다"라고 역설한다. 그리고 그건 자본주의 생산 방식이 폐지되어야만 가능함을 분명히 한다. 그래야만 "인구를 가능한 한 전국에 균등하게 배분하고, 공업 생산과 농경 생산을 결합함과 동시에 그것에 필요한 교통 통신 수단을 확장"할 수 있을 것이기 때문이다.[66] 농신학 운동이 이 지점을 깊이 성찰하고 참조하면 좋을 것이다. 농신학이 추구하는 태초의 농인들이 타락한 도시 문명을 새롭게 하려면 자본주의 해체라는 과정을 반드시 통과해야 한다고 믿기 때문이다.

셋째, 자본주의의 확산은 "사회적 물질대사의 상호 의존적 과정에 회복할 수 없는 균열이 생기도록 하여 지력이 낭비되고, 이 낭비는 무역에 의해" 타국으로 이전된다.[67] 사회적 물질대사란 노동을 통한 생산과 재생산 과정에서 발생하는 인간 사회와 자연 사이의 상호 의존적 관계를 뜻한다. 즉, 사회는 노동을 통해 자연에 있는 다양한 자원을 추출해 인간 사회에 필요한 사용가치들을 생산한다. 농업의 경우엔 토양 영양소를 추출해 농작물을 생산한다. 그리고 사용 후 남는 폐기물을 균형 잡히고 재생 가능한 방식으로 자연으로 돌려보낸

---

65 마르크스·엥겔스,『공산당 선언』, 233.
66 프리드리히 엥겔스, "주택 문제에 대하여,"『맑스·엥겔스 저작 선집』4권, 259.
67 마르크스,『자본론』III (하), 1030.

다. 이런 이해의 밑바닥에는 인간은 자연의 중심이 아니라 자연의 일부로[68] 생태계를 함께 보존해 가는 존재라는 유물론적 생태학이 깔려 있다. 예컨대 엥겔스는 '다른 동물보다 인간을 우위에 놓으려는 관념론적 태도'를[69] 강력하게 비판한다.

> 자연에 대한 우리 인간의 승리에 너무 우쭐해하지는 말자. 그러한 승리 각각에 대해 자연은 우리에게 복수한다. 이러한 승리는… 예상치 못한 완전히 다른 작용을 낳는다. …따라서 우리가 한 걸음 한 걸음 나아갈 때마다 상기해야 할 것은, 우리는 정복자가 다른 민족을 지배하듯이 자연의 외부에 서 있는 사람처럼 자연을 지배하는 것이 아니라는 사실 ─ 오히려 우리는 살과 피와 두뇌와 더불어 자연에 속해 있으며 그 자연의 한가운데 서 있다는 사실…이다.[70]

이러한 신념은 리민수가 주장하는 탈인간 중심의 농신학과 자연스럽게 연결된다.[71] 그런데 자본주의 경제 체제가 확산되는 과정에서 이러한 사회적 물질대사에 '회복할 수 없는 균열'이 필연적으로 발생하

---

68 Karl Marx, *Early Writings* (Vintage, 1975), 328. "인간은 자연에 의해 살아간다. 즉, 자연은 인간의(his) 신체이고 인간은 죽지 않으려면 자연과 끊임없는 대화를 유지해야 한다. 인간의 육체적, 정신적 삶이 자연과 연결되어 있다고 말하는 것은 단지 자연이 자연 자체와 연결되어 있다는 것을 의미할 뿐이다. 인간은 자연의 일부이기 때문이다." 존 벨라미 포스터/김민정·황정규 옮김, 『마르크스의 생태학: 유물론과 자연』(인간사랑, 2016), 173-174에서 재인용.
69 포스터, 『마르크스의 생태학』, 356에서 재인용.
70 프리드리히 엥겔스, "원숭이의 인간화에서 노동이 한 역할," 『칼 맑스 프리드리히 엥겔스 저작 선집』 5권, 389.
71 리민수, "한국 '농신학'의 성격, 한계 그리고 가능성," 「농촌과목회」 (2024 겨울): 154-167.

게 된다. 농업의 경우 대토지의 사적 소유에 따른 자본주의 농업 발전은 신속한 이윤추구가 그 궁극적인 목적이기 때문에 노동자뿐 아니라 토지를 약탈하는 방식으로 진행될 수밖에 없다. 즉, "일정한 기간에 토지의 비옥도를 높이는 모든 진보는" 역설적으로 "비옥도의 항구적 원천을 파괴하는 진보다." 이렇게 자본주의적 생산은 "모든 부의 원천인 토지와 노동자를 동시에 파괴"한다.[72] 이 과정은 도시와 농촌의 분화 및 대립과 직결되어 있다. 즉, 도시에서 농산물을 소비한 후 배출되는 폐기물이 거름이나 퇴비의 형태로 토지에 되돌려지지 않는다. 결국 영양소들은 손실되고 토양 황폐화가 심화된다. 국제무역으로 인해 농산물을 생산하는 국가의 경우 그 현상은 더욱 심화된다. 유물론적 자연관을 지녔기에 마르크스와 엥겔스는 이와 더불어 석탄 매장량의 고갈, 삼림파괴 등을 포함한 다른 생태학적 문제들도 검토할 수 있었다. 이런 문제들은 오늘날의 자본주의와 관련된 더 광범위한 생태계 파괴의 전조라 할 수 있다. 후자는 삼림벌채, 토양침식, 생물다양성 손실, 탄소 과다 배출에 의한 오존층 파괴와 온실효과 등을 통한 생태계 파괴를 말한다. 심각한 기후위기는 그 필연적 결과다.

마르크스는 『자본론』에서 자신의 생태학적 지속 가능성에 대한 관심을 다음과 같이 표현한다.

더 높은 경제적 사회구성체의 관점에서 보면, 지구에 대한 개개인의 사적 소유는 인간에 대한 사적 소유와 마찬가지로 불합리한 것으로 나타날 것이다. 심지어 사회 전체, 한 국민, 동시에 존재하는 사회들의 전체도 지구의

---

72 마르크스, 『자본론』 I (하), 683-684.

소유자는 아니다. 그들은 오직 지구의 점유자, 이용자일 따름이며 선량한 가장으로서 지구를 개량하여 다음 세대에게 물려주어야 한다.[73]

리민수의 경우 '선량한 가장으로서 지구를 개량하여'란 표현에 우려를 표명할 것이 예상된다. 인간의 우월성을 암시하는 인간 중심주의가 어른거리기 때문이다. 하지만 마르크스가 정직한 유물론자요 정치경제학자란 것을 전제한다면, 곧 다시 언급하겠지만, 그 우려를 덜 수 있는 여지는 얼마든지 있다고 생각한다. 마르크스 시대만 해도 생태계 위기는 오늘처럼 심각하진 않았다. 자본주의가 해체되고 노동을 통한 생산과정을 '사회적 물질대사의 상호 의존적 과정'으로 이해하는 이들이 경제 전체를 공동으로 운영하는 세상이 오기만 하면 그 위기를 인간 사회가 충분히 해결해 나갈 수 있을 거라고 예상할 만했을 것이다.

그러나 마르크스가 오늘 살아 돌아온다면 생태계 보존을 위해 인간이 할 수 있는 바에 대해 그보다 더 겸허하게 말할 것이라는 게 충분히 짐작된다. 그는 단순히 천재적인 지식인이요, 엘리트 이론가가 아니라 혁명가였기 때문이다. 그에겐 리민수가 농신학자에게 강력히 요청하고 있는 '감성'이[74] 있었다. 즉, 고통당하는 모든 존재의 신음 소리를 듣고 공감할 수 있는 능력이 있었다. 그게 없었다면 당대 탁월한 엘리트 지식인 출신 중 한 사람으로 그렇게 지독한 고난의 길을 가지는 않았을 것이다. 그는 조국 프로이센(독일)은 물론 프랑스와

---

73 마르크스, 『자본론』 III (하), 984.

74 리민수, "농의 신학," 121, 122. "한국의 '농신학'의 성격, 한계 그리고 가능성," 「농촌과목회」 (2024 겨울): 165-166.

벨기에로부터 추방당해 결국 영국 런던에서 국적 없는 사람으로 살다 아픈 몸으로 인생의 최후를 맞이했다. 그런 그가 오늘 우리 시대로 살아 돌아와 피조물의 절박한 신음 소리를 바울처럼(롬 8:19-23) 들을 수 없을 거라는 것은 상상이 잘 가질 않는다.

3. 마르크스주의가 지향하는 사회

사실 생애 말년에 이르러 생태학적 지속 가능성의 문제는 마르크스에게 점점 더 중요해졌다. 고대 러시아 공동체의 혁명적 잠재성에 대해 탐구하면서 근대 농학 방법들을 사용해 "대규모로 조직되고 협동적 노동으로 경영되는" 농업 체계를 형성하는 게 가능할 것이라는 주장을 발전시켰다. 하지만 그는 단순히 생산 규모를 증대시키는 것이 농업 발전 문제에 대한 답이라고 믿지 않았다. 그는 대규모 농업의 위험성을 충분히 알고 있었기에 지속 가능성의 조건이 유지되는 한에서만 대규모 농업이 허용될 수 있다고 생각했다. 지속 가능성을 전제로 한 "합리적 농업은 자본주의 체제와 양립할 수 없으므로, 자기 노동에 의존하는 소농을 필요로 하거나 연합한 생산자들에 의한 통제를 필요로 한다"는 게 역사의 교훈이라고 말한다.[75] 물론 마르크스의 저작을 통해서 그가 선호한 것은 연합한 생산자들에 의한 통제임을 확인할 수 있다.

이는 마르크스가 자본주의 해체 후 사회주의가 실현되면 지구와의 지속 가능한 관계가 자동으로 실현된다고 믿지 않았음을 뜻한다.

---

75 마르크스, 『자본론』 III (상), 148.

그는 오히려 이 분야에서 연합한 생산자들에 의한 계획적 통제가 필요하다는 점을 강조하고 있다. 이것은 이미 언급한 것처럼 도시와 농촌의 적대적 노동 분업을 제거하는 조치들로부터 시작해서 인구 분산의 확산, 산업과 농업의 통합, 토양 영양분의 재순환을 통한 토양의 회복과 개선들을 포함해야 한다.[76] 그렇게 함으로써 연합된 생산자들과 자연 사이의 물질대사를 최소의 노력으로 그리고 인간성에 가장 알맞고 적합한 조건 아래에서 수행할 수 있게 될 것이다.[77]

여기서 매우 중요한 질문에 직면하게 된다. 과연 오늘의 역사적 상황에서 사회주의 체제라고 생태학적으로 지속 가능한 경제성장을 실현할 수 있을까? 기후위기 시대에 생태학적 관점에서 자본론을 재해석한 사이토 고헤이는 기후위기에 대한 유일한 답은 탈성장에 있다고 주장한다. 그리고 마르크스는 말년에 이르러 이전의 생산력 지상주의와 진보 사관을 포기하고 고대 러시아 공동체적 토지 체제에 담긴 저성장·순환형·정상형 경제, 즉 한마디로 탈성장 코뮤니즘으로 전환했다고 주장한다.[78]

마르크스가 살아 돌아온다면 고헤이의 결론에 대체적으로 동의할 것이라고 생각한다. 하지만 마르크스가 생전에 이미 자신의 이론을 수정해 그런 결론에 도달하게 됐다고 보는 것은 과도한 해석으로 보인다. 물론 자본주의 발전을 통해 생태계가 파괴되는 것을 보며 마르크스가 생산력 지상주의를 지나치게 강조했던 것에서 한 걸음

76 포스터, 『마르크스의 생태학』, 363.
77 마르크스, 『자본론』 III (하), 1041.
78 주요 근거는 *First Draft of Letter To Vera Zasulich* (March, 1881); *Karl Marx: The reply to Zasulich* (8 March, 1881).

물러선 것은 맞다. 하지만 아직 기후위기가 지구적으로 대두되기 전인 시대적 상황에서 그가 생산력 발전 자체를 아주 포기한 것이라고 볼 수는 없다. 또한 마르크스가 생산수단과 토지의 전국적 사회화 대신 지역 단위로 분산된 공동체적 소유와 그들의 자유로운 연합을 선호한 것으로 보이지 않는다.

이 두 가지는 『공산당 선언』 1890년 독일어판 "서문"에 분명히 나타난다.[79] 이는 마르크스가 죽기 약 1년 전 1882년 1월 21일에 엥겔스와 공동 작성했다. 그는 먼저 질문을 던진다. "러시아의 오브시치나는[80] 크게 와해되기는 했지만 원시적 토지 공동소유의 한 형태로서 더 고차원적인 형태의 공산주의적 공동소유로 곧바로 이행할 수 있는가? 아니면 반대로 서구의 역사적 진화를 이루는 것과 동일한 해체 과정을 먼저 거쳐야 하는가?" 그리고 이렇게 스스로 답한다. "이에 대해 오늘날 유일하게 가능한 대답은 이것이다. 러시아 혁명이 서구에서 프롤레타리아 혁명의 신호가 되어 양자가 서로를 보완한다면, 러시아의 현재 토지 공동소유는 공산주의적 발전의 출발점으로 이바지할 수 있을 것이다."

여기서 서구는 자본주의를 통해 이미 상당한 수준의 생산력 발전을 이룩한 나라들을 뜻한다. 러시아 혁명이 성공하려면 그들 나라에서도 프롤레타리아 혁명이 일어나 그들의 도움을 받아야 한다는 것을 분명히 한다. 그건 러시아에 생산력 발전이 필요하다는 것을 의미한다. 또한 고차원적인 공산주의적 공동소유란 지역으로 분산된 공동체

---

79 마르크스 · 엥겔스, 『공산당 선언』, 214.
80 토지를 공동소유한 농민들의 촌락 공동체를 뜻한다.

소유에서 사회 전체의 소유로 전환된 것을 뜻한다. 그럼에도 마르크스가 그때부터 탈성장 코뮤니즘을 염두에 두고 있다고 해석하는 것은 시대착오적이다. 다만 나는 마르크스나 엥겔스나 현시점에서 사회주의식 경제성장도 필연적으로 생태계 파괴와 기후위기로 이어진다는 과학적 결론을 마주하게 된다면, 그들은 경제성장을 하지 않는 순환형·정상형 경제에 동의할 것이 분명하다. 참 마르크스주의자라면 그의 판단을 따를 것이다.

IV. 맺음말

진심으로 바라기는 지금까지의 마르크스주의에 대한 논의가 농신학 운동을 펼쳐가는 데 작은 도움이 되었으면 한다. 마르크스주의는 소규모 농인 공동체 그리고 그 공동체 간의 연대와 협력을 소중히 여긴다. 여타 협동조합 운동들도 마찬가지다. 마르크스는 협동조합 운동을 계급 적대에 기초한 자본주의 사회를 변혁하는 힘들 가운데 하나로 인정한다. 심지어 그 운동의 커다란 공적은 자본에 대한 노동의 예속에 기초한 제도가 자유롭고 평등한 생산자들의 연합의 공화주의적이고 다복한 제도에 의해 대체될 수 있음을 실천적으로 보여 준 것이라고 칭송한다. 하지만 협동조합 운동이 소수 개인의 노력에 의존하는 왜소한 형태에 머문다면 결코 자본주의 사회를 변혁할 수 없다는 점을 분명히 한다. 사회적 생산을 자유로운 협동조합 노동의 대규모적이고 조화로운 하나의 제도로 전화(轉化)시키기 위해서는 생산자들 자신이 자본가들과 지주들에게서 국가권력을 쟁취하는 잠정적 단계가

반드시 필요하기 때문이다.[81]

이는 혁명 외에 다름 아니다. 하지만 그것이 곧 폭력적 혁명을 의미하는 건 아니다. 예컨대 마르크스는 "프랑스에서의 계급투쟁"에서 "프롤레타리아트는 도발을 받았다고 해서 폭동을 일으키지 않았다. 그들이 일으키려고 했던 것은 혁명이기 때문이다"[82]라고 말한다. 다만 혁명적 상황에서 꼭 필요한 경우 폭력 사용을 주저하지 않았던 것이다. 이는 사실 주류 기독교 내에서도 오랫동안 인정되어 온 소위 '정의 전쟁론'과 크게 다르지 않다 할 것이다.

엥겔스에 따르면 마르크스는 영국 경제사와 경제 사정에 대한 연구에 근거해 영국만이 전적으로 평화적, 합법적 수단으로 필연적인 사회 혁명을 수행할 수 있는 유일한 나라라는 결론에 도달했다.[83] 마르크스는 사실상 평화적 혁명을 선호했던 것이다. 후에 엥겔스는 그런 나라에 프랑스와 아메리카를 첨가한다.[84] 그런가 하면 1895년에 이미 엥겔스는 이렇게 말했다. "기습의 시대, 자각하지 못한 대중들의 선봉에서 자각한 소수가 수행하는 혁명의 시대는 지나갔다."[85] 그러면

81 칼 맑스, "임시 중앙 평의회 대의원들을 위한 개별 문제들에 대한 지시들,"『맑스·엥겔스 저작 선집』3권, 137. '잠정적 단계'란 표현을 쓴 것은 마르크스, 특히 엥겔스는 국가가 더 이상 필요하지 않게 되는 세상을 꿈꿨기 때문이다. 엥겔스의 '국가 사멸론'은 프리드리히 엥겔스, "오이겐 뒤링 씨의 과학 변혁(반-뒤링),"『맑스·엥겔스 저작선집』5권, 307-309 참조. 그들은 궁극적으로 무정부주의자였지 근대 국가주의자가 아니었다. 물론 새로운 사회주의 국가가 폭력적인 관료주의에 매몰되지 않으려면 마르크스가 예찬한 '파리 코뮌'(1871년)의 민주주의 정치와 구소련의 실패에서 많은 것을 배워야 할 것이다.
82 칼 맑스, "프랑스에서의 계급투쟁,"『맑스·엥겔스 저작 선집』2권, 95.
83 엥겔스,『자본론』I (상), 제3 독어판(1886. 11. 5.), "서문", 32.
84 엥겔스, "1891년 사회 민주주의당 강령 초안 비판을 위하여," (1891. 6. 18., 29), 347.
85 엥겔스, "[칼 맑스의『1848년에서 1850년까지의 프랑스에서의 계급투쟁』단행본] 서설," 『맑스·엥겔스 저작 선집』6권, 442.

서 "강력한 한 번의 타격으로 승리를 얻는 것과는 거리가 먼 고되고 집요한 투쟁 속에서 이 진지에서 저 진지로 서서히 밀고 나아가야" 한다고 강조한다.[86]

실로 지난한 길이다. 그러나 모든 피조물에게 풍성한 생명을 주시기 위해 먼저 좁은 길을 기꺼이 걸어가신 예수님에게서 말할 수 없는 은혜와 위로를 얻은 참 제자들은 갈 수 있지 않겠는가? 그들은 예수 그리스도의 부활에서 끝내 하나님 나라가 이 땅 위에 완성될 거라는 희망을 본다. 그때 주님의 은혜 가운데 노력해서 얻은 선한 역사적 결과물들을 들고 그 나라에 참여하게 될 것을 믿는다(계 21:24).[87] 그런 희망을 가슴에 품고 참된 그리스도의 제자로 농신학 운동을 펼쳐가는 이들에게 거는 기대가 참으로 크다.

---

86 앞의 글, 433.
87 장경노, "그리스도교 종말 이해와 농신학," 『농신학: 살림과 평화의 길』 제2집 (한국농신학연구회, 2022), 150-151. 장경노는 장차 완성될 하나님 나라에 편입될 좋은 것은 아주 문제가 많은 도시 문명, 과학과 기술 문명 안에도 있다고 말한다. 또한 창조가 그랬듯이 하나님 나라의 완성도, 성경에 서술된 것과는 달리, 창조 세계를 아름답고 좋고 의롭게 보존하는 과정에서 실현될 것이라고 내다본다.

한국 개벽사상(開闢思想)과 농(農)신학*

한경호

(목사, 한국농신학연구회 회장)

I. 들어가면서

현하(現下) 우리 민족과 세계 인류는 심각한 위기에 봉착해 있다. 민족 분단 80년 세월이 흘렀지만 평화의 기운은 멀어지고 적대적 관계가 더 짙어지고 있으며, 세계는 국가중심주의에 의한 전쟁과 폭력, 성장 중심 자본주의 체제의 문제, 생태계 파괴와 기후 붕괴 등 거대한 위기의 터널 속에 깊이 들어와 있다. 이 위기를 극복하려면 의식(意識)과 삶의 양식의 혁명적인 전환이 있어야 한다는 목소리가 점점 커지고 있다. 문명 전환의 시대를 살고 있는 것이다.

---

* 이 글은 2025년 5월 29일 (목) 대전교회(기장)에서 개최된 제5회 농신학 심포지엄에서 발표한 것이다.

과거에도 이런 위기와 전환의 시대가 있었다. 우리 민족의 경우 조선 왕조 말기가 그랬고, 유대 민족의 경우 예수 시대가 그랬다. 그런 때는 하늘의 음성을 듣고 크게 깨친 구세주들이 나타나 희망과 구원의 소식을 전해주었다. 수운 최제우와 소태산 박중빈은 경주와 익산에서, 예수는 갈릴리에서 도탄에 빠진 민중을 구원할 기쁨과 희망의 메시지를 선포하였다. 개벽 사상과 복음 선포가 그것이다. 이 글은 개벽 사상과 농신학과의 연관성에 관한 것이다. 농신학이 민족과 세계의 문제를 함께 끌어안고 고민하는 개벽적 신학임을 밝혀 보려 한 글이다.

II. '개벽'(開闢)의 뜻의 변화 과정과 한국적 수용1

'개'(開)와 '벽'(闢)은 둘 다 '열다'라는 뜻을 가진 말로 두 글자를 합친 '개벽'(開闢)은 '큰 열림'을 의미한다. 중국의 선진(先秦) 시대에는 '토지를 개간하다'라는 뜻으로 사용되다가 한(漢) 대에 와서 '천지개벽' 등 인간 세상의 시작을 가리키는 용례가 생겼다. '황무지를 개척하여 사람이 살 수 있는 세상이 열렸다'라는 뜻과 함께 천지가 시작된 이래 당시까지의 시간을 수리적으로 설명하려는 경향이 생긴 것이다. 그러나 당시의 개벽은 먼 과거에 일어났던 사건을 의미할 뿐 미래에 일어날 사건을 의미하지는 않았다. 그러다가 한(漢) 대 이후 '토지를

---

1 이 항목의 내용은 『개벽의 사상사 1』(창비, 2022), 제3장 "동학공동체의 '철학적 근대': '개벽' 개념의 성립과 계승 및 변용"(박소정)과 제6장 "정산 송규의 개벽사상과 그 전개: 일원개벽에서 삼동개벽으로"(장진영)를 참조한 것이다.

개간하다'라는 원래 의미 외에 '천지가 열리다', '천지가 열린 시점'의 의미로 사용되었다. 미래 세계에 대한 상상과 결부되어 사용된 것은 송(宋) 대 이후의 일이다. 주자학이 성립된 후 과거와 미래로 대폭 확장된 관념을 갖게 되었지만, 개벽의 가능성을 원리적으로 인정할 뿐 '새로운 시대를 연다'든지 '기존의 세상과는 완전히 다른 세상이 열린다'는 의미, 즉 '세상이 뒤집히다'라는 의미로 사용되지는 않았다.

미래의 개벽이라는 개념을 적극적으로 받아들여 사유한 것은 조선조 후기의 종교인들이었다. 대표적인 분이 동학의 창시자인 수운(水雲) 최제우다. "십이제국 괴질 운수 다시 개벽 아닐런가"(안심가). 수운은 개벽을 운수에 떠밀려 도래할 천지개벽을 기다리는 시기가 아닌 우리 모두가 하늘님을 모신(侍天主) 존재라는 자각과 실천을 통해 '지금' '여기'에서 '다시 개벽', 즉 새로운 세상을 건설할 기회로 인식하였다.

이후 2대 교주인 해월 최시형은 '다시 개벽'을 동학 창도 이전과 이후로 나누어 선천개벽과 후천개벽으로 풀이하였는데, 후천개벽과 인심개벽에 방점을 두어 새로운 세상과 그 세상을 이루어갈 주체로서의 새로운 인간을 설정하였다. 3대 교주인 의암 손병희는 이 개념을 '때'(時)와 '새롭게 함'(新)과 주체로서의 '나'(我)라는 세 가지 개념을 담아 설명하였으며, '종교적 각성(영성)'과 '사회적 실천(변혁)'이라는 두 가지 과제를 아우르는 의미로 사용하였다.

이후 원불교를 창시한 소태산 박중빈은 개교(開敎) 표어를 "물질이 개벽되니 정신을 개벽하자"로 말하면서 동학의 개벽을 계승, 구체적으로 발전시켰다. 그는 『원불교교전』 정전 제1장 "개교(開敎)의 동기"에서 "현하 과학의 문명이 발달됨에 따라 물질을 사용하여야 할 사람의 정신은 점점 쇠약하고, 사람이 사용하여야 할 물질의 세력은 날로

융성하여, 쇠약한 그 정신을 항복 받아 물질의 지배를 받게 하므로, 모든 사람이 도리어 저 물질의 노예 생활을 면하지 못하게 되었으니 그 생활에 어찌 파란고해(波瀾苦海)가 없으리요"라고 말하고 있다.

III. 한국 근대사에서의 개벽 운동의 전개

1. 동학-천도교의 개벽 운동

1) 수운 최제우(1824~1864)의 출생과 시대적 배경

1824년 유학자인 아버지 최옥과 재가녀 사이에서 출생한 수운 최제우는 신분제 사회인 당시 과거시험을 통해 제도권 내에서 출세할 수 있는 길이 막혀 있었다. 그러나 아버지로부터 유학을 전수받는 등 상당한 유학적 실력과 함께 칼춤을 추며 불렀다는 노래 검결(劍訣)[2]에서 보듯이 무사적 기질도 겸비하였다. 부모가 일찍 돌아가시며 어려운 생활을 하였고, 10년간 전국을 주유(周遊)하며 당시 백성들의 삶과 나라의 형편을 직접 살필 수 있었다. 1784년도에 천주교가 이미 들어온 후여서 마테오리치의 『천주실의』가 식자층에서 이미 읽히고 있었다. 어느 날 스님이 자신은 해독을 못 하겠다고 수운에게 갖다주었다는 '을묘천서' 사건이 있었다. 이때 받은 『천주실의』를 수운은 깊이 연구하였다.

---

2 천도교중앙총부 사회문화관, 『천도교경전』 (서울: 천도교총부, 2024), 345-346.

1858년에 영국과 불란서 연합군이 중국을 패퇴시키면서 중국 중심의 세계 질서가 무너진 것은 충격이었다. 백성들은 부패한 관료들의 학정과 착취, 삼정(三政) 문란의 고통스런 상황 속에서 탄식·신음하며 죽지 못해 살았다. 통치 이데올로기인 주자학은 민중에게 희망을 주지 못했고 신분제 사회는 무너지고 있었다. 어디선가 구세주가 나타나 새로운 미래를 제시해야 할 때였다. 수운은 깊은 고민과 사색 끝에 마침내 1860년 4월 5일(음) 하늘님을 직접 만나는 체험을 하였다.

2) 수운 최제우의 하늘님[3] 체험

수운 최제우가 만난 하늘님은 수운에게 '오심즉여심야(吾心卽汝心也, 내 마음이 곧 너의 마음이다)'라고 하였다. 이는 곧 '네 마음이 곧 하늘님의 마음'이라는 말이다. 하늘님은 또 "나도 또한 개벽 이후 노이무공(勞而無功) 하다가서 세운 공이 없었는데, 너(수운)를 만나 성공하니 나도 성공 너도 득의(得意), 너희 집안 운수[4]로다"(용담가)라고 하였다. 하늘님이 수운과 함께 새 세계를 열어가겠다는 뜻을 밝힌 것이다.[5] 새

---

3 천도교에서는 현재 '한울님'이라고 부른다. 도올 김용옥 선생은 수운이 부른 '하늘님' 사용을 주장하고 있는데, 이 글에서는 김용옥 선생의 주장을 따라 그리고 전통적인 개념인 하늘님으로 표기하였다.

4 운수(運數)란 점을 치거나 길흉화복의 타고난 운세를 말하는 것이 아니라 우주 생성과 순환의 운동이 어떠한 방향으로 추동해 나가는 힘을 말한다. 운수를 안다는 것은 후천(後天)의 때와 일을 안다는 뜻이다. "동학의 수도와 개벽운동," 『문명전환의 한국사상』 개벽사상사 2 (창비, 2025), 43.

5 이정배 교수는 "하늘님이 너(수운)를 통해 내 뜻을 펼치겠다"라는 말씀은 다석 유영모 선생의 예수관과 정확히 일치한다고 말한다. 이정배, "개벽신학의 세 차원," 『역사유비로서의 개벽신학, 공(空), 공(公) 공(共)』 (신앙과지성사, 2024), 465.

세상을 열어 가는 대(大) 사건이 바로 '다시 개벽'이다.

수운은 하늘님과의 지속적인 만남과 대화를 통해 정리한 자신의 생각을 21자의 주문으로 요약하였다.

> "지기금지 원위대강 시천주 조화정 영세불망 만사지"(至氣今至 願爲大降 侍天主 造化定 永世不忘 萬事知).
>
> 지극한 하늘님의 기운이 지금 나에게 이르렀나이다. 원컨대 그 기운이 크게 내려 나의 기운이 하늘님의 기운이 되게 하소서. 하늘님을 내 몸에 모시었으니 나의 삶과 이 세계의 조화가 스스로 바른 자리를 갖게 하소서. 일평생 잊지 않겠나이다. 하늘님의 지혜에 따라 만사를 깨닫게 하소서.[6]

시천주(侍天主)는 하늘님 체험을 바탕으로 제기한 새로운 인간관이다. 시천주 사상은 모든 존재를 하늘님으로 모시는 것이다. 내가 하늘님이고 우리가 모두 하늘님이다.[7] "내 안에 거룩한 영이 계시는데 그것이 밖으로는 우주의 기운과 함께 하나가 되어 생성변화를 일으키니 각각 자기 위치를 잘 알아서 옮기지 말아야 한다"(內有神靈 外有氣化 各知不移). 개벽의 의미로 보면 내 안의 하늘님(內有神靈)을 자각하여 하늘님 마음과 하나가 되고(吾心卽汝心), 그 기운을 지켜(守心正氣) 밖으로 기화하는 기운을 바르게 하여(外有氣化) 개벽 운동을 이루는 것이다.[8] 수운 최제우

---

6 도올 김용옥, 『동경대전 2』(통나무, 2021), 216; 『천도교경전』(천도교중앙총부 사회문화관, 2024), 81에는 "한울님의 지극한 기운이 지금 제게 이르러 한울님 기운과 제 기운이 하나가 되게 하소서. 한울님 모셨음을 깨달아 한울님의 덕과 마음을 회복하여 평생 잊지 않고 모든 일을 깨닫는 지혜를 주소서"라고 되어 있다.

7 이러한 사상은 평등관을 낳았고 수운은 두 여종을 해방시켰다. 한 사람은 며느리로 한 사람은 수양딸로 삼았다. 당시로서는 매우 파격적인 일이었다.

가 만난 하늘님은 기독교의 초월적 절대타자로서의 하나님이 아니라 우주 속에 가득 찬 영기(靈氣)이자 자신 속에 내주(內住)해 있는 상호 의존적인 하늘님이었다.9

3) 해월 최시형의 개벽사상

해월(海月) 최시형(1827~1898)은 동학 전파의 결정적인 역할을 한 인물로 가난한 농민의 가정에서 출생하였다. 그는 어느 동학 신도의 집에 갔을 때 베 짜는 며느리를 하늘님으로 공경하라 하였고, 어린아이가 나막신을 신고 빠르게 걸어갈 때 땅을 울리는 소리에 내 가슴이 아프다고 하면서 땅을 소중히 여기기를 어머니의 살 같이 하라(惜地如母之肌膚, 해월신사법설, 誠敬信)고 하였다. 땅을 생명체로 소중히 여기는 탁월한 생태적 감수성의 소유자였던 것이다. 그는 또 "이 세상의 운수는 개벽의 운수다. 천지도 편안치 못하고, 산천초목도 평안치 못하고, 강물의 고기도 편안치 못하고, 나는 새, 기는 짐승도 다 편안치 못하리니 유독 사람만이 따스하게 입고 배부르게 먹으며 편안하게 도(道)를 구하겠는가"(해월신사법설, 개벽운수)라고 하였다.10

---

8 정혜정, "동학의 수도와 개벽운동,"『문명전환의 한국사상』 개벽사상사 2 (창비, 2025), 33.

9 이정배 교수는 이 하늘님은 잃어버린 민족 고유의 신으로 수운이 다시 찾은 것이라고 말한다. "개벽신학의 세 차원,"『역사유비로서의 개벽신학, 공(空), 공(公) 공(共)』(신앙과지성사, 2024), 455.

10 "생각하건대 현재의 고난은 장차 우리에게 나타날 영광과 비교할 수 없도다. 피조물이 고대하는 바는 하나님의 아들들이 나타나는 것이니, 피조물이 허무한 데 굴복하는 것은 자기 뜻이 아니요, 오직 굴복하게 하시는 이로 말미암음이라. 그 바라는 것은 피조물도 썩어짐의 종노릇 한 데서 해방되어 하나님의 자녀들의 영광의 자유에 이르는 것이라. 피조물이

그는 삼경(三敬) 사상, 즉 경천(敬天), 경인(敬人), 경물(敬物)을 말하였다. 경천, 경인은 기독교에서도 말하지만 한 걸음 더 나아가 경물까지 말하였다. 만물 속에 하늘님이 계시다고 본 것이다. 만물(자연)을 하나님의 피조물로 생각하여 이용물로 여기는 기독교와 차이 나는 부분이다.

두 번째, 이천식천(以天食天, 하늘로써 하늘을 먹는다)을 말하였다. 모든 생명은 타(他) 생명을 먹고 살아간다. 생물학적으로는 먹이사슬이라고 하지만, 동학에서는 모든 생명 속에 하늘님이 계시며 그 생명이 타 생명의 먹이가 되어 희생됨으로써 새로운 생명이 되고 전체 생명이 유지되어 나간다고 보는 것이다. 전체 생명과 개체 생명이 분리되지 않는다. 경물과 이천식천은 인간이 자기 생명의 유지를 위해 사물과 타 생명의 희생을 최소화할 것을 말한다. 공생공빈(共生共貧, 쓰째다 다까시)인 것이다.

셋째, 해월은 향아설위(向我設位)를 말하였다. 이것은 유교의 향벽설위(向壁設位)를 뒤집는 말이다. 우리 안에 하늘님을 모시고 있기 때문에 벽에 위패를 놓고 제사 지낼 것이 아니라 내 안에 계시는 하늘님을 향해 제사를 지내라는 말이다. 혁명적인 선포이다. 기독교를 비롯하여 기성종교들은 나와 하나님을 분리시켜 틈을 만들고, 그 사이에 제사장이 끼어들어 권위를 누리고 제물을 가로챘는데, 향아설위를 통해 그것을 허문 것이다.[11]

다 이제까지 탄식하며 함께 고통을 겪고 있는 것을 우리가 아느니라"(롬 8:18-22). 인간 해방과 함께 생명 전체의 해방을 말하고 있다.
11 예수의 죽음 후에 일어난 사건이 이와 유사하다. "성소의 휘장이 위로부터 아래까지 찢어져 둘이 되니라"(막 15:38)라는 말씀이 제사장과 백성들 사이를 분리시킨 향벽설위의 상징을 제거한 향아설위의 사건으로 해석할 수 있는 것이다.

이러니 해월 사상은 당시뿐만 아니라 문명의 대전환을 위한 이 시대에도 요청되는 개벽적 사상이요 실천 덕목들이다. 인간과 만물(자연)들이 하늘님을 모시고 사는 공동체적 존재라는 깨달음으로 서로 존중하고 살리면서 공생, 상생의 세계로 변화시켜 나가는 것이 바로 개벽 세상의 삶이다. 동학의 개벽사상은 특정 이념이나 이익을 관철시키는 일반적인 사회운동과는 달리 인심(人心)개벽을 통하여 사람이 새로운 존재로 변화되면서 사회 변화를 이루어야 한다고 주장한다. 선천개벽이 물질개벽이라면, 후천개벽은 인심개벽이다. 사도 바울도 "그런즉 누구든지 그리스도 안에 있으면 새로운 피조물이라 이전 것은 지나갔으니 보라 새것이 되었도다"(고후 5:17)라고 하였다. 인심개벽이다. 하지만 기독교는 새로운 피조물이 된 이후의 변화된 삶에 대한 방향과 과제를 동학처럼 구체적으로 제시하지는 못한다.

마지막으로 해월과 원주와의 관계를 언급해 본다. 해월은 1898년 피신 중에 강원도 원주 송골(현재 원주시 호저면 고산리)에서 주민의 밀고로 체포, 서울로 압송되어 6월 2일 교수형을 당했다.[12] 원주의 장일순 선생은 해월 사상을 현대 생명 운동의 사상적 토대로 재조명하면서 1984년도에 한 살림 운동을 시작하였다.

---

12 이곳 호저면의 호저교회는 나의 첫 농촌 목회지이다. 1987년 부임 후 해월과 관련된 이곳의 역사를 알게 되었다. 나는 1989년도에 생명 운동 단체인 호저소비자협동조합(현 '원주생협'과 '원주생명농업'의 전신)을 창립하였다. 올해 창립 36년이 되었으며 지금도 활동중이다. 1989년에는 해월 피체(被逮) 100주년을 기념하여 '생명 축제'를 개최하기도 하였다. 원주 지역에서 시작된 생명 운동이 해월의 개벽 정신을 더 깊이 받아들여 보다 심도 있는 인심개벽과 사회개혁 운동으로 전개되기를 바라는 마음이다.

2. 원불교의 개벽 운동

1) 소태산의 출생과 시대적 배경

소태산 박중빈(1891~1943)은 19세기 후반 전남 영광군 길룡리 바닷가 마을에서 머슴(마름)인 아버지 박성삼과 재가녀 사이에서 태어났다. 그가 살았던 시기는 수운과 해월 당시의 고통스런 사회상에 더하여 동학혁명 과정에서 죽어간 30만 농민의 원혼이 떠돌고 백성들의 한(限)이 겹겹이 쌓인 때였다. 그의 마을도 동학의 기운이 강한 곳이었다. 자연스레 그 기운이 성장 과정에 깊이 스며들었다. 그래서인지 소태산은 자신의 전생(前生)이 수운이었음을 암시하는 말을 여러 번 했다고 한다.13 수운보다 67년 후에 태어난 소태산이 혁명의 역사와 그 기운을 공유하면서 수운의 뒤를 이어 제세구민(濟世救民)의 시대적 과제를 해결해 나가려고 했던 자의식의 발로가 아니었을까 추측해 본다.

소태산이 산 시대는 일제강점기 기간이었다. 근대화의 바람이 일제를 통해 조선 반도에 불어닥친 때였다. 수운이 체험하지 못한 서양의 발달된 과학 문명과 자본주의 경제 체제를 직접 경험하였다. 그리하여 수운의 '다시 개벽'은 원불교를 통하여 좀 더 발전적이고 구체적인 모습으로 전개되었다. 그는 26세인 1916년도 4월에 대각(大覺)을 이루었고, 개교 표어를 "물질이 개벽되니 정신을 개벽하자"로 정하였다. 1918년부터 저축조합(오늘의 협동조합)을 만들고 마을 주민들과 함께

---

13 "수운의 묘를 찾았을 때였다. 소태산은 묘소 앞에서 한참 동안 묵념을 올렸다가 동행한 제자들에게 말했다. '자기 묘 앞에 자기가 절을 하는 것을 보았나?'" 김형수, 『소태산평전』 (문학동네, 2016), 88.

자신의 마을 길룡리 앞 갯벌을 막아 농토를 만드는 방언(防堰) 공사를 하여 26,000평의 농지를 확보하고 경제적 토대를 구축하였다. 1924년에는 본거지를 익산으로 옮겨 원불교의 전신인 불법연구회를 창립하여 활동하였다.

2) 소태산의 깨달음과 개벽 운동

소태산의 깨달음의 핵심은 우주 만유의 본원이며 제불 제성의 심인이며 일체중생의 본성인 일원상(一圓相)의 진리다.[14] 모든 종교의 근본은 하나다. 이 진리를 바탕으로 신앙 일원 운동(신앙개벽), 수행 일원 운동(수행개벽), 생활 일원 운동(생활개벽)을 이루고자 하였다.[15] 소태산은 인간과 세상을 은(恩)의 관계로 보았다.[16] 인간과 생명은 독립된 실체일 수 없고 관계망 속의 하나로서 은혜의 관계로 얽혀 있다는 뜻으로, 천지은, 부모은, 동포은, 법률은의 사은(四恩)으로 설명하였다.[17] 이 사은이 생명과 인간의 존재를 가능하게 하는 바탕이다. 그리고 사요(四要)[18]를 말하는데, 그중 지자본위(智者本位)에서는 반상(班常), 적서(嫡庶), 노소(老少), 남녀(男女), 종족(種族)의 차별을 철폐하여

---

14 『원불교교전』 정전 제1장 "일원상"(一圓相).

15 장진영, "정산 송규의 개벽사상과 그 전개,"『개벽의 사상사 1』(창비, 2022), 152-153.

16 불교는 인간의 실존을 고(苦)로 인식하고, 기독교는 원죄(原罪)를 말하면서, 그로부터의 해방을 각각 해탈과 구원이라고 하는데, 원불교는 모든 존재의 상호 의존적 관계성에 초점을 두어 은혜의 존재로 말한다.

17 『원불교교전』 정전 제2장 "사은"(四恩).

18 사요(四要)는 자력양성(自力養成), 지자본위(智者本位), 타자녀(他子女) 교육, 공도자(公道者) 숭배다. 『원불교교전』 정전 제3장 "사요"(四要).

인권의 평등을 이루어야 한다고 말한다. 또한 탐진치(貪瞋痴, 원죄)로부터 해방되기 위한 정신 수양, 일의 이치를 연구하여 지혜를 얻는 사리(事理) 연구[19] 그리고 정의를 실행하고 불의를 제거하는 작업취사(作業取捨)[20] 등 삼학(三學)을 통하여 자신과 사회의 변혁을 동시에 추구할 것을 말한다. 물질개벽에 상응하는 정신개벽이 이루어져야 "파란고해(波瀾苦海)의 일체 생령을 광대 무량한 낙원으로 인도"[21]할 수 있는 것이다.

소태산은 『원불교교전』 대종경 교의품 (31)에서 "안으로 정신문명을 촉진하여 도학(道學)을 발전시키고, 밖으로 물질문명을 촉진하여 과학을 발전시켜야 영육이 쌍전(雙全)하고 내외가 겸전(兼全)하여 결함 없는 세상이 되리라. … 내외문명이 병진(並進)되는 시대라야 비로소 결함 없는 평화 안락한 세계가 될 것이니라"라고 하였다. 소태산은 또 대종경 전망품 (1)에서 "세상이 말세가 되고 험난한 때를 당하면 반드시 한 세상을 주장할 만한 법을 가진 구세(救世) 성자(聖者)가 출현하여 능히 천지 기운을 돌려 그 세상을 바로잡고 그 인심을 골라 놓나니라"고 하면서 당대가 거대한 선후천개벽의 시대라는 인식과 안목을 갖고 있었다.

---

19 사(事)는 시비이해(是非利害)를 말하고, 리(理)는 천조(天造)의 대소유무(大小有無)를 말한다. 『원불교교전』 정전 제4장 "삼학"(三學).

20 작업(作業)은 안이비설신의(眼耳鼻舌身意)의 육근(六根)의 작용을 말하고, 취사(取捨)는 정의는 취하고 불의는 버리는 것이다. 『원불교교전』 정전 제4장 "삼학"(三學).

21 『원불교교전』 정전, 총서편 제1장 "개교(開敎)의 동기".

3) 2대 종사 정산 송규의 개벽 운동

정산 송규(1900~1962)는 소태산의 '일원상 진리'를 통한 개벽, 즉 일원개벽을 계승함과 동시에 이를 더욱 승화하여 삼동(三同) 윤리를 통한 개벽, 즉 삼동개벽으로 심화 발전시켰다.[22] 삼동 윤리는 동원도리(同源道理), 동기연계(同氣連契), 동척사업(同拓事業)을 말한다. 첫째인 동원도리는 모든 종교와 교회가 그 근본은 다 같은 한 근원의 도리인 것을 알아서 서로 대동화합하자는 것이다. 이것은 일원상의 진리에 바탕한 것으로 모든 종교의 근본은 본래 하나라는 말이다. 둘째 강령인 동기연계는 모든 인종과 생령이 근본은 다 같은 한 기운으로 연계된 동포인 것을 알아서 서로 대동화합하자는 것이다. 천하의 모든 존재가 서로 없어서는 살 수 없는 은혜의 관계에 있기 때문이다. 셋째 강령인 동척사업은 모든 사업과 주장이 다 같이 세상을 개척하는 데 힘이 되는 것을 알아서 서로 대동화합하자는 것이다. 이는 소태산의 공도 정신을 계승한 것이라고 할 수 있다. 최종 목표는 인류의 평화와 대동사회의 건설, 즉 광대 무량한 낙원이다. 소태산의 일원개벽과 이를 계승 발전시킨 정산의 삼동개벽은 근대 서구 문명의 성과를 적극 수용함과 동시에 물질문명의 폐해를 극복할 수 있는 새로운 보편을 제시하고 있다는 점에서 한국 근대의 개벽이 세계적 보편 개벽으로 나아갈 가능성을 보여 준다.[23]

이상에서 살펴보았듯이 동학과 원불교 등 개벽 종교들은 모두

---

22 장진영, 『개벽의 사상사 1』, 154.

23 앞의 책, 162-168.

정치와 종교를 분리시키지 않는다.[24] 동학은 인심개벽과 사회개혁을 하나로 보며(政敎相合), 천도교는 정교쌍전(政敎雙全)을 말한다. 원불교의 소태산은 "종교와 정치가 세상을 운전하는 것은 수레의 두 바퀴와 같다"(『원불교교전』, 대종경 교의품 38)고 하였으며, 2대 정산 송규는 "정치의 근본은 도덕(종교)이요 도덕의 근본은 마음"이라고 하면서 정치와 종교는 같은 마음에서 비롯되는 것(政敎同心)이라고 하였다. 기독교 선교 초기의 목사인 탁사 최병헌도 종교를 정치의 어머니로 보면서 정신 수양을 통한 사회 변혁을 말하였다.[25] 사회혁명은 마음 혁명과 같이 이루어져야 한다는 것이 개벽 종교들의 공통된 주장이다.

IV. 개벽의 눈으로 보는 성경의 사건들

1. 최초의 인간 아담

성경의 아담은 천지개벽을 한 첫 사람이다. 하나님이 천지를 창조한 후 그 세상을 처음 연 사람이다. 구약 성경은 "여호와 하나님이 그 사람(아담)을 이끌어 에덴동산에 두어 그것을 경작하며 지키게 하시고"(창 2:15)라고 기록하고 있다. 천지 만물을 창조한 후 제일 마지막으로 인간을 지으시고, 그에게 부여한 과제가 '경작'과 '동산 지킴이'였다.

---

24 현재 기독교는 정교분리를 말하고 있다. 이는 서양 중세 시대 교황권이 비대하여 세속의 왕권까지 좌지우지하여 정치와 종교 간에 권력 다툼과 갈등에 의한 피해를 경험했기 때문이다.

25 허남진, "탁사 최병헌의 문명론과 국가건설 사상," 『개벽의 사상사』 (창비, 2022), 63.

농신학에서는 이 원초적 인간 아담을 농인(農人, Homo Colens)[26]이라고 정의한다.

아담이 땅을 경작하고 농경 생활을 시작한 것을 세상의 개벽이라고 한다면, 이는 위에서 설명한 동아시아의 개벽에 대한 개념, 즉 '토지를 개간하다', '황무지를 개척하여 사람이 살 수 있는 세상이 열렸다'라는 뜻으로 사용한 것과 같다고 볼 수 있다. 토지를 경작하는 일, 즉 농경 시대의 시작을 인간 역사(문명사)의 시초로 보고 있다는 점에서 공통된다. 하나님이 아담으로 하여금 토지를 경작토록, 즉 '흙을 섬기도록'(아바드 아다마) 하여 인간이 살 수 있는 세상을 열어주셨다고 보면, 이 사건은 기독교적인 개벽이라고 볼 수 있을 것이다.

그러나 불행하게도 선천개벽의 농인(農人) 아담은 하나님과 동행하면서 낙원에서 생활하다가 탐욕에 의해 선악과를 따먹은 후 사물을 둘로 나누어 보는 구분 의식이 생겼고,[27] 결국 자신과 하나님을 구분하여 자신 속에 하나님이 계신다는 사실을 망각하고 말았다. 이 농인의 타락 이후 인류의 불행이 시작되었다.

2. 홍수 후 새 세계를 연 노아

아담의 맏아들 가인(cain)이 동생 아벨(abel)을 살해한 후 그의 땅은 소산을 내지 않았다. 또한 이웃들로부터 살해의 위협을 받았으며,

---

26 한경호, "창세기가 말하는 인간, 농, 도시," 한국농신학연구회, 『농신학, 살림과 평화의 길』 제1집 (도서출판 흙과생기, 2020), 101.
27 노장사상에서는 이 구분의식이 무위자연(無爲自然)의 삶을 가로막는 인간 고통과 불행의 근본 원인이라고 말한다.

결국 하나님 앞을 떠나 놋땅에 이르러 그 자손의 이름을 딴 에녹성을 쌓았다. 이것이 성경이 말하는 최초의 도시다. 이후 도시가 급격하게 늘어났고, 동시에 인간의 죄악도 폭증하였다. 하나님은 "사람의 죄악이 세상에 가득함과 그의 마음으로 생각하는 모든 계획이 항상 악할 뿐임을 보시고"(창 6:5) 사람을 지면(地面)에서 쓸어버리기로 하셨다. 이때 한 사람을 선택하셨는데, 노아였다. "노아는 의인이요 당대에 완전한 자라 그는 하나님과 동행하였"다(창 6:9). 노아는 그 시대가 죄악이 만연하여 "땅이 하나님 앞에 부패"(창 6:11)하자 땅과의 관계가 파괴됨으로써 사람과 생명체들이 살기 어려운 지경에 이르렀음을 알고 세상의 멸망을 내다보았다. 그는 시대 상황을 꿰뚫어 보는 영적, 생태적 예지력의 소유자였다. 깨달음이 오자 심판 이후의 새로운 미래를 준비하였다. 온 가족이 힘을 모아 100년에 걸쳐 큰 배(방주)를 만들고 모든 생명체 한 쌍을 배에 태웠다. 40일간 내린 홍수로 모든 인간이 죽었다. 물이 빠진 후 노아가 땅에 발을 디디고 먼저 한 일은 땅과의 관계를 회복하는 것이었다. 농사를 시작하여 포도나무를 심은 것이다(창 9:20). 아담이 처음 세상을 개벽하면서 한 일이 땅을 경작하는 일이었는데, 노아도 새 세상을 개벽하면서 농사를 시작하였다. 이렇듯 세상 개벽의 출발은 땅을 경작하는 일이었다.[28]

---

28 구약 성경 창세기 1-11장은 원 역사로서 역사적 사실(historical fact)을 말하는 것이 아니라 모든 것의 기원을 신화와 전설의 옷을 입혀 설명한 것이다.

3. 도시를 탈출한 아브라함

족장사의 출발(창 12장)은 아브라함의 아버지인 데라가 우르(Ur)를 떠나는 것으로부터 시작된다. 우르는 메소포타미아의 유프라테스강과 티그리스강 하류 지역의 비옥한 땅에 건설된 당대 최고(最古, 最高) 수준인 수메르 문명의 중심지였다. 지금의 이라크 지역 내에 있는 곳이다. 데라와 그 가족이 이 발달된 도시 문명으로부터 떠나는 것이 족장사의 시작이라는 점은 의미심장하다. 데라는 하란(Haran)에 와서 머물러 살다가 죽었다.

데라가 죽은 후 아브라함의 인생도 도성인 하란[29]을 떠나는 것으로부터 새롭게 시작된다. 하나님의 명령은 "너의 고향과 친척과 아버지의 집을 떠나 내가 네게 보여 줄 땅으로 가라"(창 12:1)는 것이었다. 우르와 하란으로 상징되는 도시 문명을 떠나 하나님이 보여 주시는 곳, 가나안 땅으로 가는 것이 하나님의 구원 역사임을 말해주고 있다. 다시 말해 대부분의 사람들이 살고 싶어 하는 편리하고 풍요로운 도시 문명을 떠나는 것이 구원 역사의 시발이요 농신학에서 주장하는 개벽의 역사의 시작인 것이다. 당시 메소포타미아 문명의 중심에는 다신교 숭배가 자리 잡고 있었다.[30]

---

29 하란(Haran)은 지금의 튀르키예 남쪽에 있는 곳으로 메소포타미아의 주요 상업, 문화, 종교의 중심이었던 매우 오래된 도시다. 앗시리아가 다스릴 때 전략적 요충지 역할을 했던 곳이기도 하다.

30 인간의 정신적 수준이 점차 고양되어 왔다는 문명사적 입장에서 보면, 이때쯤 해서 인간의 내면에 좀 더 깊은 영적인 세계에 대한 추구심이 작용한 것으로 볼 수 있다. 수렵과 채취의 원시 시대에는 생존에 급급했었지만, 정착 생활이 시작되고 마을과 도시가 형성되면서 인간 간에 복잡하고 다양한 관계가 형성되자 정신세계의 인식 수준이 상당 부분 고양되었을 것으로 보는 것이다. 그래서 데라의 탈출이 당시 다신교 숭배의 사회적 상황을 벗어나 새

도시는 또한 전쟁과 약탈이 난무하는 곳이었다. "당시에 시날 왕 아므라벨과 엘라살 왕 아리옥과 엘람 왕 그돌라오멜과 고임 왕 디달이 소돔 왕 베라와 고모라 왕 비르사와 아드마 왕 시납과 스보임 왕 세메벨과 벨라 곧 소알 왕과 싸우니라"(창 14:1-2)에서 보듯이 도시 간에는 전쟁이 이어졌고, 그 결과 "네 왕(엘람왕 그돌라오멜, 고임 왕 디달, 시날왕 아므라벨, 엘라살 왕 아리옥)이 소돔과 고모라의 모든 재물과 양식을 빼앗아가고 소돔에 거주하는 아브라함의 조카 롯도 사로잡고 그 재물 까지 노략하여 갔"다(창 14:11-12). 이 소식을 들은 아브라함이 롯과 그 가족을 구출하고 재물을 찾아왔다. "아브람이 그의 조카가 사로잡혔 음을 듣고 집에서 길리고 훈련된 자 318명을 거느리고 단까지 쫓아가 서… 모든 빼앗겼던 재물과 자기의 조카 롯과 그의 재물과 또 부녀와 친척을 다 찾아왔더라"(창 14:14-16). 후에 소돔과 고모라는 그 폭력성과 성적 타락으로 인해 하나님의 불심판을 받았다. 도시 중심, 국가 중심의 문명이 저지르고 있는 오늘의 전쟁과 폭력 사태는 이미 오래전부터 있어 온 사건이다.

4. 새로운 땅을 향한 모세

모세 당시(B.C. 1300 전후로 추정) 히브리인들은 강대국 이집트에서 노예로 살고 있었다. 고대 도시 중심의 왕국들은 땅을 왕의 소유로

로운 실재(實在)에 대한 영적인 탐구의 시작을 상징하는 것이 아닐까 생각해 본다. 물론 정치-경제적 요인이 있었겠지만 말이다. 이 흐름의 연속선상에서 모세가 나왔고, 이후 탁 월한 종교인들(예를 들어 구약의 예언자들)을 거쳐 석가, 노장, 공자, 예수 등 최상의 종교 인들이 출현한 것이 아닌가 하는 것이다.

삼고 노예들을 부려 농산물을 생산하였다. 당시 히브리인들은 비돔과 라암셋을 건축하는 토목건축 공사에 동원되어 고된 노동을 하였다. 그들의 고통과 신음 소리가 하나님께 들렸다. "이스라엘 자손은 고된 노동으로 말미암아 탄식하며 부르짖으니 그 고된 노동으로 말미암아 부르짖는 소리가 하나님께 상달된지라"(출 2:23). 비돔과 라암셋 도시 문명 속에서 겪는 고통은 견디기 어려웠다. 그들은 그 상황에서의 해방과 새로운 세상을 갈망하였다. 이때 그들의 아픔과 고통 소리를 들은 사람이 모세였다. 그는 자기 동족이 이집트 사람에게 구타당하는 것을 보고 격분하여 그 이집트 사람을 쳐 죽여 모래 속에 파묻어버렸다. 이 일이 탄로 나자 모세는 미디안으로 피신하였다. 그는 호렙산의 떨기나무에서 하나님의 음성을 들었다. "하나님이 이르시되 이리로 가까이 오지 말라 네가 선 곳은 거룩한 땅이니 네 발에서 신을 벗으라"(출 3:5). 그는 미디안 광야에서 생활하는 동안 새 사람이 되었다. 과거 혈기에 사로잡혀 폭력으로 일을 그르쳤던 그는 이제 하나님을 만나 대화하는 존재로 거듭났다. 광야에서 그는 자신의 과거를 돌아보며 마음 공부(정신 수양)를 꾸준히 하여 새 사람이 된 것이다. "이 사람 모세는 온유함이 지면의 모든 사람보다 더하더라"(민 12:3).[31] 개벽의 세상을 열어갈 영적인 준비를 갖추었다. 히브리인들은 광야로 탈출시키라는 하나님의 명령을 받은 모세는 바로왕과 대결한 후 탈출에 성공하였다. 갈 곳은 약속의 땅 가나안이었다. 그곳은 바로 개벽의

---

31 예수는 산상수훈의 팔복에서 "온유한 자는 복이 있나니 그들이 땅을 기업(基業)으로 받을 것임이요"(마 5:5)라고 말했다. 모세는 온유한 성품의 소유자였기에 가나안 땅을 백성들의 기업으로 받을 수 있었다. 땅의 영성이 모든 것을 받아들여 살리는 생명의 영성을 가졌기 때문이다.

세상이었다.

곧바로 가나안까지 가는 일은 쉽지 않았다. 수많은 무리를 이끌고 시나이반도로 우회하여 40년 동안 그들을 먹이고 가르치면서 갔다. 우선적인 일은 노예 의식에 젖어있는 그들, 먹을 것, 우상 숭배에 쉽게 빠지는 그들을 새 사람으로 변화시키는 일이었다. 오랜 시간이 걸렸다. 양식은 하나님이 주시는 만나와 메추라기였다. 저장이 되지 않기에 계급 없이 모두 평등하게 지낼 수 있었다. 십계(十戒)를 비롯하여 여러 가지 가르침으로 교육과 훈련을 거듭하였다. 오랜 광야 생활은 새사람으로 변화되는 과정이었다. 결국 가나안 땅에는 출애굽한 사람들 중 여호수아와 갈렙 두 사람만 들어갔고, 나머지는 모두 광야에서 죽었다. 광야에서 태어나 교육·훈련받은 새로운 세대가 들어갔다. 새 술은 새 부대에 담는 법이다. 인류 역사상 지도자와 백성이 새로운 땅에 들어가기 위해 장기간 훈련받은 경우는 아마도 이 사건이 유일할 것이다.

모세는 목적지인 가나안 땅에는 들어가지 못했다. 그 제자인 여호수아가 대를 이어 인도하였다. 하나님은 여호수아에게 "강하고 담대하라. 두려워하지 말며 놀라지 말라. 네가 어디로 가든지 네 하나님 여호와가 너와 함께 하느니라"(수 1:9)고 하였고, "좌로나 우로나 치우치지 말라, 그리하면 어디로 가든지 형통하리니"라고 하였다. 이 말은 최수운이 처음 하늘님을 만났을 때 하늘님이 "놀라지 말라, 두려워말라(勿拘勿恐). 세상 사람들이 나를 불러 상제(上帝)라 하느니라. 너는 상제가 누구인지도 모른단 말이냐?"[32]라는 말을 생각나게 한다. 또한 사울이 다메섹

32 도올 김용옥, 『동경대전2』(통나무, 2021), 78.

도상에서 예수를 만났을 때 "주여, 누구시니이까? 이르시되 나는 네가 박해하는 예수라"(행 9:5)고 문답한 장면이 떠오른다. "좌로나 우로나 치우치지 말라"는 말씀은 개벽의 세상을 열어가되 중도(中道), 중정(中正)의 길을 가라는 말이다. 변혁의 길은 중도의 길임을 보여주고 있다. 개벽의 세상을 이루려면 새로운 존재로의 변화(정신 수양)가 동반되어야 하고, 중도의 길로 가야 한다는 점을 출애굽 사건이 가르쳐주고 있음을 알 수 있다.

그러면 광야에서 40년 동안 교육·훈련을 받고 새로워진 백성들은 가나안 땅에 들어가서 어떻게 살았는가? 개벽의 새 세상을 어떻게 열어갔는가? 자유와 평등의 가치를 훈련받은 그들은 그런 사회체제를 만들고 살았다. 지파별로 토지를 골고루 분배하였고, 지배계급 없이 외침(外侵)이 있을 때만 영웅(사사)이 출현하여 해결하곤 하였다. 분배받은 토지는 팔아서는 안 되었다(레 25:23). 토지의 사적 소유를 금지한 것이다. 안식일과 안식년을 반드시 지켜야 했다. 안식일은 노동으로부터의 해방일이고, 안식년에는 토지를 해방시켰다. 땅도 휴식을 취하도록 한 것이다. 그리고 50년마다 희년(禧年)을 선포하여 주민에게 자유를 공포하고 토지를 본래의 주인에게 돌려주도록 했다.[33] 가나안의 새 세계는 '광대 무량한 낙원'(원불교)과 같은 세상이었다. 약 200년 동안 그렇게 살았다. 그러나 강성한 이웃 나라(블레셋)의 침략이 심해져 위기에 처하자 왕권 국가를 세움으로써 이 낙원은 사라지게 되었다.

---

33 토지의 소유권은 하나님에게 있고, 인간은 사용권만 갖는다. 살다 보면 형편상 토지를 사고파는 일이 생기는데, 이때의 토지는 사용권을 매매하는 것이다. 따라서 희년이 되면 다시 원 소유자에게 그 땅을 돌려 주어야 한다.

5. 예언자들의 활동

왕권 국가 이스라엘은 왕을 중심으로 하는 권력구조가 형성되고 지배 계층이 자리를 잡으면서 다른 나라와 똑같이 백성들을 억압하고 착취하는 나라가 되었다. 그러나 백성들 사이에는 아직 출애굽 정신, 해방 정신이 살아 있었다. 그것을 대변한 사람이 예언자들이었다. 그들은 왕정 400여 년 동안 내내 정권과 지배 계층의 불의(不義)를 질타하고 하나님의 정의를 실천할 것을 요구하였다. 그들은 자유와 평등의 출애굽 정신에 더하여 사회정의를 선포하였다. 즉, 권력에 의해 조성된 불평등과 그 결과인 빈부 격차, 소외로 차별받는 사회적 약자들에 대한 배려와 돌봄을 중요하게 여겼다. 가난한 자를 착취하지 말고, 고아, 과부, 이방인, 나그네를 형제처럼 대하라고 하였다. 권력자들은 이런 주장을 받아들이지 않고 오히려 예언자들을 박해하였으나 그 정신은 역사 속에서 맥맥히 이어졌다. 예수에 이르러 그 정신이 새로운 차원으로 선포되었다. 개벽사상과 운동의 실천은 성경의 전통으로 보면 예언자 사상과 운동의 실천이기도 하다. 농신학 운동 역시 시대의 위기와 파국의 도래를 선포하고 그것을 막기 위한 실천 운동인 것이다.

6. 하나님의 나라를 선포한 예수

남·북왕국이 강대국 앗시리아와 바벨론에 의해 다 망하고 독립 국가를 세우지 못한 채 이스라엘은 로마제국의 식민지로 전락하였다. 예수는 이 시기에 세상에 출현하였다. 그는 농어촌인 갈릴리 나사렛에서 목수의 아들로 성장하였다. 농경 시대, 농사가 주업인 갈릴리에서 그는 목수 일과 함께 농사도 지었을 것이다.[34] 외세의 지배를 받는 식민지 이스라엘 사람들의 삶은 매우 힘들었다. 예루살렘 및 로마의 지배자들에게 억압과 착취를 당하며 고통 속에 지냈다. 마치 이집트의 압제하에 노예 생활을 하던 시절과 같았다. 그들을 해방시켜 줄 제2의 모세의 출현이 기다려지는 시기였다. 예수는 시대의 아픔과 고통을 자신의 것으로 여기며 새로운 길을 모색하였다. 어머니 마리아는 임신 중에 앞으로 태어날 아기가 어떤 일을 할 것인지 '마리아의 찬가'(눅 1:46-56; 삼상 2:1-10의 한나의 노래)를 통해 예견하였다.

예수는 광야에서 40일간 금식하면서 세 가지 시험을 물리치고 하나님을 만나는 체험을 하였다. 이제 자신의 체험과 깨달음을 사람들에게 전하기 시작하였다. 그의 첫 선포는 "회개하라 천국이 가까이 왔느니라"(마 4:17)였다. 천국, 즉 하나님의 나라(Kingdom of God)가 가까이 왔으니 변화되어 그 나라 사람이 되라는 것이었다. 예수는 자신의 소명을 구체적으로 말하였다. "주의 성령이 내게 임하였으니 이는 가난한 자에게 복음을 전하게 하시려고 내게 기름을 부으시고 나를 보내사 포로된 자에게 자유를, 눈먼 자에게 다시 보게 함을 전파하며, 눌린 자를 자유롭게 하고, 주의 은혜의 해를 전파하게 하려 하심이라"(눅 4:18-19; 사 61:1 이하). 주의 은혜의 해는 가나안 시대의 희년(禧年)을 말한다. 예수는 개벽의 새 세상을 선포하였다. 거룩한 영에 사로잡혀 식민지 치하에서 억압과 차별 속에 고통받는 사람들에

---

34 예수의 말 중에 농사와 연관된 비유가 매우 많다는 사실에서 그런 추측을 해보는 것이다. 직접 농사를 짓지 않고서는 확실하게 말하기가 어렵기 때문이다.

게 자유와 해방을 선포한 것이다. 백성들에게 이 말씀은 희망을 주는 새로운 소식이었다. 최수운이 당시 백성들에게 희망의 소식을 전했듯이 말이다.

예수는 먼저 같이 활동할 열두 제자를 불렀다. 그들을 각성시켜 생사를 함께할 사람들로 변화시켰고, 공생애 3년 동안 많은 곳을 다니며 연약한 백성들(가난한 자, 병자, 창기, 세리 등)을 치유하고 하나님 나라의 주체가 될 새사람으로 변화시켰다. 이런 행동으로 많은 사람들이 그를 따르자 지배 계층인 바리새인, 제사장, 서기관 등이 그를 불온한 체제 도전자로 여기게 되었다. 지배 이데올로기인 율법을 부정하고 체제를 붕괴시키려는 자로 보았다. 예수를 계속 따라다니면서 시험하고 올가미에 잡아넣으려고 하였다. 마치 최수운 주위에 많은 백성들이 모여들자 당시 영남 유림(儒林)에서 사람을 보내어 계속 그를 시험한 것과 같다. 유림들이 보기에 최수운은 지배 이데올로기인 주자학을 부정하고 체제를 흔드는 존재로 보였던 것이다.

그러나 예수의 선포는 그의 고백대로 율법을 폐하려는 것이 아니라 율법을 완성하려는 것이었다. 예수가 만난 하나님은 당시 율법주의자들이 믿는 하나님이 아니었다. 그는 자신을 시험하여 질문하는 바리새인들에게 "가이사의 것은 가이사에게 하나님의 것은 하나님에게, 나의 것은 나에게로 돌리라"(도마복음 100절)는 폭탄선언을 하였다. 너희들이 믿는 하나님과 내가 체험한 하나님은 다르다는 것이다. "사람이 안식일을 위하여 있는 것이 아니라 안식일이 사람을 위하여 있는 것"이라고 하였다. 마침내 예수는 정치범으로 몰려 십자가에 처형당했다. 최수운 역시 율법화된 주자학을 뛰어넘어 선조들의 전통 사상(천부경, 풍류도, 하늘 사상, 도가 사상 등)과 회통시켜 한국 주자학으로 완성하고 서학이 아닌 동학이라고 하였으나, 지배 계층인 유림의 몰이해로 처형당했다.

예수 선포의 핵심인 하나님의 나라(新天地)는 이전 세상과는 질적 차원이 다른 새로운 세상이다. 그곳은 변화된 사람(新人間)이어야 갈 수 있는 곳이다. 그런데 예수는 하나님의 나라가 무엇이며 그 백성이 어떤 존재여야 되는지에 대해서는 가르쳤으나 새로운 존재가 되는 수행의 길에 대해서는 말하지 않았다. 아마도 그의 묵시 사상에 의해 곧 세상의 종말이 닥칠 것으로 보았기 때문일 것이다. 이 부분에서 한국의 개벽 운동과 차이가 있다. 최수운과 소태산은 새로운 사람이 되기 위한 수행을 말하였고, 특히 소태산은 그 구체적인 방법까지 가르치고 몸소 실천하였다. 이것은 하나님과 하늘님의 차이 그리고 궁극적 진리에 대한 인식의 차이에서 비롯될 것이다.

예수의 개벽 운동의 목표는 당시 로마제국과 예루살렘 지배 체제에 의해 고통받고 있는 세상을 뒤집어 새로운 세상, 즉 하나님의 나라를 세우는 것이었다. 그것은 가룟 유다처럼 폭력적 방법으로 되는 것이 아니라 사람들이 겨자씨처럼 자기 생명을 새롭게 틔어 자라서 이루어지는 평화의 세계였다(마 13:31-32). 현실에서는 이루기 어려운 종말론적 과제였다. 그는 육신은 처형당했지만 부활 사건을 통해 지금까지 세계적인 영향을 미치고 있다. 최수운 역시 처형당했으나 동학농민혁명, 3.1운동 등을 통해 그 정신이 발현되었다. 최근에는 최수운과 소태산의 개벽사상은 우리나라를 넘어 세계적인 개벽을 추동할 수 있는 사상과 종교로 떠오르고 있다. 기독교가 작은 유대 나라를 벗어나 서양을 거쳐 18세기 말에 이르러서야 조선 반도에 전해졌다면, 이제 한국의 개벽 종교들은 문명 전환의 시대에 작은 한국을 넘어 세계로 전파되어 인류가 처한 문제를 해결해 나가는 데 일정한 역할을 할 수 있기를 바라는 마음이다.

V. 농신학의 개벽적 성격

농신학은 개벽적인가? 개벽은 위에서 언급했듯이 현재의 사회를
뒤집어 문명의 대전환을 통한 새로운 세상을 꿈꾸고 실천하는 것이다.
농신학의 개벽성을 말하려면, 현실 상황이 개벽을 말한 만큼 위기에
처해있는가와 그 위기를 돌파할 근본적인 근거와 방안을 제시할 수
있는가가 논구되어야 할 것이다.

우리나라는 현재 세계에서 유일한 분단국가이다. 오랜 세월이 흘렀
는데도 통일의 희망은 점차 멀어지고 남북 간 대화의 창구 자체가
막혀버렸다. 분단으로 인한 고통이 장기간 지속되고 있다. 남은 자본주
의 체제 발달에 의한 빈부 격차와 차별과 소외 등 비인간화 현상이
심화되고 있고, 북은 미국에 의해 오랜 기간 경제 제재를 받으면서
겨우 살림을 꾸리고, 미국과 대결하면서 국력을 소모하고 있다. 남은
물질 생활의 편리와 풍요를 북보다 누리고 있지만, 생태계 파괴와
오염의 세계적인 주범이 되었다.[35] 최근 남북 간 대결은 한반도를
둘러싼 국제정세의 유동성으로 전쟁의 소용돌이에 끌려 들어갈 가능성
도 제기되고 있다.

세계는 자본주의 체제로 일극화되어 저마다 경제성장을 위해 생태

---

[35] 1인당 이산화탄소 배출량 세계 2위(2017년), 온실가스 배출량 OECD 기준 세계 4위
(2016년), 지난 10년간 이산화탄소 증가율 세계 2위다. 이정배, 『역사유비로서의 개벽신
학, 공(空), 공(公) 공(共)』 (신앙과지성사, 2024), 245.

계 문제는 아랑곳하지 않고 지구 자원을 착취하고 있다. 이런 상태의 지속은 인류 공멸의 길이요 세계 평화에 역행하는 길이다. 현실을 지배하고 있는 가치관의 전복(顚覆) 없이는 인류의 미래를 낙관할 수 없게 되었다. 부분적 처방이나 일시적 해법으로는 해결이 난망하다. 그러면 이런 위기는 근본적으로는 어디에서 비롯된 것인가?

농신학에서는 위기의 단초가 인간의 죄악과 범죄의 결과로 탄생한 도시 문명의 확산과 발달에 근본 원인이 있다고 본다. 성경에 의하면 최초의 인간 아담과 하와는 탐욕에 빠져 선악과를 따먹고 에덴동산에서 추방되었다. 그 아들 가인은 분노(火)로 동생 아벨을 죽이는 살인자가 되었다. 탐욕과 분노의 본성에 의해 고통의 나락으로 떨어진 것이다. 가인은 동생을 죽인 후 파멸적 상황에 이른다. 하나님은 "네가 밭을 갈아도 땅이 다시는 그 효력을 네게 주지 아니할 것이요 너는 땅에서 피하며 유리하는 자가 되리라"(창 4:12)고 하였다. 가인은 "나를 만나는 자마다 나를 죽이겠나이다"(창 4:14 하반)라고 말하면서 이웃을 두려운 존재로 여기게 되었다. 마침내 가인은 여호와 앞을 떠나 에덴 동쪽 놋땅36에 거주하면서 성(城)을 쌓고 자식의 이름을 따서 에녹성이라 하였다. 가인은 땅으로부터 외면당했고, 이웃과의 관계가 파괴되었으며, 하나님을 떠나 살아가는 존재가 되었다. 모든 관계가 단절된 사람이 살아갈 방도는 담을 쌓고 스스로 보호하는 길밖에 없었다. 이 에녹성이 인간이 세운 최초의 도시다.37

---

36 '놋'(nod)은 본래 히브리어로 여러 가지 뜻이 있지만 '휴식이 없는 곳'이라는 뜻에 주목해 본다.

37 문명(civilization)은 고대 라틴어 키비타스(civitas, 도시)에서 유래하였다. 장진영, "정산 송규의 개벽사상과 그 전개: 일원개벽에서 삼동개벽으로," 『개벽의 사상사 1』 (창비,

도시의 기원에 대한 설명에서 이는 매우 중요하다. 즉, 도시의 출현이 인간의 죄성(罪性)과 긴밀하게 관련되어 있다는 점을 보여주기 때문이다. 가인의 죄성은 그 후손에게 더 확산되어 내려갔다(창 4:23-24). 에녹성 이후 도시가 크게 확산되자 죄악은 더욱 번성하였고, 하나님은 노아 시대 홍수로 심판하였다. 노아 시대 이후 인구가 증가하면서 다시 도시가 번성하였다. 이제는 언어가 사용되면서 인간 생활에 큰 변화가 일어났다. 서로 소통하면서 단합하여 바벨탑을 쌓았다. 그들은 "탑 꼭대기를 하늘에 닿게 하여 자기들의 이름을 내려고"(창 11:4) 교만한 태도를 취했다. 하나님은 언어를 혼잡하게 하여 사람들을 흩어버렸다. 도시 문명에 대한 두 번째 심판이다.

두 사건에서 보듯이 도시는 인간의 마음을 교만하게 만들고 "행위를 부패케 하고 땅을 부패하게 만든다"(창 6:11-12). 도시는 흙으로 지음을 받은 인간, 그리하여 땅을 경작하고 지키면서 살아가도록 지음 받은 인간이 자기 존재의 토대인 땅을 떠나 만든 인위적인 공간이다. 도시 문명은 본래의 정체성을 상실한 인간이 욕심을 따라 자기 뜻대로 건설한 것이어서 죄악이 만연케 되고 결국 하나님의 심판을 초래한다는 것이 성경의 기록이다.

도시 문명하에서 출현한 권력자 및 지배 계층은 땅을 떠난 존재로서 이제는 땅의 사람인 농민을 억압하고 착취한다. 농민들은 노예로 취급받았고 세금과 강제노역에 동원되었다. 수많은 농민이 희생되었다. 이집트의 피라미드와 중국의 만리장성이 대표적인 사례다. 도시 중심의 국가 체제는 수천 년간 농(農)을 체제 유지의 수단으로 삼았다.

2022), 143.

오늘 자본주의 체제하에서도 이 관계는 그대로 관철되고 있다. 농은 권력과 자본의 착취 대상이요 도시를 지탱시키는 식량 공급 기지로 전락하였다. 땅과 농민을 이렇게 계속 억압·착취해도 되는 것인가? 도시 문명의 발달은 물론 인간의 지적 능력과 문화 창조의 역량을 향상시켜 고도의 정신문화 및 물질 문명의 발달을 가능하게 한 긍정적인 측면도 있다. 그러나 이런 발달과 향상이 농의 희생을 토대로 이루어졌다는 점을 깨닫지 못하고 탐욕을 절제하지 못한다면, 앞으로 닥칠 전 세계적 위기를 극복하기 어려울 것이다.

따라서 문명 파국의 위기를 극복하고 새로운 문명 전환을 이루려면 인간의 자기 정체성에 대한 분명한 재인식과 함께 농을 개인적, 사회적 삶의 중심에 놓는 의식 혁명과 경제구조 개편의 혁명이 동반되어야 할 것이다. 농의 위치와 역할을 인식하고 농 중심의 삶의 구조로 전환되는 것이 인류 구원의 근본적인 방향이요 과제라고 생각한다. 세계는 현재 대도시 중심의 국가들이 군사력과 경제력을 배경으로 권력을 휘두르고 있다. 농의 소리는 아예 고려조차 되지 않고 완전히 묵살 당하고 있다. 지식인들조차 농을 하위 개념으로 인식하며 차별하고 있는 것으로 보인다. 『녹색평론』의 김종철 선생은 한국 지식인들의 생태적 무지에 대하여 한탄했는데, 농(農)에 대해서는 그런 현상이 더욱 두드러진다. 농을 산업의 한 분야로, 경제적인 관점에서만 생각하면 농이 사양 산업이 된 것은 당연하고 불가피한 일이라고 볼 수 있다. 그러나 가만히 생각해 보라! 농이 죽으면 인간도 죽는다. 식량이 없으면 생존이 불가능하다. 매우 단순하지만 절대적인 명제다. 천지개벽이래 수천 년간 인간의 생존과 문화생활은 농을 통해서 이루어졌고, 삶의 중심에 농경문화가 있었다는 사실을 기억해야 할 것이다.

문명 전환 시대, 즉 개벽의 시대를 맞이하여 인류가 우선적으로 생각할 점은 의식의 전환인데, 농신학에서는 바로 농에 대한 올바른 이해와 인식의 전환을 촉구하는 것이다. 개벽의 시대는 인류가 농을 억압하고 착취하면서 오랜 기간 살아온 죄과를 성찰·회개하는 것으로부터 시작해야 한다. 이 회심을 통해서 농 중심의 사회개혁을 이루어나가는 것이야말로 위기 극복의 출발이라고 생각한다.

VI. 개벽적 농신학의 과제

1. 개벽적 신학 체계 정립의 과제들

지금까지 한국의 개벽사상과 농신학의 개벽성에 대하여 간략하게 나마 생각해 보았다. 이 논의에서 우리는 상호 간의 상이성을 볼 수 있었다. 그중에서 중요한 점은 신(神) 인식의 문제다. 동학의 하늘님 은 기독교의 하나님과 다르게 보인다. 기독교의 하나님이 인간과는 차원이 다른 우주 만물의 창조주요 절대적인 초월자라면, 동학의 하늘님은 사람 속에 내재하여 모시는 분(侍天主, 內有神靈)이고 밖으로는 우주의 기운과 하나가 되어 만물의 생성과 변화를 이끌어 가는(外有氣化, 無爲而化) 분이다. 기독교의 하나님은 인간과 분리된 타자(神人有間)로서 높은 곳에서 권위적으로 명령하는 분이지만, 동학의 하늘님은 인간과 분리되지 않고(神人無間) 상호작용하면서 인간의 활동에 참여하는 분이다. 나아가 내가 곧 하늘님이며(吾心卽汝心) 우리 모두가 하늘님이다.

예수가 체험한 하나님도 유대교(구약)의 하나님은 아니었다. 그는 "내가 아버지 안에 거하고 아버지께서 내 안에 계심을 믿으라"(요 14:11)고 했고, "그 날에는 내가 아버지 안에 너희가 내 안에 내가 너희 안에 있는 것을 알리라"(요 14:20)라고 말했다. 예수와 하나님이 상호내주하는 하나이고(神人合一), 그날(종말의 때, 하나님 나라가 실현되는 때)에는 하나님, 예수 그리고 우리 모두가 함께 거하며 하나가 되리라는 말이다. 예수는 체포되기 전에 "아버지여, 아버지께서 내 안에, 내가 아버지 안에 있는 것 같이(나와 아버지가 하나가 된 것 같이), 그들도 다 하나가 되어 우리 안에 있게 하사, 세상으로 아버지께서 나를 보내신 것을 믿게 하옵소서"(요 17:21)라고 기도하고 있다. 유대교의 하나님 야훼는 감히 이름도 부르지 못할 분이었지만 예수가 체험한 하나님은 친근한 '아빠'(abba)다. 최수운의 하늘님과 예수의 '아빠'는 상호 소통이 불가능한 것인가?. 사막과 광야에서 유목민으로 늘 이동하면서 사는 사람들의 생존에 절대적인 것은 항상 기준이 되는 하늘(해, 달 별)이다. 자신들의 위치를 확인하고, 어디에 머무르고, 어디로 가야 할지 알려면 하늘의 지시를 잘 받들어야 했다. 그들은 그 하늘을 인격화하여 인간과는 차원이 다른 절대적 타자(他者)인 야훼(알라)를 신앙하면서 살아왔다. 반면 농경사회의 민족들은 한 곳에 정주하면서 하늘과 땅의 기운을 몸과 마음으로 받아들여 자신의 기운과 합치시키는 것을 중요하게 여겼다. 이렇듯 서로 다른 생존의 토대 위에서 형성된 신 인식(神認識)과 체험과 문화를 이제는 존중하면서 상호 소통을 통해 공통의 지평을 넓혀 가는 것이 인류의 생존과 평화를 위하는 길일 것이다.

두 번째로 기독론이다. 기독교에서 예수는 구원의 중보자다. 그를 믿음으로 구원을 받는다. "예수 믿고 구원받고 천국 가자"는 말이

전도의 슬로건이다. 그러나 동학-천도교에는 중보자가 없다. 내가 곧 하늘님이기 때문이다. 내 안에 계신 하늘님을 잘 모시는 일(侍天主)이 중요하다. 그러면 예수의 중보자로서의 존재를 부정하는 것인가? 예수에 대한 해석을 어떻게 하느냐가 관건일 것이다. 기독교를 한국적으로 해석한 다석 유영모 선생과 함석헌 선생은 예수를 중보자로 인정하지 않았다. 인간은 각자가 다 주체적인 존재로서 스스로 구원해야 한다고 말했다. 예수를 통한 대속(代贖)이 아닌 스스로의 자속(自贖)을 말한 것이다. 급진적인(?) 여성 신학자 이은선 교수는 "우리 시대는 모두가 중보자 없이 스스로의 힘으로 구원을 찾아 나서는 자속의 의미가 크게 강조되는 보편종교의 시대"[38]라고 말했으며, 이정배 교수는 대속과 자속의 불이성(不二性)에 대하여[39] 말했다.

세 번째로 내세론이다. 기독교는 죽은 후의 내세를 말한다. 예수 믿고 구원받으면 천국에, 믿지 않으면 지옥에 간다고 한다. 동학과 원불교에서는 이런 내세를 말하지 않는다. 문제는 하나님의 나라에 대한 해석이다. 대부분의 교회는 하나님의 나라를 죽어서 가는 천당과 동일하게 말하는 경향이 있다. 그러나 하나님의 나라는 죽은 후에 가는 천당이 아니다. 예수는 하나님의 나라에 대한 바리새인들의 질문에 "하나님의 나라는 볼 수 있게 임하는 것이 아니요, 또 여기 있다 저기 있다고도 못하리니 하나님의 나라는 너희 안에(가운데, 너희 중에) 있느니라"(눅 17:20-21)라고 하였다. 하나님의 나라는 죽은 후에 가는 어떤 물리적인 공간이 아니라 눈에 보이지 않는 마음과 인간

---

38 "기독교 K-사상의 가능성을 모색하다," 『개벽사상과 종교공부』(창비, 2024), 334.
39 이정배, "대속과 자속 그 불이성(不二性)에 대하여," 「농촌과목회」 100 (2023): 176-188.

상호 관계 속에 존재하는 세계다. 하나님의 나라는 예수의 출현과 함께 이미 진행되어 오고 있는, 기독교가 추구해야 하는 이상적 목표의 세계이기도 하다. 동학-천도교에서는 인간과 하늘님이 협력하여 함께 만들어 가는 새로운 세상은 사회개벽의 완성인 지상천국(동학 사상가 이돈화의 표현)이라고 말한다. 원불교에서는 일원상의 진리를 믿고 따르며 수행하여 모두가 누릴 수 있는 '광대 무량한 낙원'을 말한다. 오늘의 한국 기독교는 죽은 후의 내세를 강조함으로써 현실의 사회적 문제를 외면하도록 만들고 있다. 결국 세상을 변화시켜 하나님의 나라를 세워가야 할 소명 의식을 거세함으로써 탈역사적 이기적인 신앙인을 양성하고 있다는 비판을 받고 있다.

2. 수행적 기독교로의 전환

종교 세계에서 가장 중요한 목표는 수양(믿음)을 통한 자기완성에 있다. 기독교는 구원과 성화를, 불교에서는 돈오점수(頓悟漸修)를 말하며, 동학에서는 수심정기(守心正氣)를 말한다. 수심정기란 "하늘님이 나의 마음에 모셔져 있음을 깨달아 그 하늘과 합하고 그 마음을 지켜 바른 기운으로 광제창생, 후천개벽을 이루는 수도라 할 수 있다."[40] 소태산 원불교에서는 일원상(一圓相)의 수행, 즉 "일원상의 진리를 신앙함과 동시에 수행의 표본을 삼아서 일원상과 같이 원만구족(圓滿具足)하고 지공무사(至公無私)한 각자의 마음을 알고, 그 마음을 양성하고,

---

40 정혜정 "동학의 수도와 개벽운동," 『문명전환의 한국사상』 개벽의 사상사 2 (창비, 2025), 31.

사용하자는 것이 곧 일원상의 수행이니라"[41]고 말한다.

기독교(개신교)는 수행을 말하고 있는가? 가톨릭은 수도 전통을 통해 끊임없이 영적인 수행을 해 오고 있는데, 기독교는 수행에 대하여 공식적으로는 말하지 않는다. 믿음으로 모든 문제가 다 해결되었다고 말함으로써 깨침이 없는 믿음이 되어버렸다. "농사를 지어 추수를 하려면 토양과 물과 바람과 빛 등의 네 가지 기본 요소가 필요한 것처럼 하나님의 농사에도 믿음, 소망, 사랑, 깨침의 네 요소가 있어야 한다. '믿음은 우리의 토양, 우리가 거기에 뿌리를 내리고; 소망은 물, 우리가 그것으로 양분을 얻고; 사랑은 공기, 우리가 그것으로 자라고; 깨침은 빛, 우리가 그것으로 익게 됩니다.'"[42] 개벽은 하나님의 농사를 짓는 일이다. 이정배 교수는 "다석의 기독교는 대속적 기독교가 아니라 수행적 기독교이다. 다석에게 귀처(歸處)는 철저하게 마음이다"[43]라고 말한다. 개벽 종교들이 마음 공부를 말하는 것과 궤를 같이한다. 개신교가 정신 수양(구원)과 사회개혁(세상 속에서의 하나님 나라 구현)을 동시적 사건으로 보는 개벽 종교가 되려면, 이런 타계적 내세관을 벗어나 현실 속에서 자기 비움(kenosis, 빌 2:5-11)의 수행을 통해 하나님의 나라를 건설하는 신앙인들로 길러내야 한다.

3. 농(農) 중심의 삶과 사회경제 체제의 모색

농신학은 현재의 인류 위기를 극복하기 위해서는 인간이 자기

---

41 『원불교교전』, 정전 교의편 제1장 "일원상".
42 나그함마디 문서 중의 하나인 빌립복음 79:25-31. 오강남, 『또 다른 예수』 205에서 재인용.
43 "기독교 K-사상의 가능성을 모색하다," 『개벽사상과 종교공부』 (창비, 2024), 332.

존재의 근원으로 돌아가 땅과 함께 경작하고 모든 생명을 지키고 돌보는 원초적 농인(農人)으로의 정체성을 회복해야 한다고 주장한다. 인간이 농인으로 지음 받았다는 이 농인 의식(農人意識)의 회복이야말로 자기 완성과 함께 개벽의 세상을 열어가는 출발점이다. 농사를 지어봐야 하늘의 뜻을 알 수 있고, 사람들이 살아가는 큰 근본이 무엇인지 알 수 있다. 농자천하지대본(農者天下之大本)이요, 농인지자인지도(農人之者人之道, 농인의 길이 사람이 마땅히 가야 할 길이다)라는 의미를 깊이 깨달을 수 있는 것이다. 이 시대는 인간이 땅을 떠나 도시를 건설하고 국가를 수립하여 농을 억압하고 착취해 온 역사가 하나님의 뜻을 배반하고 자기 정체성을 거스르는 일이었다는 점을 잘못으로 알아 크게 회개하고(metanoia, 새로운 피조물) 현재의 거대한 도시 중심의 반(反)생태적 문명의 혁명적 변화를 도모해야 하는 때다. 농신학 운동은 오랜 역사적 과오을 회개하라고 선포해야 하며 "땅으로 돌아오라", "농인으로 돌아가자"고 외치며 저항해 나가야 한다.

그러면 문명 전환의 사회경제 체제는 무엇인가? 우선 오늘 문명 위기를 초래한 것은 국가중심주의와 지구 자원을 계속 착취하는 성장 중심의 자본주의 경제 체제라는 데에 이견이 없을 것이다. 그 현상은 러시아-우크라이나 전쟁, 이스라엘-가자지구(하마스) 간의 전쟁과 폭력 그리고 현 트럼프 미국 대통령이 밀어붙이는 미국 중심주의가 세계 경제를 흔들고 있는 데서 쉽게 알 수 있다. 자본주의는 사실 기독교 정신과도 배치되는 체제다. 자본 중심의 가치관으로 어떻게 하나님을 진심으로 섬길 수 있을까? 자본주의 정신의 바탕에 기독교 정신이 있다는 오해로부터 벗어나야 한다. 성장을 그치지 않아야 유지되는 자본주의는 성장을 그치지 않는 암세포같이 하나님이 창조하신 지구 생태계를 파괴하여 죽이는 경제 체제다. 자본(맘몬)과 하나님 두 주인을 동시에 섬길 수 없다는 예수의 말씀에 따라야 한다.

그러면 자본주의를 극복하기 위한 방안에는 무엇이 있을까? 상공업 중심의 금융 경제에서 농(農) 중심의 경제로 돌아가야 한다. 농에 종사하는 인구가 전체의 50% 이상이어야 바람직하다고 생각한다. 상업은 이윤추구가 목적이며, 공업은 고도의 인위적인 영역으로 자연을 거스르고 끊임없이 도전한다. 상공업에 종사하는 사람들이 다수가 되면 그 사회는 비인간화, 비(反)생명적인 사회가 될 것이다. 오늘의 우리 사회가 그렇지 아니한가! 개벽의 세상과는 거리가 멀다. 반면 농은 생명의 가치를 소중히 여기고 자연의 질서와 권위에 순응한다. 농에 종사하는 사람들이 과반이 될 때 그 사회는 농의 본성을 닮은 생명 사회, 자연의 질서에 순응하는 사회가 될 수 있을 것이다. 개벽 세상은 인간 중심의 경제 논리에 앞서 인간과 자연의 공생, 상생을 중시하는 정치·경제 논리가 우선되어야 한다.

김용휘는 지역 자립의 경제학을 말하면서 일본의 나까무라 히사시(中村尙司)가 제안한 면(面) 단위 정도에서 생산, 소비, 유통, 폐기에 이르기까지 선순환하는 경제의 모델을 말한다.[44] 또한 많은 사람들은 마을 단위의 직접민주주의의 시행을 말하기도 한다. 문제는 인간 생활에 필수적인 식량과 에너지의 자립과 순환을 어떻게 갖출 것이냐 하는 것이다. 산업 구조의 개편, 도농 생활 양식의 변화, 교육 및 의료 체제의 대응, 농촌 공동체의 회복 등 구체적인 방안은 정기적이고 거대한 문제이기에 앞으로 많은 토론과 협의의 과정이 필요하며 실험

---

44 김용휘, "동학의 확장, 개벽의 운동,"『개벽사상과 종교공부』(창비, 2024), 156.

적인 과정도 거쳐야 할 것이다. 농신학연구회에서도 이 문제에 대하여
꾸준한 관심과 논의를 계속해 가야 한다.

VII. 나가는 말

지금까지 한국의 개벽사상과 농신학의 관련성에 대하여 생각해
보았다. 매우 초보적인 생각들이다. 앞으로 농신학이 민족 전통의
사상과 함께 계속 논의되기를 바라는 마음이다. 박제화된 교리와
서양적 안목의 성경해석에서 탈피하여 민족의 역사와 사상의 뿌리를
붙잡고 하나님이 창조하신 인간 본래의 정체성을 회복하면서 미래의
희망을 말할 수 있는 신학을 얘기하면 좋겠다. 민족과 인류가 심각한
위기에 처해 있는 현실 앞에서 모든 종교는 공존과 평화의 세상을
위해 우월적, 배타적 입장을 버리고 생각을 모아야 한다. 3.1운동
때 종교를 떠나 서로 협력했듯이 말이다. 갈등과 논쟁이 따르겠지만
상호 건설적인 대화와 소통을 통해 보다 발전된 세계로 나아가기를
바란다.

후기

1952년생인 나의 세대가 겪은 비극 중의 하나는 민족 전통과 역사에
대한 뿌리 의식이 거세된 채 성장했다는 점이다. 6.25전란 후의 혼란과
갈등, 홍수처럼 밀려 들어온 미국의 양키 문화 및 서구 문화, 5.16군사정

변 후의 "잘 살아보세"를 내세운 불도저식 경제개발 정책은 나의 출생 이전에 어떤 역사와 삶이 있었는지 돌아볼 여지를 주지 않았다. 도올 김용옥 선생이 잘 지적했듯이 "일제강점기 이후 우리 민족의 정신사적 에너지는 '개화'라는 근대화, 서구화, 서구 정신사화의 대세에 영합되어 서양의 학문과 과학과 종교와 사회체제(자본주의)를 흡수하는 데만 쏠려버렸고 우리 역사에 맺힌 한(限)은 망각되어 갔다."[45]

나는 서구 문화의 창구 역할을 한 기독교 가정에서 자랐다. 평북 의주가 고향인 부모님은 해방 후 월남하여 강원도 춘천에서 목회자로 활동하였고, 나의 생활은 그 범주 안에서 이루어졌다. 어린 시절 라디오에서 민요나 판소리가 나오면 시끄럽다고 끄곤 했다. 스님이 탁발을 오면 누나들이 "우리 집은 교회 다닌다"면서 돌려보냈다. 왠지 그런 상황을 대할 때마다 "저게 맞는 일인가?"라는 의문이 들곤 했었다. 1953년 춘천 주둔 미군 부대의 도움을 받아 건축한 교회, 미국에서 보내준 구제품 장화를 신고 다닌 일 등 교회 문화는 미국의 영향하에 있었다고 해도 과언이 아니었다.

"나는 정말 한국인인가?" 구한말, 일제강점기, 6.25참사 등에 대하여 학교에서 배우기는 했지만, 그것이 내 인생과 역사적으로 무슨 상관이 있는지에 대해서는 잘 알지 못했다. 눈을 뜬 것은 고교 1학년 때 담임 선생의 소개로 읽은 함석헌 선생의 『뜻으로 본 한국역사』를 통해서였다. 민족적 고난을 섭리사적으로 해석한 내용은 안개 속에 헤매던 내 정신을 깨우고 희망과 용기를 주었다. 그러나 이후에도 학업과 직장생활, 오랜 목회 생활 등에 매여 뚜렷한 해결의 노력을

---

45 김용옥, 『동경대전 2』(통나무, 2021), 50.

하지 못하고 지냈다.

본격적인 노력은 목회 은퇴 후에야 이루어졌다. 몇몇 목회자들과 함께 동양 고전인 『장자』, 『노자』, 『중용』을 공부하고, 나아가 『동경대전』과 『용담유사』까지 공부하면서 갈피가 잡혔다. 특히 도올 김용옥 선생의 『동경대전 1, 2』를 통해 많은 것을 배웠다. 이제 19세기를 제대로 아는 것이 중요했다. 그 시기를 제대로 이해해 보는 것으로부터 답을 얻어 보자는 마음을 갖게 되었다.

19세기 초입인 1801년 천주교 박해 사건의 시작인 신유교난(辛酉教難)이 발생하였다. 이 사건은 이후의 우리 역사가 외세와의 관계 속에서 큰 변화를 겪게 될 것임을 예고하는 것으로 보였다. 주지하듯이 임진, 정유 두 왜란이 휩쓸고 지나간 후 국운은 점차 쇠하였고, 관료들의 억압과 착취, 삼정(전정, 군정, 환곡)의 문란은 백성들의 생존을 위협하였다. 1811년 홍경래의 난, 1862년 임술민란(경상, 전라, 충청 지역을 중심으로 전국적으로 일어난 난) 등 각지에서 민란이 일어났고, 민심이 이반된 정권은 제국주의 시대 서세동점(西世東漸)의 흐름에 편승한 일제의 침략을 막아낼 힘이 없었다. 도탄에 빠진 농민들은 1894년 마침내 동학농민혁명을 일으키며 저항하였다. 그러나 이 혁명은 일제에 의해 진압되고 조선은 청일, 러일전쟁에서 승리한 일제의 식민지로 전락하고 말았다.

국난을 극복하기 위한 선조들의 노력이 있었다. 위정척사파, 개화파 운동이 그것이다. 그러나 둘 다 올바른 해법이 되지 못했다. 민중의 고통 문제 해결을 자기 과제로 안고 고민했던 최제우, 최시형의 동학운동, 강일순의 증산교, 소태산의 원불교가 전개한 개벽 운동과 사상이 한국 근현대 사상의 뿌리임을 알게 되었다. 이 공부를 통해 나는 복음을 받아들인 수용자 주체적인 입장에서 우리의 종교와 사상의 눈으로 성경과 역사를 이해하기로 마음먹었다. 이것은 우선 **민족 주체적인 뿌리** 의식을 갖고 기독교를 다시 살펴보는 것이었다. 구체적으로는 기독교를 조선 왕조 말기에 태동된 개벽 운동과 그 사상과의 관련 속에서 보면서 현재 직면한 민족적, 세계적 차원의 문제 해결에 대한 동력을 얻고자 한 것이다.

두 번째, 인간 생존의 토대로서의 農에 대한 **뿌리** 의식을 갖고 농신학과 개벽 운동의 상관관계를 이해해 보려고 하였다. 도탄에 빠진 민중 속에서 새로운 세계를 갈망해 온 개벽 운동은 삶의 뿌리가 되는 농을 중심으로 문명 전환을 이루어야 한다는 농신학의 주장과 상통하는 점이 있을 것으로 생각하였다.

이 공부 과정에서 나는 안타까운 마음을 금할 수 없었다. 피맺힌 한(限)의 역사, 즉 동학혁명에서 희생당한 30만의 농민, 일제에 맞서 싸우다 희생당한 의병들, 3.1운동을 비롯한 독립운동 과정에서 희생당한 수많은 운동가와 민간인들, 해방 후 4.3사건 및 여순 사건 등에서 좌우 이념 대립으로 억울하게 죽어간 무수한 백성들, 6.25전쟁 중에 희생당한 300만의 사상자, 4.19민주혁명과 5.18민주화운동 과정에서 산 사람을 대신하여 숨져간 생명들 등 켜켜이 쌓인, 이루 말할 수 없는 고통과 한에 대하여 한국의 기독교는 그동안 무슨 역사적, 신학적 응답을 했고 신앙적 고백을 하였는가? 그 한을 어루만지고 위로하려는 노력을 얼마나 기울여 왔는가? 수많은 민중의 이 역사적 고난과 아픔과 희생을 제대로 소화하고 신앙고백을 할 때, 한국 기독교로 제자리를 잡을 것이라고 생각한다.